5
H22

HIVER

ADAM GOPNIK

HIVER

Cinq fenêtres sur une saison

Traduit de l'anglais par
Lori Saint-Martin et Paul Gagné

© Adam Gopnik et Canadian Broadcasting Corporation, 2011
Titre original : *Winter: Five Windows on the Season*
Toronto, House of Anansi Press

Dépôt légal : 4ᵉ trimestre 2019
Bibliothèque et Archives Canada
Bibliothèque et Archives nationales du Québec
ISBN : 978-2-89596-305-9
ISBN (pdf) : 978-2-89596-815-3
ISBN (epub) : 978-2-89596-770-5

Ouvrage publié avec le concours du Conseil des arts du Canada,
du Programme de crédit d'impôt du gouvernement du Québec et
de la SODEC. Nous reconnaissons l'aide financière du gouvernement
du Canada pour nos activités d'édition, ainsi que du Programme national
de traduction pour l'édition du livre, une initiative de la « Feuille de route
pour les langues officielles du Canada 2013-2018 : éducation, immigration,
communautés », pour nos activités de traduction.

Pour Gudrun Bjerring Parker .

*Réalisatrice, féministe, amoureuse
    du monde,
femme du Nord,
qui a élevé, aimé et formé puis
laissé partir mon grand amour
et, comprenant trop bien les
    sentiments de Déméter, n'a
    jamais laissé son cœur
devenir froid envers l'emprunteur.*

Ce que j'ai appelé notre enveloppe, l'isolement culturel qui nous sépare de la nature, rappelle (pour reprendre une image qui a hanté mon enfance) la vitre d'un wagon de train illuminé, à la nuit tombée. La plupart du temps, il s'agit d'un miroir qui reflète nos préoccupations, y compris à propos de la nature. En tant que miroir, il nous donne l'impression que le monde existe principalement par rapport à nous, qu'il a été créé pour nous, que nous en sommes le centre et la raison d'être. Mais, à l'occasion, le miroir se change en fenêtre, où défile une nature indifférente qui se prolonge à perpétuité, sans nous, une nature qui donne l'impression de nous avoir enfantés par accident et qui, si elle éprouvait des sentiments, le regretterait.

Northrop FRYE, *Creation and Recreation*

MOT DE L'AUTEUR

Le plaisir que procurent les conférences Massey s'explique en partie par le fait qu'elles sont publiées au moment même où elles sont prononcées. C'est un cadeau pour le conférencier dans la mesure où le gros du travail s'effectue en amont de la tournée ; dans le cas du conférencier porté sur la procrastination, la prise de notes de dernière minute devient moins effrénée, moins lassante. Mais c'est aussi un défi pour ceux d'entre nous dont les retards ont bonifié le travail et qui ont l'habitude de parler à partir de notes ou même de mémoire – en partie, je suppose, à titre de cascade du genre qu'on réalise au cinéma, quelque chose comme un saut en chute libre, sans parachute : on cherche désespérément une botte de foin dans laquelle atterrir, *il doit bien y en avoir une, quelque part.* Bref, on gagne en hardiesse ce qu'on perd en lucidité.

Puisque les conférences, dont celles-ci, ont pour fonction d'être prononcées, je voulais que les essais publiés aient un ton différent de celui des textes léchés dont j'ai l'habitude, mais je tenais à ce que le lecteur y trouve quand même son compte.

Un an avant d'entrer en scène, j'ai donc eu l'idée de préparer cinq fausses conférences Massey – cinq conférences que j'ai improvisées dans mon salon, au cours de l'hiver 2010, à raison d'une par sujet, avec le soutien enthousiaste du vin et de la caféine. Les chapitres qu'on va lire s'inspirent de la transcription de ces conférences de salon, que j'ai, avec l'aide de spécialistes, repassées, lissées, manucurées et taillées, sans, je crois, les dépouiller entièrement de leur oralité. J'ai supprimé les tics de langage les plus irritants – les « en fait », les « en réalité » et les « donc, essentiellement » – plus fréquents que nous le pensons et le craignons –, mais je n'ai pas tenté de corriger les aspects les plus raboteux et les plus exaltés des prestations. (Je me suis rendu compte que les phrases dites à voix haute ont un rythme naturel en trois temps : une affirmation, son développement et un résumé simplifié.) Ces chapitres conservent donc, à dessein, une dimension « parlée », et j'espère qu'on y retrouvera le ton d'un homme qui a approfondi une question – ou, dans quelques cas, l'a à peine effleurée – et communique à des amis rencontrés en soirée son enthousiasme de l'après-midi. Je le mentionne par crainte que le lecteur, devant le tempo heurté et saccadé de certaines phrases, se dise que je n'ai tout simplement pas remarqué leur étrangeté ou que j'ai tenté, sans succès, de reproduire sur le papier la musicalité de la parole.

Il s'agit donc de transcriptions revues et corrigées des conférences que j'ai prononcées naguère, destinées à servir de modèles parlés à celles que je n'avais pas encore données. Bien que paradoxale, l'entreprise semble adaptée au sujet : pourquoi l'hiver, saison longtemps considérée comme une forme de disgrâce de la nature, est-il devenu pour nous synonyme de chaleur humaine ?

Par conséquent, je dois d'abord et avant tout remercier ceux qui m'ont écouté – Patty et Paul, Ariel, Alec et David, Becky et Emily, Leland et Aimee, sans oublier, bien sûr, Martha, Luke et Olivia et même Butterscotch, qui mâchouillait en s'interrogeant sur le sens de l'exercice – de m'avoir supporté patiemment. J'aurai d'autres personnes à remercier à la fin du livre, mais, sans les oreilles de ceux que je viens de mentionner, il n'y aurait même pas eu de début.

A.G.
New York
Juin 2011

CHAPITRE 1

L'HIVER ROMANTIQUE

La saison en vue

Je me souviens de ma première tempête de neige comme si c'était hier, alors que, en l'occurrence, elle a eu lieu le 12 novembre 1968. La neige a commencé à tomber peu après quinze heures. L'école terminée, j'étais à la maison, un appartement d'Habitat 67 (legs de l'Exposition universelle tenue l'année précédente), niché au-dessus du Saint-Laurent, où ma famille était installée depuis à peine quelques mois.

Jeune enfant à Philadelphie, j'avais vu de la neige, évidemment, mais cette neige-là était un grand événement, un prodige qui se présentait une fois par an. La neige qui tombait à Montréal – sa douce et enveloppante persistance, son intensité, son extrême précocité (la mi-novembre!), acceptée avec complaisance par tous – emmailloterait le monde pendant des mois et des mois. Campé derrière la mince fenêtre panoramique qui dominait la terrasse, je l'ai vue tracer les contours du monde, souligner les plantes, les arbres et les lampadaires, les entourer de fines bordures blanches, puis les ensevelir lentement sous les crêtes et les dunes. J'avais conscience d'être entré dans un nouveau monde – et que ce monde était celui de l'hiver.

Quand je me remémore ma jeunesse montréalaise, c'est toujours à l'hiver que je pense en premier. Je pense au froid, bien sûr. Je me souviens d'avoir marché dans un froid si mordant que mes oreilles me donnaient l'impression de s'être changées en glace. (Qu'était-il arrivé à mon chapeau? Qu'arrive-t-il aux chapeaux des petits Canadiens? Ils s'égarent dans quelque vaste entrepôt de laine qui, lorsqu'on le découvrira enfin, suffira à regarnir tous les moutons du monde.) J'éprouvais de la douleur, assurément, en même temps que – errant dans les rues d'un lieu qui, quelques heures plus tôt, avait l'apparence d'une grande ville, mais qui, à vingt degrés sous zéro, semblait aussi étrange, abandonné et polaire qu'une banquise – je me trouvais dans un singulier état de fugue.

Mais, par-dessus tout, je garde le souvenir d'instants de sérénité, de rares moments de parfaite équanimité : les skis de fond aux pieds, au sommet du mont Royal, au cœur de Montréal, à cinq heures de l'après-midi, par une soirée de février, j'éprouve un sentiment de paix, un attachement au monde, une compréhension du monde, pour moi inédits. Cette émotion ne m'a jamais quitté. Mon cœur bondit chaque fois qu'on annonce une tempête, même dans la *grisaille** perpétuelle de Paris ; je

---

* Les passages en italique suivis d'un astérisque sont en français dans le texte. [NdT]

16

souris quand on nous promet du froid, même à New York, où le mercure oscille perpétuellement entre cinq et dix degrés. Ciel gris et lumières de décembre sont pour moi source d'une joie secrète, et au paradis, s'il existe, je m'attends à trouver un ciel bas, gris-violet, des lumières blanches dans tous les arbres et les premiers flocons qui tombent doucement. Et ce sera perpétuellement le 19 décembre, la plus belle journée de l'année : l'école est finie, les magasins ferment tard et Noël n'est plus qu'à une semaine.

Pourtant, l'amour de l'hiver, si on adopte une perspective historique longue, peut faire l'effet d'une perversion. Parmi toutes les métaphores de l'existence (la lumière et les ténèbres, le doux et l'amer), aucune n'est plus naturelle que l'opposition entre les saisons : le chaud et le froid, le printemps et l'automne et, par-dessus tout, l'été et l'hiver. Les humains produisent des métaphores aussi facilement que les abeilles font du miel, et l'hiver comme synonyme d'abandon et de retrait est l'une des plus naturelles. Les plus vieilles métaphores de l'hiver sont liées à la perte. Dans le mythe classique, l'hiver représente le chagrin de Déméter quand la Mort lui ravit sa fille. Dans presque toute la mythologie européenne, on observe le même phénomène : l'hiver est dur et l'été est doux, aussi sûrement que le vin doux est plus agréable que la lie amère.

Mais le goût de l'hiver, l'amour des paysages d'hiver – la conviction qu'ils sont, à leur façon, aussi beaux et séduisants, aussi essentiels à l'âme et à l'esprit humains que toute scène estivale – fait partie de la condition moderne. Dans son poème intitulé « Bonhomme de neige », Wallace Stevens dit de ce sentiment nouveau qu'il est « un esprit de l'hiver[1] », lié à notre acceptation elle aussi nouvelle d'un monde sans illusions, d'un monde qui, sans être dépourvu de sens, doit se débrouiller sans Dieu. Cet esprit de l'hiver, cet esprit *pour* l'hiver, en vertu duquel la saison cesse d'être perçue comme un déficit de chaleur et de lumière, et partant comme le renoncement à la vie et à la divinité, et en vient à traduire la présence positive, voire purificatrice, d'autre chose – d'une chose magnifique et paisible, certes, mais aussi mystérieuse, étrange et sublime –, cet esprit, dis-je, exprime un goût moderne.

J'emploie le mot « moderne » au sens où l'entendent les grands historiens des idées. Loin de se limiter à l'ici et maintenant, il s'applique à la période historique qui débute vers la fin du xviiie siècle, respire le feu des dragons jumeaux des révolutions française et industrielle, puis souffle son haleine ardente au moins jusqu'à la fin du xxe siècle, puisant sa force aux poumons des sciences appliquées et de la culture de masse. Une ère de croissance et une ère de doute : pour la première fois, en Europe et en Amérique du Nord, les gens sont plus nombreux à vivre au chaud et moins nombreux à croire en Dieu – période où les tenants du non ont enfin eu gain de cause.

---

1. Wallace Stevens, *Harmonium*, traduit de l'anglais par Claire Malroux, Paris, José Corti, 2002.

Je m'intéresse ici aux sentiments nouveaux que l'hiver a inspirés aux hommes et aux femmes de ces temps modernes : crainte, joie, euphorie, charme magnétique et mystérieuse attirance. Puisque être moderne consiste à laisser l'imagination et l'invention se charger d'une bonne part du travail autrefois accompli par la tradition et le rituel, l'hiver est, à certains égards, la saison la plus moderne – celle qui se définit par des absences (de chaleur, de feuillages, de floraisons) conçues comme des présences (de secrets, de racines, d'âtres) plus étranges. Cette nouvelle conception de l'hiver s'étend des paysages gothiques des romantiques allemands aux chutes de neige lyriques des impressionnistes, des paraboles de Noël urbaines de Dickens aux icebergs qui hantent les visions de Lawren Harris, et se poursuivent jusqu'à *Baby, It's Cold Outside* de Nat King Cole. La mystique, la romance de l'hiver, c'est Scott qui, au pôle, mange son dernier « *whoosh* » et Charlie Chaplin qui, au Yukon, déguste sa chaussure.

Dans les chapitres qui composent ce livre, je renonce à l'exhaustivité encyclopédique au profit des caprices de l'essayiste : on trouvera ici, parmi toutes celles qui auraient pu être ouvertes, cinq fenêtres sur l'histoire de l'esprit de l'hiver. Sans marteler une thèse réductrice, ces chapitres fredonneront, du moins je l'espère, un thème récurrent. Ce thème se définit simplement. La *persona* de l'hiver varie selon que nous avons ou non le sentiment d'être à l'abri – la vitre de la fenêtre, ainsi que je l'ai pressenti lors de cette lointaine tempête de novembre, est le prisme à travers lequel l'hiver moderne est toujours perçu. L'hiver ne peut être romantique que si nous disposons d'un abri chaud et sûr ; il devient alors une saison à contempler tout autant qu'à supporter. Pour Henry James, les mots les plus heureux de la civilisation bourgeoise du xixe siècle étaient « après-midi d'été ». Comme en réponse, les autres mots qui hantaient l'imaginaire de la même culture étaient « soirée d'hiver ».

Et j'espère faire une démonstration plus vaste, plus vaste encore que celle qui consiste à vous convaincre que, dans l'esprit moderne, ces deux mondes – la protection offerte par la fenêtre et la blancheur sauvage qui règne à l'extérieur – finissent toujours par fusionner. Autrement dit, le simple fait de décrire et de nommer les choses de l'hiver répond à une profonde nécessité humaine. L'hiver est dur ; le froid vous glace ; Déméter pleure. Et nous opposons à cette menace l'héroïsme tranquille du confort. Chauffage central, contrefenêtres, manteaux en duvet, voitures chauffées. Mais nous nous opposons aussi au vide menaçant et amer de la saison en le contemplant et en rendant compte de l'expérience. La première action des pionniers de l'exploration polaire fut de nommer les barrières et les rivages de glace – de les baptiser du nom de leurs protecteurs et des mamans de leurs protecteurs –, et les explorateurs de la vague suivante se sont empressés de changer ces noms, de les remplacer par ceux de leurs kaisers et de leurs filles. Les noms sont les prises de pied, les pieux que l'imagination plante dans l'espoir d'apprivoiser le mur de glace de la simple existence.

C'est ce que nous pourrions appeler l'« art adamique » – en référence non pas à votre humble conférencier, mais bien au premier Adam, celui qui, en début de carrière, a eu pour tâche de nommer les animaux, d'appeler un ours un ours, un serpent un serpent et, au moment extrême de l'expulsion, une dame une dame. Nommer les animaux équivaut à les faire passer de l'expérience ordinaire au royaume de l'esprit. Cet acte fait du monde un lieu humain. Il confère un sens et une structure à des manifestations naturelles qui en sont dépourvues. Et ce travail n'est pas effectué que par les noms au sens propre : catégories, idées, photographies microscopiques, prédictions météorologiques, concepts et distinctions contribuent à adoucir les contours de ce qui, jusque-là, était uniquement effrayant. Au cours des deux cents dernières années, nous sommes passés d'un hiver auquel il s'agissait d'abord et avant tout de survivre à un hiver à interroger, d'un objet de terreur à un objet de réflexion. C'est grâce à la lente progression des distinctions, des différentiations et des explications que le monde devient... non pas « gérable », c'est impossible, mais reconnaissable, devient le lieu que nous connaissons. La conquête de l'hiver, en tant qu'acte à la fois physique et imaginaire, est l'un des grands chapitres de la renégociation des frontières du monde, des lignes que nous tirons entre la nature et les sentiments qu'elle nous inspire, qui caractérise l'ère moderne. Dans l'hiver, nous voyons, nous entendons et nous devinons des tonalités et des nuances que ne décelaient pas nos arrière-arrière-grands-pères et grands-mères. Je me propose de décrire certaines nouvelles cartographies affectives de l'hiver et de vous raconter des histoires sur les êtres – sots, cupides et parfois inspirés – qui les ont redéfinies.

Les âpres cordes et la beauté trépidante de «L'hiver» de Vivaldi, mouvement de ses *Quatre saisons* de 1725, nous serviront de point de départ, même si je vois déjà les connaisseurs parmi vous grincer des dents et grimacer en entendant ces mots. Existe-t-il une œuvre plus inexorablement galvaudée que celle-là? Méfions-nous toutefois de la répétition, qui a le pouvoir de nous rendre insensibles à la vraie beauté. (Si les *Quatre saisons* étaient aujourd'hui découvertes dans un coffre et jouées sur des instruments d'époque par des musiciens allemands juste assez méprisants, sur une étiquette européenne juste assez confidentielle, je soupçonne qu'on les prendrait plus volontiers pour ce qu'elles sont: un chef-d'œuvre.) «L'hiver» fait toujours l'effet d'un appel à l'action. C'est l'une des toutes premières expressions d'une attitude entièrement nouvelle vis-à-vis de l'hiver et de ses charmes. Vivaldi aurait écrit un poème pour chacune des saisons. «L'hiver» décrit toute la rigueur du froid; pourtant, le poème se termine dans le même esprit que la musique: «Ah! Quelle époque scintillante!» Vivaldi écrit:

> *Trembler violemment dans la neige étincelante,*
> *Au souffle rude d'un vent terrible,*
> *Courir, taper des pieds à tout moment*
> *Et, dans l'excessive froidure, claquer des dents*
> *Passer auprès du feu des jours calmes et contents,*
> *Alors que la pluie, dehors, verse à torrents;*

Marcher sur la glace, à pas lents,
De peur de tomber, contourner,
Marcher bravement, tomber à terre,
Se relever sur la glace et courir vite
Avant que la glace se rompe et se disloque.
Sentir passer, à travers la porte ferrée,
Sirocco et Borée, et tous les Vents en guerre.
Ainsi est l'hiver, mais, tel qu'il est, il apporte
   ses joies [2].

C'est, à l'ère moderne, l'une des premières indications du fait que l'hiver peut être source et inspiration de plaisirs particuliers. L'hiver de Venise – celui qu'a connu Vivaldi avec son orchestre entièrement composé de filles pensionnaires de la Pietà, le premier à jouer le morceau en question – est sensiblement différent de celui de Whitehorse. Mais le froid y est plus mordant qu'on pourrait le croire, ainsi que s'en rendent compte ceux qui visitent la ville en décembre – et il est vrai que la volonté d'adopter l'hiver, de l'enjoliver et d'en faire un objet musical aussi agréable qu'un autre « apporte ses joies ».

   J'ai dit que je m'intéresserais à l'hiver en tant qu'acte poétique plutôt que phénomène physique – l'hiver tel qu'il se manifeste dans l'esprit plutôt que dans la matière, en somme –, mais ces sujets soulèvent une question pratique toute simple : qu'est-ce que l'hiver ? Pourquoi existe-t-il ? Quelle est sa réalité ? Avec les vifs accords de Vivaldi qui résonnent encore dans nos oreilles, permettez-moi

---

2. Texte maintes fois trouvé dans internet, sans mention du traducteur. [NdT]

d'expliquer en quelques mots, et du mieux possible, du moins pour un non-météorologue, pourquoi le vrai hiver existe et pourquoi il est si froid.

Le vrai hiver – la réalité planétaire plutôt que la saison – a une cause toute simple : la planète penche. C'est la punition infligée par le Dieu de Milton à Adam et Ève, incliner l'axe de la Terre, qui a engendré l'hiver. Dans son orbite, la Terre reçoit moins de soleil. Nous avons alors plus froid. Le refroidissement nous apporte l'hiver. L'eau des étangs, des lacs et des rivières se change en glace ; dans les nuages, la vapeur d'eau cristallise et se transforme en neige. C'est aussi simple que cela.

En soi, le froid est bien sûr une variable, une notion relative. La température est toujours soumise à l'inclinaison de la planète, mais, au cours de son histoire, le monde a connu des périodes plus chaudes, où les pôles eux-mêmes étaient tempérés, les eaux entourant le pôle Sud pratiquement tropicales. Et, naturellement, il y a aussi eu des périodes plus froides, des ères glaciales au cours desquelles les températures que nous associons aujourd'hui à l'hiver duraient toute l'année. Ce que nous entendons par « hiver » correspond donc, au sens strict, à l'expérience que connaissent les climats nordiques à l'époque contemporaine et depuis la majeure partie des derniers millénaires.

L'hiver prend aussi la forme de cycles longs, d'ères de glace qui vont et viennent. Nous avons tous entendu parler de la grande ère glaciaire – sujet de films d'animation et de cours dans les écoles primaires – qui a recouvert l'ensemble de la planète il y a cinquante mille ans, mais les climatologues, soutenus en cela par la plupart des historiens, croient que, pour des raisons encore inexpliquées, une deuxième ère glaciaire, plus réduite dans l'espace et dans le temps, qu'on appelle le «petit âge glaciaire», a conquis notre planète entre 1550 et 1850. Que le refroidissement se soit limité à l'hémisphère Nord ou qu'il se soit étendu à l'ensemble du globe, l'Europe a certainement été plus froide entre 1550 et 1850 qu'au cours des millénaires qui ont précédé et des cent cinquante années qui ont suivi.

Par conséquent, les scènes d'hiver modernes – les chasseurs dans la neige de Bruegel, les patineurs sur glace, tout ce monde de divertissement qui fleurit aux Pays-Bas – sont des œuvres d'art occasionnelles correspondant à la très courte période au cours de laquelle les humains se sont aperçus que le monde était devenu très froid. Il y a eu, pourrait-on dire, un faux printemps d'art hivernal au début du XVIIe siècle. Une bonne part des œuvres d'art hivernal prémoderne – notamment «Quand les glaçons pendent au mur», poème de Shakespeare récité dans la pièce *Peines d'amour perdues* (celui où il est question de la «grasse Jeanne qui écume le pot[3]») – date de cette période. Et cette brève ère glaciaire s'est poursuivie, peut-être avec des froids moins extrêmes, tout au long du XVIIIe siècle et même pendant une bonne partie du XIXe siècle. Les contemporains de cette période

---

3. William Shakespeare, «Peines d'amour perdues», dans *Œuvres complètes*, t. 6, traduit de l'anglais par François-Victor Hugo, Paris, Pagnerre, 1869.

s'attendaient à ce que le monde soit froid, et même très froid, en hiver. (C'est pour cette raison que, dans la littérature anglaise du XVIIIᵉ siècle, Noël est toujours blanc ; c'est aussi pour cette raison que, contrairement à aujourd'hui, les canaux des Pays-Bas gelaient.)

Pourtant, avec le temps, on a l'impression que l'excitation du début a fini par se muer en lassitude, à telle enseigne que, à l'aube du passage de l'ancien au nouveau et de l'apparition de l'ère moderne – l'époque où Vivaldi a écrit ses *Quatre saisons*, en gros –, nous voyons le grand Samuel Johnson pondre en 1747 un poème intitulé *The Winter's Walk*. Il écrit ceci :

> *Regarde, ma mie, où tu mets les pieds,*
> *Les mornes perspectives qui se meurent,*
> *La colline nue, le bosquet dépouillé,*
> *Le sol blanchi et le ciel boudeur,*
> *Dans le platane qu'on dirait agonisant*
> *Le dur hiver est de ta force l'aveu ;*
> *Partout ton règne horrible s'étend,*
> *Et ma poitrine de ta puissance s'émeut.*

Illustration d'une parfaite sobriété de la conception néoclassique de l'hiver, considéré comme une saison impressionnante, mais essentiellement négative, mauvaise, sans attrait. Collines nues, ciel boudeur, pluie horrible... Fréquenter le Dʳ Johnson en décembre n'avait décidément rien d'une partie de plaisir.

La première manifestation sans équivoque d'une attitude entièrement nouvelle et moderne vis-à-vis de l'hiver – ni l'excitation sporadique du petit âge glaciaire ni la déprime associée au néo-classicisme – s'observe sans doute dans un poème écrit vers la fin du XVIIIᵉ siècle par William Cowper, poète britannique modeste et largement oublié, malgré un talent indéniable. À son époque, Cowper était célèbre comme auteur d'hymnes et de vers populaires. En réalité, il possédait le don le plus rare et le plus sous-estimé de tous les dons poétiques, c'est-à-dire le ton de la conversation. C'est, en effet, un poète qui donne l'agréable impression de nous parler. Nous avons tendance à dévaloriser cette qualité chez les poètes dans la mesure où nous prisons le lyrisme sublime et la confession mélodramatique, mais la capacité à écrire un poème « conversationnel » (pour lui donner un nom plus digne), un poème qui donne l'impression d'être « parlé » tout en restant indiscutablement un poème, est l'un des dons poétiques les plus rares.

En 1783, Cowper écrit à un ami : « [J]e vois l'hiver approcher sans trop m'en inquiéter ; les longues soirées ont aussi leurs douceurs, et il est difficile, je crois, de trouver sur la terre un être aussi bien ramassé chez soi [...] qu'un Anglais au coin du feu en hiver[4]. » Et dans une œuvre de 1785 intitulée *The Winter Evening*, il transforme ce plaisir honnête et assumé en un poème au ton délicieusement familier. Il y décrit en long et en large l'arrivée dans sa chaumière de banlieue du cocher – héraut de la modernité venu de Londres jusqu'à son presbytère relativement isolé – qui lui apporte

---

4. Charles Des Guerrois, *Œuvres posthumes. La vie et les lettres de William Cowper*, t. 2, Paris, Alphonse Lemerre, 1933, p. 95-96.

le journal rempli de nouvelles du Parlement. Le poète s'assied auprès du feu avec son journal et une tasse de thé chaud à côté de lui. Instant d'une incroyable modernité : de la caféine dans une main, le journal dans l'autre, installé devant un feu qui crépite, on prend des nouvelles de la vie politique de la métropole, située à une distance rassurante, réconfortante. Et, après avoir lu le journal, Cowper écrit ceci :

> Ô hiver, souverain de l'année inversée,
> Ta chevelure se remplit de neige fondue comme
>   de cendres,
> Ton souffle se fige sur tes lèvres, tes joues
> Ourlées d'une barbe blanchie par d'autres neiges
> Que celles de l'âge, ton front ceint de nuages,
> Ton sceptre, une branche effeuillée, et ton trône,
> Une voiture qui patine, sans le secours de roues,
> Poursuivie par des tempêtes sur sa voie glissante,
> Je vous aime, aussi déplaisant puissiez-vous paraître,
> Aussi terrible fussiez-vous !
> Je te couronne roi des délices intimes,
> Des plaisirs au coin du feu, du bonheur domestique,
> Et de tous les conforts que le toit humble
> De la solitude paisible, et les longues soirées
> Ininterrompues, sont seuls à connaître.

Quel revirement en une vingtaine d'années ! Loin du sinistre suzerain rencontré par le Dr Johnson au cours de sa peu agréable promenade, l'hiver devient « roi des délices intimes, / Des plaisirs au coin du feu » et acquiert le pouvoir de rapprocher les membres de la famille. Dans le monde neuf de la famille bourgeoise, le partage de la table et de l'âtre est plus attrayant en hiver qu'à tout autre moment de l'année. Tel est le nouveau point de vue énoncé par Cowper. À sa manière simple, familière et sans chichis de représentant de la classe moyenne, Cowper annonce un profond bouleversement, un réalignement des sensibilités. Nous avons tendance à assimiler ce changement à une notion philosophique que les historiens se plaisent à appeler «le pittoresque» : d'objet qui suscite la crainte ou inspire un réconfort religieux, la nature devient une source de plaisir, une réalité dont on peut simplement profiter, qui nous réjouit. «Je vous aime, aussi déplaisant puissiez-vous paraître.»

Tous les poèmes s'inscrivent dans un contexte historique particulier, et on note ici, en toile de fond, de brutales réalités économiques. Tout au long du xviiie siècle, l'Angleterre a été en proie à une crise du bois. L'île britannique faisait l'objet d'une déforestation galopante, et le prix du bois de feu a décuplé au cours d'une période de quatre-vingts ans. On avait un énorme problème sur les bras : comment chauffer toutes ces chaumières ? Mais à l'époque où Cowper écrit, la crise a été en grande partie surmontée grâce à l'extraction du charbon, industrie en pleine émergence. Si Cowper est sans doute assis devant un feu de bois, le charbon, ressource abondante et bon marché, a entraîné une diminution du prix du bois et favorisé l'avènement de ces plaisirs modernes : le journal livré à la porte, la cuisine bien chauffée, la famille réunie.

C'est la toute première affirmation sans équivoque du pittoresque de l'hiver, d'autant plus agréable qu'il est exclusivement *extérieur*. Avec Cowper, nous éprouvons une émotion qui n'avait encore jamais été consignée; en un sens, il s'agit même d'une émotion encore jamais ressentie. Pour la première fois, la famille peut profiter d'un feu bon marché, tandis que, dehors, l'hiver sévit. Bref, on avait cherché et découvert (ou acheté, du moins pour quelques nantis douillettement installés) une zone de sécurité cruciale. Le garçon à la fenêtre est né ce jour-là.

Mais dans le même cercle de poètes anglais, on assiste à l'apparition d'une autre nouvelle attitude vis-à-vis de l'hiver. Rien à voir avec l'hiver vu comme une saison pittoresque, réconfortante ou attrayante qui, par sa nature inhospitalière, force les gens à se retrancher à l'intérieur, blottis les uns contre les autres. Émerge aussi le sentiment absolument contraire: l'hiver devient une saison magnétique et mystérieuse, et le promeneur est propulsé dehors pour son propre bien, pour la purification et la bonification de son âme. Comme de juste, cette émotion nouvelle voit le jour au tournant du siècle – en 1799, plus précisément, année où le poète Samuel Taylor Coleridge, parti en Allemagne faire de la randonnée d'hiver, écrit à sa femme, restée à la maison:

> Mais lorsque se formèrent sur le lac les premiers cristaux de glace et que le lac fut entièrement gelé, qu'il se changea en un énorme pan de verre épais et transparent, mon Dieu! Quel sublime spectacle j'eus sous les yeux! Un matin, je vis le petit lac se couvrir de Brouillard; quand le Soleil se pointa au-dessus de la Colline, le Brouillard se fendit en son milieu et se

dressa, telles les eaux de la mer Rouge au passage des Israélites – et entre ces deux murs de Brouillard l'embrasement du Soleil traça sur la Glace un sentier de Feu doré sur toute la surface… Un mois plus tôt, le vent dans sa véhémence avait fracassé la Glace et les éclats, poussés sur le rivage, avaient gelé à nouveau ; d'un bleu profond, ils représentaient [semblaient] une mer agitée – l'eau qui s'infiltrait entre les grandes îles de glace avait une teinte jaune-vert (c'était le coucher du soleil) et toutes ces îles éparses de glace lisse étaient du sang ; un sang d'un rouge vif.

« Quel sublime spectacle j'eus sous les yeux ! » Ces mots de Coleridge sont l'un des rares passages en prose qui marquent l'avènement d'une ère nouvelle. On chercherait en vain une affirmation comparable dans la littérature européenne antérieure, ne fût-ce que dans celle des vingt-cinq années précédentes. L'appareillage intellectuel existait peut-être, mais pas les pressions émotives immédiates. Cet amour des scènes d'hiver ne repose plus sur les forces qui s'exercent contre la fenêtre et incitent la famille à se pelotonner à l'intérieur. Au contraire, l'esprit de la glace nous pousse à sortir.

Évidemment, on associe le plus souvent cette grande idée à l'essai fondamental d'Edmund Burke sur le sublime et le beau, qui date du milieu du XVIIIe siècle. L'intuition de Burke a été l'une des trois ou quatre les plus déterminantes de l'histoire des idées dans la mesure où elle a brusquement soustrait l'esthétique à l'insipide notion de la beauté pour l'inscrire dans la gamme entière des sympathies humaines. Les océans et les orages, les précipices et les gouffres, les volcans imposants et, par-dessus tout, les montagnes enneigées rivalisent avec l'héritage de la beauté classique et le surpassent dans la mesure exacte où ils nous effraient ; ils nous remplissent de terreur, de respect émerveillé et du pressentiment de l'insondable mystère du monde. Cette fenêtre sur l'hiver s'ouvre par le mécanisme du sublime.

D'où la conviction qui habite les artistes de l'hiver tout au long du xixe siècle : si la saison est merveilleuse, sublime et essentielle, c'est qu'on peut projeter sur la glace et la neige n'importe quelle idée ou sensation. Aux yeux de Coleridge, le soleil qui se reflète sur la glace est tel qu'il est apparu aux Israélites traversant la mer Rouge. Il ajoute : « [L]'eau qui s'infiltrait entre les grandes îles de glace avait une teinte jaune-vert [...] et toutes ces îles éparses de glace lisse étaient du sang ; un sang d'un rouge vif. » Potentiellement mortelles, la neige et la glace, l'incarnation de l'hiver, sont aussi labiles : elles peuvent être transformées, réinventées et projetées ; elles peuvent donner à voir les Israélites et le sang de l'Agneau, des mers de glace dorées éclatées par le feu et des îles éparses de sang vif, là où il n'y avait en réalité qu'un lac allemand, gelé comme un glaçon dans un bac à glace.

En général, on accole à ces catégories – la nature jolie et intime d'une part, l'immense nature terrifiante d'autre part – les étiquettes de « pittoresque » et de « sublime », raccourci commode qui n'a en soi rien de répréhensible. Mais des idées aussi simples sont trop grossières et schématiques pour rendre compte de la complexité des réactions que l'hiver, comme toute chose, inspire aux artistes. Ces catégories sont l'œuvre des critiques, et les peintres comme les poètes ont le devoir de s'en tenir éloignés. (Au xixe siècle, en réalité, on en est venu à employer le mot « sublime » à toutes les sauces, un peu comme, au xxe siècle, on a appliqué le mot « ironique » aussi bien aux parodies pince-sans-rire de la culture populaire de Duchamp qu'aux hommages sincères que lui a rendus Warhol. Tôt ou tard, tout devenait sublime.)

Il est donc plus simple et plus transparent de parler d'hiver « agréable » (*sweet*) et d'hiver « effrayant » (*scary*) – en hommage aux Spice Girls, groupe aujourd'hui disparu –, étant entendu que l'effrayant peut aussi être agréable, et le charmant, divin. Vue par la fenêtre d'une *auberge** confortable, une montagne helvétique au sommet enneigé a le pouvoir de déclencher une série de profondes réflexions sur la glace et l'histoire ancienne ; une neige légère tombant sur des banlieues parisiennes donnera peut-être naissance à des images sur la nature éphémère de la beauté. La fenêtre de l'hiver comporte deux faces : d'un côté, l'observateur, de l'autre, les rafales blanches. Souvent, l'expérience de l'hiver, loin d'être unilatérale, porte sur les deux.

De ces deux sensations, celle qui trouve sa pleine expression dans l'art des peintres et des musiciens romantiques du Nord, au cours des premières décennies du xixe siècle, a trait à l'hiver effrayant et triste. Quand on cherche les premiers vrais maîtres de l'hiver, de grands artistes qui ont fait de l'hiver un de leurs sujets principaux, obsessionnels, par opposition à de simples visiteurs occasionnels, on trouve deux hommes de culture germanique : le peintre Caspar David Friedrich et, plus tardivement et plus éloquemment encore, le compositeur Franz Schubert.

Friedrich, qui a vécu et travaillé au cours des premières décennies du siècle et a surtout peint dans un endroit obscur des environs de Dresde, est né en 1774. À certains égards, sa sensibilité est plus scandinave (du moins selon l'idée que nous nous en faisons) qu'allemande, la majorité de ses œuvres dépeignant l'île de Rügen, dans la mer Baltique. C'est un peintre morose, mystique et rongé par la culpabilité – une sorte d'Ingmar Bergman qui aurait peint des huiles. Un artiste devenu à la mode au cours des trente dernières années, en partie parce que certains aspects de son art préfigurent les sublimes étendues et les formes vides de l'expressionnisme abstrait, en partie parce qu'il est, par moments, un peintre bizarrement pédant qui, par conséquent, séduit l'imagination pédante. (Les professeurs apprécient les peintres qui ont pressenti l'art de notre époque tout en s'inscrivant manifestement dans la leur : leurs cours se préparent pratiquement tout seuls.)

La fascination de Friedrich pour l'hiver prend naissance dans sa biographie personnelle : l'événement déterminant de sa vie affective a été le décès de son frère cadet le plus aimé, mort dans un accident de patinage quand ils avaient treize et quatorze ans : sous les yeux de Friedrich, son frère s'est noyé après s'être enfoncé sous la glace. Pour le peintre, l'expérience de l'hiver est donc lestée de la charge émotionnelle la plus lourde qui soit, marquée par la mort et les espoirs d'immortalité. Dans *Cimetière d'un cloître sous la neige,* important tableau de ses débuts (1819 environ), on voit exactement ce que le titre annonce : les ruines d'un cimetière en hiver. Des feuilles tombées, des arbres noirs et dénudés qu'on dirait en velours se découpant contre un violent ciel nocturne aux teintes orangées et dorées, une esquisse d'architecture gothique – par leur dénuement, les paysages d'hiver de Friedrich visent à montrer de quelle étrange façon les formes de la forêt allemande imitent celles du gothique médiéval, dont elles sont pour ainsi dire l'écho. Cet art du dénuement, qui consiste à accepter l'hiver tel qu'il est – Friedrich est d'ailleurs l'un des rares peintres de sa génération à n'être jamais allé en Italie et à ne pas en avoir manifesté le désir –, montre, dans cette première incarnation, une affirmation de la foi religieuse, d'un type de médiévalisme réactualisé qui, par le truchement de l'hiver, permet d'accéder au passé romantique perdu. L'hiver obsède, mais il guérit aussi.

Mais bien vite, la représentation de l'hiver, chez Friedrich, prend une dimension politique nationaliste. Quand, en 1806, Napoléon envahit l'Allemagne, les images de l'hiver, dont la résonance a jusque-là été spirituelle, marquent soudain l'entrée en scène du nationalisme moderne dans le domaine artistique. Car l'Allemagne possède une chose dont la France est privée : l'hiver, le vrai hiver, dont l'affirmation dans l'art atteste le génie national allemand.

Les métaphores des Lumières sont, ainsi que leur nom l'indique, celles de la clarté du jour, de la chaleur, de la nitescence, du soleil qui réchauffe l'esprit. Cela dit, le siècle des Lumières a ceci d'ironique qu'il donne naissance à l'idée, pourtant contraire à son esprit universaliste, de cultures nationales distinctes reflétant des climats nationaux différents. « S'il est vrai que le caractère de l'esprit et les passions du cœur soient extrêmement différents dans les divers climats, les lois doivent être relatives et à la différence de ces passions, et à la différence de ces caractères[5] », écrit Montesquieu en 1751. Les habitants du Sud ont des humeurs méridionales et ceux du Nord un caractère trempé pour l'hiver. Postuler l'existence d'une loi qui s'appliquerait à la fois au lion de l'hiver et à l'agneau du printemps serait pure folie.

En réaction à Napoléon, on érige cet impératif de tolérance en une forme d'affirmation nationale, dont l'amour de l'hiver est le moteur : *nous, habitants du Nord, avons notre propre saison.* Dans une Allemagne où persiste l'envie du Sud – le rêve de l'union de la Germanie et de l'Italie, vues comme des sœurs jumelles, était d'ailleurs l'une des marottes de la génération de Goethe –, l'imagerie hivernale consolide l'identité de la nation allemande nouvellement unifiée (ou en voie de l'être) et symbolise ce que la raison et les Lumières françaises ne comprendront jamais.

Le chasseur dans la forêt, peint en 1812, est l'un des plus importants tableaux de Friedrich : on y voit un minuscule soldat français écrasé par les pins de

---

5. Charles de Montesquieu, *De l'esprit des lois,* t. 1, Paris, Flammarion, 2016, p. 443.

la forêt allemande en hiver. De toute évidence, il va s'égarer, être englouti, enseveli sous la neige – être vaincu par la forêt nordique, qui défie non seulement l'armée de Napoléon, mais aussi l'armée intellectuelle, beaucoup plus vaste, de la raison française. Outre la résistance nationaliste aux Français, la peinture illustre la résistance nordique et allemande, la résistance romantique à l'idée de raison qui sous-tend les Lumières. *Les neiges du passé mystique vont vous recouvrir, petit homme, toi et ta pathétique foi en une organisation encyclopédique du monde.* L'été et la Méditerranée procèdent de la raison douce ; l'hiver est affaire d'instinct affûté et de vive mémoire.

Pour Friedrich, l'hiver est le lieu où débute la révolte contre la raison, le lieu d'une convocation nationale plus profonde que la conversation du cosmopolitisme. En contrepartie, il permet à l'imagination de s'exprimer. Si, comme l'a dit Goya, le sommeil de la raison engendre des monstres, le sommeil de la nature en hiver engendre… Eh bien, il engendre l'engendrement, un espace imaginaire dans lequel des banquises se changent en navires fantômes, des congères en cathédrales et le coucher du soleil en partage de la mer Rouge. Les inoffensives projections des peintres allemands deviendront pour les explorateurs de l'Arctique de brutales hallucinations. Dans l'œuvre de Friedrich, l'hiver est non seulement un lieu ouvert où on peut contempler son passé et divaguer sur l'époque révolue de la pureté religieuse, mais aussi un symbole puissant du rejet des empires français, celui des armes comme celui de l'esprit.

De toutes les œuvres de Friedrich, la plus retentissante et peut-être la plus connue – et sans doute la plus célèbre de toutes les représentations hivernales du XIXᵉ siècle, celle qui figure toujours sur des jaquettes de CD et de livres de poche – date de 1824. *La mer de glace* montre un navire écrasé par la glace, aussi impuissant qu'une souris à moitié engloutie dans la gueule d'un boa constrictor. On a longtemps cru que c'était le compte rendu, ayant valeur de reportage, d'un incident réel, mais tout indique aujourd'hui qu'il s'agit d'une œuvre purement imaginaire, du rêve fasciné d'un esprit nordique. Il va sans dire que cette vision d'une pression bien réelle – dans ce cas-ci, la glace qui broie le navire – crée aussi des formes inanimées et spectrales : le navire est avalé par un second navire, lui-même fait de glace, en une sorte de parodie effrayante et hallucinée d'une construction engendrée par la létalité du froid.

De nouveau, la neige et la glace, ces deux aspects de l'hiver, sont en même temps mortelles et puissamment labiles ; la glace a la faculté d'engendrer, par accident, des formes d'une complexité proprement gothique – hallucinations typiques de l'époque, où icebergs et glaciers sont sans cesse vus comme des bateaux, des châteaux, des cathédrales. Filon propre au XIXᵉ siècle qui a peut-être atteint son apogée dans une remarque d'un des rares marins à avoir vu l'iceberg fatidique depuis le pont du *Titanic* : celui-ci a en effet déclaré que l'iceberg ressemblait à un schooner à six mâts, à un navire fantôme à la dérive. Pour Friedrich, l'hiver est la « pilule rouge » d'une conscience nordique en éveil.

L'été, c'est la Matrice du film, le mensonge ; l'hiver, c'est la vérité. Il a un goût amer, certes, mais lui, au moins, reflète la réalité. En même temps, si l'hiver agréable est la saison de l'intimité, l'hiver effrayant est celui de l'imagination. En dénudant la nature (pour ne lui laisser, si j'ose dire, que ses dessous), il nous permet de projeter nos fantasmes sur elle.

Ainsi donc, les Européens du Nord, pendant le premier quart du xixᵉ siècle, se sont laissé charmer par l'hiver, contrepoids aux Lumières, héraut d'un renouveau national, paysage ancré dans le réel. Mais l'hiver révélait la vraie nature de la nature, un peu à la façon d'une radiographie. Par temps froid, la main de Dieu – ou son absence – était plus visible qu'à tout autre moment. Au début du xixᵉ siècle, la question de savoir si la glace et la neige étaient ou non des indicateurs du dessein de Dieu se posait pour de vrai. Elle a atteint son point culminant dans le débat féroce et singulier – un tantinet alarmant, mais comique à sa façon – qui, à propos des fenêtres de l'hiver, a opposé Goethe à son ami Knebel. Il portait sur la présence, en apparence inoffensive (et, pour tout dire, insignifiante), des *Eisblumen* ou fleurs de givre, sur les vitres en hiver.

Nous vivons à une époque où les fleurs de givre se font rares sur les vitres, même dans les pays froids. Mais avant le chauffage central, du temps où les fenêtres étaient faites de verre coulé rempli d'impuretés, des motifs « poussaient » sur les petites irrégularités qui ponctuaient la surface tachetée des fenêtres. Il est vrai que ces motifs entretiennent une ressemblance troublante avec des formes biologiques. On croit y reconnaître des fougères ou des fleurs : ils présentent les courbures et les plis gracieux, les subtiles variations à l'intérieur de schémas répétés, la structure essaimant vers l'extérieur à partir d'un noyau central, qu'on associe aux formes biologiques. Il s'agit tout simplement – bon, peut-être pas tout simplement, mais fondamentalement – de treillis de cristal, de facettes et de traits qui apparaissent suivant d'élémentaires lois de la chimie moléculaire, d'arborisations aléatoires se fixant sur des imperfections, elles aussi aléatoires. Pas de génération organique, en somme. Fascinantes, ces formes ; vivantes, vraiment pas.

Pourtant, les poètes et les scientifiques romantiques allemands – à l'époque, les deux disciplines n'étaient pas encore organisées en ghettos – étaient fascinés par ces formes et troublés par la question de savoir si elles étaient vraiment vivantes, façonnées par la main de Dieu, ou si elles n'étaient que de simples imitations, des accidents, des constellations aléatoires de cristaux qui donnent seulement l'illusion de la vie. Drôle de contentieux entre intellectuels et poètes, je l'ai dit, mais cette question n'en a pas moins monopolisé les esprits pendant une bonne dizaine d'années. (Pour mieux saisir la nature de l'enjeu qu'ils croyaient déceler, peut-être aurions-nous intérêt à nous souvenir du débat contemporain, tout aussi passionné, qui a opposé théologiens et physiciens sur la question de savoir si l'indétermination des particules subatomiques prouvait l'existence du libre arbitre. Nous avons toujours tendance à nous concentrer sur le phénomène le plus infime et le plus étrange que nous sachions détecter pour démontrer qu'il y a dans les cieux des choses que la physique n'exprime pas en totalité.)

Au bout du compte, ainsi que l'explique Andrea Portman dans son éclairante étude de la question, Goethe est intervenu et a fait une pénétrante affirmation néoclassique et scientifique : on ne peut avoir foi dans les motifs des fleurs de givre qui se forment sur les vitres, qui sont des signes de mort et non de vie, de simples et superficielles imitations minérales de la vie biologique devant être exclues du fonds de connaissances et du vocabulaire de l'imagination romantique. Contrairement à Novalis, son contemporain, Goethe considérait les formes de l'hiver non pas comme des manifestations de la vie, mais bien comme de creuses imitations de la vie par les minéraux – de la même façon qu'il voyait dans le culte de l'hiver un nationalisme morbide qui tournait le dos à la lumière et à la lucidité italiennes. (Goethe appréciait l'hiver pour des motifs plus hygiéniques et éthérés : ainsi que nous le verrons, il aimait patiner.)

Le débat entourant les fleurs de givre aurait peut-être sombré sans une trace dans les archives de l'érudition si, mine de rien, la fable n'avait pas essaimé et engendré deux grandes œuvres d'art : la plus belle et la plus mystérieuse de toutes les fables d'hiver, *La Reine des neiges,* d'Hans Christian Andersen, et la plus belle de toutes les complaintes romantiques sur la saison, *Winterreise,* de Franz Schubert. Tout le monde a lu *La Reine des neiges,* je crois. C'est l'un des contes folkloriques les plus complexes, les plus cruels et les plus mémorables d'Andersen. Il a été publié en 1845. Le moment crucial intervient lorsque Kay, le personnage principal, reçoit un éclat de verre dans l'œil – fragment du miroir maléfique du diable, qui a ceci de particulier qu'il déforme la vision. Puis, pour la première fois, Kay regarde un flocon de neige et, à la vue de sa complexité interne, en conclut qu'il est encore plus beau qu'une fleur.

Il s'agit non pas d'une invention spontanée ou accidentelle d'Andersen, mais du condensé d'un débat plus vaste entourant la relation entre la forme cristalline ou minérale et la forme biologique. C'est, d'abord et avant tout, une question de flocons et de fleurs. L'idée défendue par Andersen est que seule une personne paralysée par la raison – la Reine des neiges trône d'ailleurs au centre d'un miroir cassé et fissuré, appelé le «miroir de la raison» – risque de confondre la forme froide de la mort et le chaud bourgeonnement de la vie. La séduction exercée par la Reine des neiges vient du fait qu'elle se situe – «règne» en quelque sorte – au confluent des deux traditions: l'idée classique chrétienne selon laquelle le Nord est un lieu néfaste et dangereux à fuir à tout prix et l'idée romantique voulant que le Nord glacial soit un lieu attrayant et magnétique qu'il faut rechercher. Le miroir de la raison est cassé depuis toujours. Pour l'imagination romantique, l'hiver est un piège dans la mesure où, sous son emprise, les formes mortes sont aussi belles que les vivantes. La Reine des neiges est superbe, mais elle glace l'âme.

On observe le même motif dans le cycle de lieder composé par Schubert dans les années 1820, peut-être le tout premier véritable chef-d'œuvre des temps modernes consacré à l'idée nouvelle d'hiver. *Winterreise* – le voyage d'hiver – est chanté par un ténor qu'accompagne un pianiste. Adaptées de poèmes de Wilhelm Müller, les chansons racontent l'histoire d'un amoureux, d'un voyageur, d'un pèlerin chassé de chez lui et condamné à errer pendant un hiver allemand, comme celui peint par Friedrich de façon impitoyable et séduisante. C'est le récit d'un homme qui, forcé de vivre dans un tableau de Friedrich, chante sa douleur d'égaré.

Dans le onzième lied, «Frühlingstraum», on entend la voix de celui qui erre dans la blancheur sauvage et qui, à la vue des floraisons de glace, des motifs tracés par le givre sur la vitre – qu'il voit, détail significatif, de l'extérieur et non de l'intérieur –, se demande qui les a mis à cet endroit, qui les a créés. Dieu? L'homme? Ou résultent-ils d'un simple accident? Question indécidable et irrésolue, question essentielle que soulève l'hiver pour l'esprit et pour l'imagination romantiques. Qui a fait l'hiver? Pourquoi existe-t-il? Projetons-nous une forme et un sens sur une chose qui n'est qu'une absence, un non-événement de l'ordre naturel fait de la chaleur et des rayons du soleil, ou l'hiver constitue-t-il un mystérieux signe résiduel de la divinité, incarné dans une pièce musicale d'une beauté pénétrante et envoûtante ou même, pendant qu'on y est, gravé sur une fenêtre? Si l'hiver est à nous, qui sommes-nous?

43

Ces visions et ces versions de l'hiver s'expriment au point de pression où la chaleur de l'intérieur se heurte à la fenêtre gelée. La joie de l'hiver consiste à voir en imagination des cathédrales gothiques, des Israélites en fuite, des bateaux de passage et des champs rouge sang, là où n'existent en réalité que des hasards de la glace. La terreur de l'hiver consiste à admettre que ces visions ne sont que des hallucinations, que les cristaux assemblés au hasard ne veulent rien dire, que les stupides flocons ne sauraient en aucun cas prendre la place des âmes, que la glace vient non pas de la main de Dieu, mais bien du miroir fracassé de l'esprit, de notre volonté de parer le monde d'objets qui ont un sens à nos yeux. La joie réside dans la projection de notre imagination ; la crainte réside dans l'enfermement dans notre tête. Chez Schubert comme chez Andersen, la brutalité de l'hiver envers le vagabond perdu dans la nature sauvage a pour contrepartie l'ouverture au mystère de la saison chez l'observateur qui se tient à la fenêtre. La beauté particulière du chant de Schubert naît du fait que, pour le compositeur, le rôle le plus propre à combler l'âme consiste à être en même temps l'errant et le témoin.

Au début du XIXᵉ siècle, cette réaffirmation romantique des possibilités de l'hiver en tant qu'objet poétique et patriotique se manifeste avec encore plus de véhémence en Russie. Avec le Canada, la Russie est la plus grande nation hivernale, un lieu où la neige est une certitude absolue et non une occurrence probable. En Allemagne – où même Friedrich s'était montré impuissant à vaincre la mainmise italienne sur la psyché allemande –, l'envie du Sud et de l'Italie fait sans cesse contrepoids à l'idée romantique de l'hiver. En Russie, toutefois, le dialogue Nord-Sud était davantage centré sur la France. La grande invasion napoléonienne y a donc suscité une vive réaction.

En Russie, on n'échappe pas à l'hiver, qui représente une force absolue. Et pourtant, tout au long du XVIIIe siècle, nous apprennent les spécialistes de la littérature slave, on ne trouve ni roman ni poésie célébrant cette saison. Si, pendant la période napoléonienne, l'hiver s'est imposé comme un symbole puissant du nationalisme allemand, il est devenu un symbole encore plus puissant et convaincant de l'identité et du sentiment national russes. Symboliquement, Napoléon a été « vaincu » par les neiges épiques de l'Allemagne ; lors de la campagne de 1812, il a en réalité été défait par l'hiver russe. Les Français sont venus, l'hiver est arrivé, les Français sont repartis en déroute. Vers 1812 sont ainsi apparues des caricatures politiques montrant Napoléon enseveli sous une avalanche. Idée si forte que le gouvernement tsariste a dû monter toute une propagande pour prouver que Napoléon avait été vaincu par les généraux russes et non par l'hiver.

À compter de 1812, cette nouvelle appréciation de l'hiver motivée par le patriotisme a donné lieu à de grandes œuvres poétiques. Citons d'abord le prince Piotr Viazemski, à qui on doit ce qui a sans doute été le premier poème romantique consacré à la neige – en Russie, en effet, ce nouvel intérêt romantique pour l'hiver prend une forme essentiellement poétique, et non picturale ou musicale, ce qui n'a rien d'étonnant si, comme moi, vous croyez au génie national. Dans la littérature russe de l'époque, *Première neige* de Viazemski, premier poème voué à la neige, est devenu aussi essentiel que les premiers poèmes d'amour le sont ailleurs. Il s'agit désormais d'un genre, un passage obligé pour tous les jeunes poètes russes : décrire la première neige comme s'il s'agissait d'un premier amour.

Ce genre n'aurait peut-être jamais atteint sa pleine maturité si le meilleur ami de Viazemski n'avait été Alexandre Pouchkine. Tandis que l'appropriation de l'hiver par les Allemands était essentiellement mélancolique, Pouchkine confère à son amour de la saison une dimension nationale, tonifiante, voire joyeuse, et toujours sexy. C'est la surabondance d'énergie – rien à voir avec une fenêtre sur la mort – associée à l'hiver russe qui imprègne le cœur et les poèmes de Pouchkine. En 1824, il signe un merveilleux poème intitulé *Matin d'hiver,* un chant destiné à une fille avec laquelle, suppose-t-on, il a passé la nuit (on est à des années-lumière de la lugubre coquetterie hivernale néoclassique du Dr Johnson) et qui célèbre la saison, à la fois paradis postcoïtal et lieu de mémoire :

> *Grand gel et soleil, oh, merveille !*
> *Tu dors toujours, charmante amie –*
> *il est temps, belle, éveille-toi :*
> *ouvre tes yeux, indolemment fermés,*

cours au-devant de l'Aurore des neiges,
apparais, étoile du Nord[6] !

Dans toute sa poésie hivernale, Pouchkine souligne un paradoxe essentiel, que seuls connaissent les Russes et les Canadiens : si, en été et en automne, les routes sont souvent impraticables, l'hiver, dans les pays nordiques, en particulier avant le pavage, a l'effet contraire sur la vie. La « voiture qui patine » évoquée un peu évasivement par Cowper est le traîneau dans lequel Pouchkine fonce à vive allure. Dans le vrai Nord, l'hiver est la saison de la vitesse, celle où on peut emporter sa bien-aimée sur la neige pour un rendez-vous érotique. Le thème de l'érotisme associé à l'hiver est propre à la Russie. Lié aux fourrures, aux neiges et aux secrets, il traverse toute la littérature du XIXe siècle. C'est ici, avec Pouchkine, qu'il débute. Les Allemands voyaient les énigmes de l'hiver ; les Russes, eux, en perçoivent les possibilités érotiques. Le Dr Johnson et sa compagne se promènent en hiver ; Pouchkine et sa maîtresse volent sur la neige.

Si les Européens du Nord soumis à la dure épreuve des guerres napoléoniennes ont été les premiers à créer un nouvel art hivernal en dépouillant la saison de sa dimension effrayante, c'est à l'Angleterre qu'est revenue la victoire décisive sur Napoléon. Dans les années 1830 et 1840 – décennies caractérisées par la prospérité et le progrès qui ont marqué le début de la *Pax Britannica* –, la Grande-Bretagne

---

6. Alexandre Pouchkine, *Poésies,* traduit du russe par Louis Martinez, Paris, Gallimard, 1994, p. 114.

et la culture britannique ont vu naître une conception nouvelle et, dans l'ensemble, plus douce de l'hiver.

En Angleterre, les éléments qui avaient hanté l'imagination romantique allemande – nommément la membrane perméable entre l'hiver et le moi, représentée au sens propre par la fenêtre – n'exercent plus une emprise aussi forte. De plus en plus, une enveloppe d'air chaud remplaçait les petites poches de chaleur. C'est en Grande-Bretagne que le chauffage central est né.

Les Nord-Américains qui ont grelotté pendant tout un hiver en Angleterre, emmitouflés dans de gros chandails, une tasse de thé vissée à la main, certains de ne plus jamais se réchauffer, auront peut-être du mal à croire que ce pays a été le berceau des premières maisons chauffées modernes. Et pourtant, c'est en Angleterre que le chauffage central a fait ses débuts, dans les années 1830 et 1840. Des chauffagistes polonais et français ont en effet émigré en Angleterre, la Silicon Valley – ou plutôt la vallée du charbon – de l'époque. L'histoire culturelle a ceci de particulier que nous avons tendance à oublier les créateurs des conforts dont nous bénéficions, alors que nous connaissons presque toujours à fond les poètes de notre détresse. Tout le monde a entendu parler de Caspar David Friedrich, mais personne n'a retenu le nom des hommes qui, au cours des premières décennies du XIXe siècle, ont inventé le chauffage central et en particulier le chauffage à la vapeur par tuyaux rayonnants. Profitons-en pour en nommer quelques-uns : Thomas Tredgold, H.R. Robertson et un génie du chauffage central issu de l'immigration, l'ingénieur français F.W. Chabannes (un Russe, Franz San Galli, inventerait sous peu le radiateur). Conformément au stéréotype véhiculé par *Star Trek,* il s'agissait dans la plupart des cas de types venus du nord de l'Angleterre, le monde des Darwin, des Wedgwood, des libres penseurs et des scientifiques, qui ont construit l'Angleterre industrielle.

L'idée de chauffer centralement un vaste espace fermé a pris naissance dans des serres et des incubateurs, en réponse à la nécessité de garder légumes et fruits au chaud pendant l'hiver. Les ingénieurs britanniques ont toutefois vite compris – et ce n'est pas par hasard qu'on retrouve parmi eux James Watt, inventeur de la machine à vapeur – qu'installer le chauffage central équivalait essentiellement à faire fonctionner une machine à vapeur semblable à une locomotive, mais destinée à rester sur place. Il fallait concevoir des tuyaux assez solides pour résister à la pression de la vapeur, sans être si gros qu'il n'y aurait plus de place pour les habitants des maisons.

Le véritable triomphe a toutefois été d'ordre intellectuel. Pour la toute première fois, architectes et ingénieurs ont commencé à concevoir explicitement l'architecture sous l'angle de l'air, de l'espace intérieur. L'ingénieur écossais David Boswell Reid, responsable du chauffage central des chambres du parlement au lendemain du grand incendie des années 1830, a écrit: «On oublie trop souvent que, d'un point de vue pratique, la structure visible, tout en figurant parmi les attractions plus évidentes de l'art architectural, n'est jamais que la coquille ou l'enveloppe de l'atmosphère intérieure, sans laquelle il n'y aurait pas de vie possible.» L'avenir de l'architecture du Nord passe peut-être par la subordination de la structure à l'espace. Le centre commercial et la ville souterraine, avec leurs atmosphères intérieures, trouvent leur genèse en ces mots. Et le chauffage central adoucit également la vue. Dès que les gens furent bien au chaud à l'intérieur, l'hiver s'est prêté, comme jamais auparavant, à l'observation. Pour la toute première fois, l'hiver devint un spectacle avant tout.

Et les Alpes étaient l'endroit le plus sûr d'où contempler l'hiver. La prospérité anglaise (sans oublier l'ingéniosité écossaise), grâce à laquelle les chambres du parlement étaient dotées du chauffage central, a permis aux familles de la classe moyenne supérieure d'entreprendre des voyages instructifs et édifiants. Et les touristes que les effrayantes forêts allemandes laissaient indifférents se dirigeaient tout naturellement de l'autre côté des Alpes. Bref, on se rendait en Suisse pour trouver l'hiver.

De nos jours, il est difficile de considérer la Suisse comme une destination romantique. Les Suisses eux-mêmes ne voient pas leur pays de cette manière. Pour nous, la Suisse est un pays bureaucratique, un pays riche et, pour reprendre les mots d'Orson Welles dans *Le troisième homme,* un pays peuplé de bourgeois d'une impassibilité absolue, où on fabrique du chocolat et des coucous. Au milieu du XIXe siècle, la Suisse était toutefois la grande destination romantique, l'endroit où on se rendait pour observer l'hiver effrayant et l'hiver agréable, l'endroit où l'hiver effrayant (les Alpes aux pics enneigés) et l'hiver agréable (les confortables *auberges** de ski) convergeaient. La Suisse offrait à la fois la mélancolie et la gloire des montagnes avec son mélange de terres basses et de hauteurs – puissante métaphore affective représentant l'homme et la nature – et des confessions protestante et catholique (la liberté protestante dans les hautes terres, le sens de la communauté catholique au bord des lacs). Si l'hiver moderne a été fabriqué en Russie et dans le nord de l'Allemagne, c'est en Suisse qu'il a été vu, amadoué et apprivoisé pour un public de plus en plus vaste.

Nous nous dirigeons vers la Suisse sur les pas de deux Anglais. Le premier est le grand peintre et aquarelliste J.M.W. Turner. Turner « possédait » Venise et Dieppe, mais il a fait de la Suisse, des neiges et des glaciers des Alpes son sujet poétique de prédilection. Au point que, dans les aquarelles de Turner des années 1830 et 1840, il est difficile de distinguer la neige de la lumière. Dans ses aquarelles suisses, on observe une fusion de la lumière pittoresque des montagnes et des neiges sublimes de l'hiver : en pratique, on n'arrive plus à séparer le blanc du blanc.

N'oublions pas non plus John Ruskin, grand défenseur et analyste de Turner, qui suit son peintre-héros jusqu'en Suisse, de la même façon que Jean le Baptiste a suivi Jésus, peut-être, afin de définir une théologie naturelle des montagnes et des glaciers en hommage à Turner et en référence à ce qu'il imagine être sa pratique (bien que Ruskin, ainsi qu'il l'a lui-même admis plus tard, ait en général

51

exagéré la piété de Turner et sous-estimé sa sensualité). Au centre de cette nouvelle théologie se trouve une nouvelle égalité des saisons : « Le soleil est délicieux, la pluie est rafraîchissante, le vent nous revigore, la neige nous exalte. Point de mauvais temps ; que des formes différentes de beau temps », a-t-il écrit. Il était aussi d'avis que la forme étoilée des flocons de neige et des cristaux de glace – de délicats rayons à éperons irradiants à partir d'un centre – était encore plus belle que celle de la sainte Croix.

L'amour de Ruskin pour l'hiver microscopique était soutenu par son amour de l'hiver macroscopique – le sentiment euphorique qu'il avait que les glaciers suisses, avec leur étendue et leur capacité à entraîner des désastres, étaient en eux-mêmes une preuve du dessein de Dieu, de massifs coups de pinceau transcendant le temps. Cet argument artistique et théologique concernant les glaciers se change en argument technique et scientifique lorsque Charles Darwin et Louis Agassiz, chrétien et grand scientifique, croisent le fer au sujet de l'âge des glaciers. Agassiz soutenait qu'ils étaient des manifestations des catastrophes anciennes évoquées dans la Bible, tandis que Darwin ne voyait en eux que les instruments d'un changement progressif.

Ce changement, ce passage du lancinant questionnement romantique vers le doute victorien plus pieux s'entend dans la musique de l'époque. Vous vous souvenez de la question posée par Virginia Woolf à propos de ce qu'aurait écrit la sœur de Shakespeare si elle avait pu écrire ? Eh bien, Fanny Hensel a été cette sœur de Shakespeare ou, à tout le moins, celle de Mendelssohn. Sans avoir eu le rayonnement de celle de son frère, son œuvre est merveilleuse, notamment en raison de ses contraintes imposées. En 1841, elle a composé une série d'œuvres saisonnières pour piano intitulée *L'année,* et «Décembre» préfigure une nouvelle attitude vis-à-vis de l'hiver. Son œuvre n'a ni le mordant ni l'exaltation de Vivaldi, non plus que la profonde mélancolie de Schubert. Sa musique d'hiver est riche et romantique à sa façon – apaisante, enveloppante et bourgeoise. Créée pendant un long congé sabbatique en Italie, l'œuvre signale l'avènement d'une attitude nouvelle et plus cosmopolite face à l'hiver. C'est une musique composée dans un hôtel pour les villégiateurs qui fréquentent les hôtels et les *auberges**. Sa tempête de janvier est égayée par un lyrisme scintillant, tandis que son mois de février est carrément gai.

Pendant la première moitié du siècle, la redécouverte romantique de l'hiver en tant que lieu de splendeur et de signification a donc elle aussi pris de multiples formes, effroyable au Danemark et plus confortable dans les Alpes. La version romantique de l'hiver a toujours entretenu une relation complexe avec la question centrale qui occupe le XIXᵉ siècle: Dieu existe-t-il? *Coucou, Dieu, c'est moi, Franz...* Ou Jean, ou Joseph. L'hiver était la saison décisive, une radiographie: on y voyait le monde nu, tel qu'il était, dépouillé de son voile vert de chaleur et de verdure. Mais était-ce un lieu ordonné ou encore propice aux accidents, un lieu dont l'ordre apparent n'est que le fruit de notre imagination? L'hiver était l'un et l'autre, tandis que, devant la fenêtre, on observait et tranchait la question.

Ou encore on pouvait monter à bord d'un bateau pour traverser l'Atlantique et faire son éducation. Il est tout naturel que la fascination qu'exercent le problème de la signification des glaciers, l'épineuse question du sens du givre et même celle d'un Dieu de l'hiver se transporte au Canada.

Selon la tradition critique et esthétique canadienne héritée du grand Northrop Frye, les premiers artistes et poètes canadiens ont été pris de court par l'expérience de l'hiver. Recroquevillés sous l'effet de la terreur, ils se retranchaient chez eux et auraient donné n'importe quoi pour regagner leur patrie. C'est seulement beaucoup plus tard qu'une véritable esthétique de l'hiver a commencé à prendre forme au Canada. Avant, nous nous contentions tous de le subir. La grande poète canadienne Susan Glickman a soutenu, à juste titre, que cette lecture repose sur une incompréhension de l'histoire et détache indûment le Canada des réactions européennes devant l'hiver. Ce qu'elle veut dire, non sans raison, me semble-t-il, c'est que les artistes et les poètes canadiens de la première génération ont répondu à l'hiver canadien de la même façon – soit avec des formules jolies ou puissantes – que les artistes, les compositeurs et les poètes européens au leur. Ils étaient effrayés, bien sûr, par les glaciers, les blizzards, les montagnes et l'immensité blanche –, mais bon, il était normal d'avoir peur. C'était l'émotion à la mode. Ils ont fait ce que nous faisons tous : ils se sont emparés des émotions conventionnelles de leur temps et les ont raffinées en fonction de leur expérience personnelle. Plaquer les conventions sur le nouveau paysage n'est qu'une manière d'affirmer que nous reconnaissons le goût de la vie réelle.

J'estime toutefois qu'il existe une différence significative. Comme un plan de bataille, l'expérience du *mysterium tremendum,* la rencontre avec l'altérité sacrée au cœur de l'expérience hivernale de Friedrich – au même titre que celle de Schubert et de Turner –, ne résiste pas bien longtemps au contact de l'ennemi que représente l'épreuve du réel. Il est certain que les poètes et les peintres canadiens ressentaient les mêmes émotions que leurs cousins européens, mais ces émotions étaient sans cesse mises en échec ou réprimées par une autre forme de sensibilité. Au Canada, l'hiver est une fatalité plus qu'une source de loisirs occasionnels. Le Québec n'est pas la Suisse. Impossible de prendre le train du matin pour retrouver le climat tempéré et la verdure. On n'échappe pas à l'hiver, même si c'est son souhait le plus cher. On avait beau trembler de peur, tôt ou tard, il fallait aller chercher le lait et casser la glace dans le seau.

Un historien de la culture aux idées romantiques pourrait se torturer sans fin en se demandant ce qui serait arrivé si un être doté d'une vaste culture et imbu de romantisme allemand, un amoureux du romantisme allemand – un être parfaitement au courant des réactions devant l'hiver qui se sont imposées en Europe au cours de la première moitié du XIXe siècle, de Goethe à

Andersen –, était débarqué au Canada au milieu du XIXe siècle. Qu'aurait écrit et pensé cette personne? Une chimère, sans doute...

Mais non: une telle personne existe! Il s'agit d'une femme qui a pour nom Anna Brownell Jameson. En 1836, Anna Brownell était une gouvernante irlandaise au service d'une famille anglaise. Elle a épousé un avocat anglais terne et guindé qu'on a envoyé au Haut-Canada à titre de juge en chef, et elle l'a suivi à Toronto. C'était un mariage malheureux pour des raisons très complexes ou plutôt pour une raison très simple: elle était plus intelligente que lui et lui était plus riche qu'elle. Au cours de cette année, elle a tenu un journal intime qu'elle a par la suite publié sous le titre suivant: *Winter Studies and Summer Rambles in Canada.*

Jameson possédait un esprit remarquable. Ses notes sur les *Conversations de Goethe avec Eckermann* demeurent profondes et originales, et les comparaisons qu'elle établit entre le traitement que réserve Eckermann à Goethe et celui qu'accorde Boswell au Dr Johnson sont encore, à ma connaissance, uniques. Elle passe avec une aisance sidérante d'une référence et d'une langue à une autre. («On a souvent accusé Goethe d'avoir volontairement et systématiquement déprécié la féminité dans ses œuvres, malgré l'admiration passionnée qu'il voue à la gent féminine. À mon avis, c'est injuste. Certes, il est moins universel que Shakespeare, moins idéal que Schiller; mais [...] ses portraits de femmes sont aussi vrais que la vérité elle-même. Essentiellement, il se fait des femmes une idée qui s'apparente à celle de Lord Byron, plutôt orientalisante et *sultanesque*.» Il s'agit d'une entrée tout à fait représentative d'une journée de février à Toronto.)

Jameson a donc entrepris de décrire l'hiver canadien du point de vue d'une romantique européenne. Elle a vu le Canada à travers le prisme de cette sensibilité européenne, mais elle l'a bien observé. Les chutes du Niagara ont été son premier objectif – c'était celui de tous les romantiques. Elle n'a pu s'empêcher d'en être déçue :

> Bon ! J'ai vu les chutes du Niagara qui grondent dans ma tête d'aussi loin que je me souvienne – «mon obsession d'enfance, mon désir de jeunesse», depuis le jour où mon imagination s'est ouverte à l'émerveillement et à la rêverie. Je les ai vues, donc, et je vous le confie à voix basse ! mais ne le répétez pas aux Philistins ! – je le regrette ! Comme je voudrais qu'il me reste une chose à voir – comme je voudrais qu'il me reste une chose à imaginer, à espérer, à attendre impatiemment – une raison de vivre, en somme : la réalité a chassé de mon esprit une illusion beaucoup plus magnifique qu'elle. Je n'ai pas de mots pour décrire ma déception absolue : [...] En dégringolant de leurs montagnes, Terni et d'autres chutes suisses [!] m'ont mille fois plus émue que le Niagara malgré son immensité.

Que s'est-il passé ? Elle s'y était rendue avec la bénédiction de l'hiver, certaine que c'était le meilleur moment, le moment le plus authentique, pour admirer la merveille – «là où elle est indépendante de l'art, la Nature ne meurt pas, ne se vêt pas de deuil ; elle s'allonge pour se reposer dans le giron de l'Hiver et le vieux l'enveloppe dans sa robe d'hermine et de joyaux, la berce avec ses ouragans, la fait doucement taire pour l'endormir». Voici ce qu'elle a vu en arrivant sur les lieux:

> Au premier coup d'œil, une vaste plaine; le soleil avait momentanément remisé ses rayons, il n'y avait ni lumière, ni ombre, ni couleur. Au centre se voyaient les deux grandes chutes, simple aspect du paysage plus vaste. Le bruit n'avait rien d'accablant et les nuages de gouttelettes, que Fanny Butler avait si joliment décrits comme «l'éternel encens des eaux», étaient condensés par le froid excessif avant même de s'élever [...]. Les associations que j'avais en imagination réunies autour de cette scène, l'effet des terreurs épouvantables qu'elle inspirait, de sa beauté à vous subjuguer l'âme, de sa force et de sa hauteur, de sa vélocité et de son immensité, furent diminués, pour ne pas dire entièrement perdus.

«Les associations que j'avais en imagination réunies autour de cette scène...» Privé de ces associations par la dure, la minérale vérité de janvier, l'encens éternel du Niagara s'évanouit et cède la place au plus grand jet d'eau froide du monde. Sorti de la ravissante sphère helvétique des projections imaginaires, le Niagara, en effet, n'a rien de sublime, n'est plus qu'un robinet géant. Visitée en plein hiver, l'ultime destination de l'imaginaire romantique est, dans la réalité, grande, trop grande pour être appréhendée en entier; à l'arrière-plan, on voit non plus la nature sauvage et comprimée du paysage alpestre, mais bien l'immensité du vrai Nord: bref, les chutes sont en même temps trop petites et trop écrasées par leur environnement pour être vraiment impressionnantes.

Et, en l'occurrence, elles sont bordées de petits hôtels frissonnants :

> Nous nous sommes dirigés vers l'hôtel Clifton, au pied de la colline ; avec ses vérandas et ses balcons envahis par la neige [...], ses chambres abandonnées, désertes, ses fenêtres cassées, ses tables poussiéreuses, il avait l'air encore plus désolé. Les malheureux qui avaient charge de garder la maison pendant l'hiver s'étaient agglutinés dans la petite cuisine dans l'espoir de trouver un peu de chaleur et de réconfort. À notre arrivée, ils nous ont regardés d'un air absent et ahuri, signe qu'ils ne recevaient pas beaucoup de visiteurs en cette saison.

Jameson éprouve les deux émotions en même temps – l'émerveillement induit par les scènes d'hiver et l'absurdité de leur idéalisation –, expérience réitérée. Mais elle va au-delà de la comédie de la désillusion. Elle s'initie également à la vraie dimension romantique de l'hiver canadien, aux aspects qui brillent pour de vrai. Elle fait, par exemple, le même constat que Pouchkine en Russie : si, en d'autres lieux, l'hiver marque une stase, au Canada, il s'agit paradoxalement d'une période de liberté et de mouvement. Elle écrit : « Tout indique que la saison froide, qui me paraît si lugubre, représente pour les Canadiens une période de festivités. [...] C'est le moment de visiter les proches, de faire des balades en traîneau, de se consacrer aux affaires et à l'amitié. » De braver l'hiver en janvier pour voir les chutes du Niagara. L'hiver nous libère.

Sinon, Jameson constate que les forêts de coni-
fères qui, en Allemagne, ainsi que nous l'avons vu
au début de ce récit, représentent la forêt primitive
enveloppante, constituent au Canada un obstacle.
Là, en effet, les arbres bloquent l'accès à la petite
ville voisine. Dans ce contexte, le dénigrement
des arbres et le déboisement du territoire vont de
soi – on y travaille sans relâche. Cette idée que
les arbres soient les ennemis de la civilisation et
de l'esprit cultivé est évidemment très bizarre
pour une femme qui a grandi avec les paysages de
Friedrich et les poèmes de Pouchkine. Mais elle
aime ce qu'elle voit ; elle observe et apprend.

Par-dessus tout, Jameson est renversée de
constater que, dans un vrai hiver, un hiver canadien, les saisons ne se succèdent pas avec lenteur.
Elle écrit que la glace semble si épaisse et la neige si
abondante qu'on perd tout espoir – ici, l'hiver
règne en permanence. Puis, un mois plus tard, tout
est vert et verdoyant, comme si l'hiver n'avait
jamais eu lieu. La leçon à retenir pour qui fait l'expérience de l'hiver canadien, c'est que Déméter est
partie, bien sûr, mais aussi que, à son retour,
atteinte d'une sorte de maladie d'Alzheimer,
elle ne se souvient pas d'être partie. Anna Jameson
y voit un phénomène sublime, qu'elle tempère
toutefois de bon sens.

Au milieu du XIXe siècle, l'imagerie hivernale
n'est donc pas que la triste imitation d'un modèle
emprunté à l'étranger, non plus qu'une simple
forme de journalisme. Il s'agit plutôt d'une variation significative sur les sensibilités romantiques
qui ont déjà cours dans le monde occidental – une

variation à la fois semblable et subtilement déco-
dée et adaptée à un lieu différent et d'une tonifiante
nouveauté. Même dans les œuvres d'un artiste
accessible et souvent dédaigné comme Cornelius
Krieghoff, peintre émigré et au premier abord naïf
qui a travaillé au Québec pendant les années 1840,
1850 et 1860 – une sorte de peintre de cartes de
Noël qui représente des promenades en traîneau
et des scènes de liesse –, on observe toujours, à
l'arrière-plan, l'appel profond et glacé d'un Nord
inconnu. Ces images en apparence naïves et jolies
sont en effet nuancées par une observation ancrée
dans le réel : les activités agréables, la recherche du
plaisir s'inscrivent à l'avant-plan on ne peut plus
réduit d'une immense scène toute blanche, qui
s'étire jusqu'aux neiges lointaines et à l'éternité.
Cette juxtaposition de la recherche du plaisir en
plan rapproché et des neiges éternelles dans le
lointain – l'avant-plan agréable, l'arrière-plan
effrayant – est une articulation typiquement canadienne de la vision sublime. En Europe, l'agréable
et l'effrayant se mêlent plaisamment au cours
d'une même journée helvète ; au Canada, l'agréable
se mérite et l'effrayant est là pour rester.

C'est encore à Anna Jameson que je dois mon
récit préféré à propos de l'hiver canadien, de cette
double expérience de l'hiver propre au Canada. Au
cours de sa deuxième année au pays, elle retourne
aux chutes du Niagara, à nouveau débordante
d'optimisme, vibrante de fièvre poétique. Derrière
elle, raconte-t-elle, un Irlandais « s'écrie, avec un
accent cordial, empreint d'une grande admiration :
"Ma foi ! C'est une pas pire gougoutte d'eau qui

tombe de là ! » » La main de Dieu et une « pas pire gougoutte d'eau ». Sentiments poétiques et réalismes émergents – voir les deux était la tâche ardue des habitants d'un pays nouveau.

Pendant qu'au Canada, au milieu du xixᵉ siècle, la vision romantique de l'hiver recevait une dose vivifiante de réalisme, on assistait en Europe à l'apparition d'une nouvelle attitude vis-à-vis de la saison. En 1866, le jeune musicien russe Piotr Tchaïkovski compose sa toute première symphonie et l'intitule *Rêves d'hiver*. Influencée par Mendelssohn (et peut-être aussi par la sœur de ce dernier et les œuvres qu'elle consacre à la neige), la symphonie exprime un tout nouveau sens de l'hiver. Un nouveau caractère poignant, une sérénité nouvelle, un recours inédit aux instrumentations ornées de la musique populaire – l'hiver apprivoisé, sans doute, comme il l'avait déjà été. Mais aussi l'hiver exquis. Avant-goût de la nouvelle perception de l'hiver qui trouvera sa meilleure expression dans la peinture impressionniste française des années 1870 et 1880 avec les premiers *effets de neige** d'Alfred Sisley, de Pissarro et, par-dessus tout, de Claude Monet.

Dans la vision romantique de l'hiver, j'en suis convaincu, Anna Jameson aurait reconnu de nombreux éléments propres au mouvement romantique avec toutes ses facettes et toutes ses phases : la fascination pour l'extrême, l'amour de la frayeur, la valorisation de la passion en soi, l'observation des chutes dans le but unique d'entendre le fracas des eaux. Mais un élément clé de l'esprit romantique est absent de la vision romantique de l'hiver que nous avons décrite jusqu'ici, et c'est le rêve d'exotisme – non pas celui de l'altérité informe, de la nature sauvage, mais bien d'une civilisation en apparence éloignée où les idées et les expériences prennent des formes différentes.

Les sources traditionnelles du romantisme se trouvent en Égypte et en Afrique du Nord – pays difficiles à exploiter à des fins hivernales. Il existe toutefois une culture éloignée et exotique dotée d'une poétique de l'hiver pleinement articulée : le Japon. Et c'est l'idée nippone de l'hiver qui, sous l'influence du *japonisme**, en particulier l'impression au bloc de bois, fait son entrée dans la culture française des années 1870 et 1880. On lui doit la dernière transformation de l'hiver et de l'idée de l'hiver dans l'Europe du XIXe siècle. Ni les neiges sublimes des romantiques, ni les étendues sauvages de Turner, ni le pittoresque agréable des Alpes suisses ou du Québec, mais bien un hiver fait de fourrures, de parures et de grâces, de flocons qui tombent doucement et de plaisirs fugaces. Autant de motifs venus du Japon et notamment des estampes japonaises de l'*ukiyo-e,* le « monde flottant ».

Dans l'hiver vu par les Japonais, dans la poésie et surtout dans les gravures japonaises – notamment celles d'Utamaro, d'Hiroshige et d'Hokusai –, dans l'imagerie du « monde flottant », en somme, rien ne laisse croire que l'hiver serait tombé de la main de Dieu ni qu'il serait le produit d'une organisation cosmique. Selon l'idée japonaise de la saison, l'hiver est à la fois vide et plein ; vidée par le froid, la nature est remplie par le vent et la neige. L'esthétique japonaise de l'hiver est une émanation de l'air du temps, un appel aux sens avant tout. C'est une saison qui, à tous les points de vue, évoque non pas les mystères persistants du sens « naturel », mais plutôt la magnifique fugacité de la création – la neige tombe et s'évanouit, au même titre que la mode, au même titre que l'amour. Rien à voir avec le pittoresque campagnard des Alpes suisses ou du Québec ; on a plutôt affaire à une neige et à un hiver élégants, à un hiver où résonnent le triangle et la harpe, comme dans Tchaïkovski.

Tel est donc l'esprit de l'hiver que les impressionnistes ont découvert dans les estampes japonaises et qui, dans les années 1870 et 1880, a rempli leurs yeux et leurs ateliers. Les scènes de neige que Sisley, Pissarro et surtout Monet ont commencé à peindre au cours de ces deux décennies débordaient de contentement spirituel, certes, mais d'un contentement spirituel d'un genre tout nouveau, loin du sublime austère de Friedrich et des pics enneigés de Turner, aux accents de rhapsodie. Le contenu spirituel du haïku, du monde flottant, est d'autant plus lancinant qu'il s'éclipse. L'*effet** est tout, et c'est justement ce que recherchaient les impressionnistes, eux qui, aux premiers gels de février en Île-de-France, délaissaient leurs ateliers pour se rendre dans des banlieues en bord de Seine, et se tournaient vers l'hiver en tant que sujet.

Pour qui regarde les tableaux du gel hivernal des environs de Paris peints par Monet dans les années 1870 et 1880, un autre élément saute aux yeux : un soudain regain d'intérêt pour le blanc.

Les estampes japonaises suscitent en effet chez cet artiste un tout nouvel engouement pour le blanc pur – non pas un blanc appliqué sans nuances d'un seul coup de pinceau, mais bien un blanc composé de petites touches de couleurs prismatiques, comme dans un kaléidoscope. C'est l'hiver agréable poussé à son paroxysme, un hiver si agréable qu'il se débarrasse de la saveur domestique du pittoresque et devient absolument exquis – moins joli qu'investi d'un charme profond, renouvelable à l'infini. Aux mains de Monet, de Sisley et même de Pissarro, pourtant moins doué, l'hiver devient une autre forme de printemps, un printemps destiné aux esthètes qui jugent le vert d'avril trop banal, mais qui leur offre le même élan affectif d'espoir, le même plaisir d'un déploiement lent et serein : le poids lent du givre, le vernis chromatique de la neige sur les rameaux des marronniers, l'aube immobile, le fleuve à moitié gelé.

Le même esprit de l'hiver est présent dans la superbe œuvre pour piano signée par Debussy à la fin du siècle, *La neige tombe*. Il suffit de la comparer à l'idée musicale solide, destinée aux salons d'hôtel, de Fanny Hensel pour détecter aussitôt un ton nouveau, lyrique, doux, voire enfantin. On observe le même phénomène dans la poésie symboliste française. Remy de Gourmont, par exemple, associe la neige à la gorge d'une femme. L'hiver est par-dessus tout *blancheur*, et l'hiver est femme :

> *Simone, la neige est blanche comme ton cou,*
> *Simone, la neige est blanche comme tes genoux.*
> *Simone, ta main est froide comme la neige,*
> *Simone, ton cœur est froid comme la neige.*

L'hiver n'est donc plus la sinistre Reine des neiges. Il est devenu une parente qui habite en ville, une *femme fatale** parée de fourrures, une mondaine glaciale que vous emmenez en banlieue pour un rendez-vous galant au cours duquel, avec un peu de chance, elle tombera, pour ainsi dire. On note ici, implicitement, une ironie qui confine au paradoxe. L'émergence de l'hiver en tant que force positive dans la peinture européenne du XIXe siècle est inséparable du rejet de la décadence et du luxe de la culture française. Et pourtant, à la fin du siècle, l'image de l'hiver est récupérée par cette même culture française marquée par le luxe, la raison, le raffinement et la sexualité, et qui vous entraîne dans votre propre quartier, puis une quinzaine de kilomètres en dehors de Paris, pour vous faire apprécier toutes les temporalités possibles du monde. L'engouement pour l'hiver, qui débute par un rejet de la raison française, opère un retour sous la forme d'un nouvel « exquisitisme » mettant en vedette la belle-fille dansante de la Raison, la Sensibilité.

J'adore ces tableaux impressionnistes et l'ironie de la boucle bouclée. On commettrait toutefois une erreur en oubliant que c'est le goût pour les extrêmes – la révélation du mystérieux, la curiosité de ce qui est caché, la fascination de l'infiniment grand et de l'infiniment petit, le glacier et l'*Eisblumen* – qui confère à l'art de l'hiver romantique tout son sens, en plus de constituer son héritage le plus riche. Nous avons beau aimer l'hiver lyrique français, l'esprit du monde a été refaçonné par la vision nordique plus spectaculaire et plus mystique. Pour cristalliser l'héritage de l'hiver romantique dans les arts, ainsi que son influence, nous devons nous intéresser à l'hiver agréable à son plus agréable, à l'hiver effrayant à son plus effrayant, à l'hiver dans ce qu'il a de plus grand et de plus petit. À mon avis, ce sont les images des icebergs et la photographie des flocons de neige qui nous font passer du XIXe siècle au XXe.

Le grand poète pictural de l'iceberg est un Canadien, Lawren Harris. Bien sûr, on le connaît au premier chef comme membre du groupe des Sept, cellule de peintres canadiens qui s'est formée au début du XXe siècle. Il s'agit dans les faits de l'un des derniers mouvements romantiques de l'art occidental – ou, plus précisément, de la dernière fois que des peintres ont tenté de se regrouper autour d'une vision du paysage pour formuler et proposer une identité nationale. Or l'identité des peintres canadiens est bien sûr inséparable de l'idée du Nord et de l'hiver. Harris et Caspar David Friedrich se seraient entendus à merveille (Harris a d'ailleurs étudié en Allemagne, mais on ignore ce qu'il savait de la peinture romantique allemande des débuts).

Exception faite de l'imprévisible Tom Thomson, Harris est, de loin, le plus doué de sa génération. En 1923, il s'est tourné, comme bon nombre de ses contemporains, vers la théosophie. Mais là où le peintre russe Kandinsky, par exemple, est passé sans transition de la vague pénombre du mysticisme de Mme Blavatsky à l'abstraction, Harris le théosophe, pendant un certain temps, est resté obstinément aligné sur le monde réel – à ce détail près que le monde représenté devait palpiter, vibrer et luire sous l'effet de la grande force spirituelle dissimulée sous les simples apparences. « Harris s'élève au-dessus de la mêlée pour atteindre des sommets de sérénité et de grandeur, des hauteurs sacrées », a écrit un admirateur.

Difficile de savoir dans quelle mesure Harris prenait les doctrines théosophiques au sérieux. À titre d'exemple, croyait-il, comme Mme Blavatsky, qu'une « race-racine » d'hommes impérissables a autrefois vécu sur un plan astral, quelque part au pôle Nord, et que le continent perdu de l'Hyperborée s'y est également échoué? Et que, depuis leur tombe froide, l'une et l'autre continuent d'irradier le monde de leur énergie occulte? À en juger par ses tableaux, la chose paraît possible. Des icebergs qui luisent comme des monolithes mystiques, des icebergs qui se dressent tels des dolmens antiques, des icebergs qui flottent en rang menaçant, des icebergs qui portent sur le peintre un regard accusateur. Ces structures de glace sont l'aboutissement dans l'art de ce qui naît dans la science de la glaciologie, le sentiment que ces icebergs sont des créatures vivantes, mobiles et inquiétantes qui donnent l'impression de s'être engendrées elles-mêmes et dont le mystère – les neuf dixièmes de leur masse entraperçus sous l'eau glacée – constitue la vérité.

S'il faut consentir un effort patriotique pour apprécier les abstractions tardives d'Harris, légèrement niaises et peu originales, les portraits d'icebergs qu'il a peints après un unique passage touristique et pépère dans l'Arctique, en compagnie d'A.Y. Jackson – voyage sans grand confort, il est vrai, mais tout de même infiniment plus suisse que celui de Scott –, séduisent d'emblée. Bien qu'*Iceberg: Davis Strait* et *Arctic Sketch IX*, tous deux de 1930, affichent la même surface travaillée et lisse, sans coups de pinceau apparents, et pourraient passer pour de simples paysages, ces œuvres n'en possèdent pas moins la lumière insolite et surnaturelle, de même que les formes singulières et striées rappelant les gâteaux étagés, qui ancrent les icebergs d'Harris dans un territoire hanté, quelque part entre Walt Disney et la Sorcière blanche de C.S. Lewis. On y trouve une touche de pacotille, mais une grande part de sublime. Si les icebergs d'Harris ont parfois un aspect comique involontaire qui évoque les bandes dessinées – il en émane des traits de mouvement, des rayons de soleil brisés, des spectres d'un effroyable effroi –, si l'énergie hyperboréenne occulte peut paraître un peu extrême, s'il donne parfois l'impression de flirter, pour ainsi dire, avec le kitsch... eh bien, tous les mystiques romantiques qui ont du succès flirtent avec le kitsch ; le kitsch est tout simplement le raccourci que nous prenons pour décrire l'effet du mysticisme romantique raté. Le plus souvent, les tableaux d'Harris atteignent le sublime.

À cette époque, on dit des icebergs qu'ils vêlent, qu'ils donnent naissance, qu'ils se rompent, qu'ils sortent de nulle part, comme celui qui a surgi derrière le *Titanic* et l'a poignardé dans le dos d'un coup de stylet. Et les images d'Harris illustrent la métaphore psychologique déterminante de l'« iceberg animé », l'idée qu'un iceberg – dont seulement un dixième est visible, tandis que sa partie réelle, profonde et submergée demeure pour l'essentiel cachée à la vue – soit le reflet de notre psyché.

C'est dans un numéro du magazine *Harper's* de 1906 que des étudiants du grand psychologue John Dewey ont d'abord proposé la notion, aujourd'hui galvaudée, voulant que l'iceberg, dont un dixième est visible et les neuf dixièmes submergés, constitue une bonne représentation de l'esprit humain. Mais on retrouve la même idée dans une déclaration faite par William James en 1902 à propos du mysticisme religieux, qui émanerait d'une région B du cerveau : « La région B représente manifestement la plus grande partie de nous, car c'est le foyer de tout ce qui est latent et le réservoir de tout ce qui n'est ni noté ni observé. » Freud et les freudiens ont abondamment eu recours à l'analogie de l'iceberg, bien que Freud en ait attribué la paternité à Fechner, son prédécesseur ; seul, insistait-il, dix pour cent de l'iceberg est visible (le conscient), tandis que l'autre tranche de quatre-vingt-dix pour cent est sous l'eau (et représente le préconscient et l'inconscient). Là où les prédécesseurs germaniques de Freud et de Fechner avaient cherché dans le givre des signes de la main du Créateur, les tenants de la psychologie nouvelle se sont tournés vers les icebergs pour trouver des images de la psyché.

Ce glissement de la théologie vers la psychologie est typique du passage de la fin du XIXᵉ siècle au début du XXᵉ. Au lieu d'imaginer la main de

Dieu qui descend, on voit l'esprit de l'homme rayonner vers le haut. L'iceberg d'Harris est la parfaite image symbolique de cette idée de la psyché – le plan B de l'espace intérieur. Le long arc de l'hiver romantique nous fait ainsi passer d'une théologie naturelle désormais décrédibilisée à la psychologie « des profondeurs » qui l'a remplacée. Celui qui n'arrive pas à croire que c'est Dieu qui a créé un iceberg peut croire que l'iceberg offre une image de notre esprit. Et qu'il se comporte de la même manière : scintillant, étrange, sournois, caché, éclatant à la vue, mais froid au toucher.

Si le vaste et effrayant iceberg s'impose à titre de représentation de l'*über*-âme, le doux et minuscule flocon en vient, au cours de la même période, à illustrer le caractère distinct de chaque personnalité humaine. Devant les icebergs, nous captons le signal d'une dimension cachée ; devant les flocons, nous percevons un principe d'individualité. Le flocon trouve cette résonance grâce surtout aux travaux d'un Yankee excentrique du nom de Wilson « Snowflake » Bentley, héros du meilleur film que Frank Capra n'a jamais pu réaliser.

Bentley, qui vivait en semi-reclus au Vermont, avait une passion obsessionnelle, magnifique et inexplicable pour la neige et les flocons. En 1885, à l'âge de dix-neuf ans, il a photographié son premier flocon contre un arrière-plan rendu aussi foncé que du velours noir par de longues heures passées à gratter l'émulsion des négatifs autour de l'image du cristal de neige. Ses motivations étaient d'ordre artistique, au même titre que celles d'Audubon avec ses oiseaux ou de Joseph Cornell avec ses boîtes : d'une part, un désir de documenter l'univers caché de la forme et des sentiments ; d'autre part, une sorte de fixation sur un monde minuscule et exquis, qui semble merveilleusement différent du monde ordinaire dans lequel Bentley se trouve plongé au Vermont, comme Cornell dans Queen's. Peut-être par plus qu'une simple coïncidence, les deux hommes étaient des solitaires qui s'occupaient d'un proche malade, son frère pour Cornell, sa mère pour Bentley. (On note également chez les deux une fascination légèrement troublante et en gros attendrissante pour les jeunes filles et les actrices. En plus de ses flocons, Bentley collectionnait les sourires des actrices du cinéma muet, découpés dans des magazines.)

Avec le temps, Bentley a photographié cinq mille trois cent quatre-vingt-un cristaux de neige (c'est leur nom scientifique ; les flocons sont des cristaux agglutinés) et a fait de l'image de la fleur étoilée le flocon typique, « iconique », dans l'imaginaire, en plus d'introduire l'idée de leur quiddité, de leur unicité et de leur individualité. C'est aussi à Bentley que nous devons le classique flocon cristallin qui orne les décorations et les cartes de Noël, celui qu'on voit suspendu au-dessus de la 5e Avenue et des rues des petites villes du Manitoba : cette magnifique forme étoilée et symétrique, la fleur des neiges.

À la vérité, il semble que la plupart des cristaux de neige – Bentley était au courant et n'a rien dit à ce sujet – ne ressemblent pas du tout à la fleur étoilée qu'on suspend un peu partout : ils sont asymétriques, irréguliers, de forme géométrique approximative et se présentent comme des colonnes solides, des prismes ou des aiguilles simples, quelconques et difformes... Comme les humains, en somme. Les flocons de la 5ᵉ Avenue sont de rares exceptions, des diamants dispersés çà et là dans un amas de spécimens ordinaires. Les flocons rejetés rappellent les Serra et les Duchamp ; ils sont aussi asymétriques que des Adolph Gottlieb, et aussi irréguliers que des Clyfford Still. Les magnifiques fleurs étoilées et rayonnantes sont aussi exceptionnelles que les actrices de cinéma et les mannequins vedettes. Ils sont les Alessandra Ambrosio des cristaux de neige, à la fois longilignes, splendides et rares.

Bentley répondait à une esthétique héritée du XIXᵉ siècle. Songez à Ruskin en Suisse et à ses lois relatives aux formes, et vous vous souviendrez qu'il avait décrété que les formes étoilées sont les plus belles de la nature. Il est allé jusqu'à écrire que même les figures cruciformes – y compris la croix, malgré ses associations divines – pâlissent en comparaison. Bref, Bentley ne faisait pas qu'obéir à son goût particulier, il exprimait celui de sa culture.

Mais ce n'était au fond qu'une question de goût. Dans ses archives publiées, il a délibérément omis les innombrables cristaux, photographiés à diverses étapes de sa vie, qui étaient non symétriques, tous les flocons modernistes, bizarres, excentriques. C'est sur la foi de cette catégorie réduite de flocons qu'il a opéré la grande généralisation complémentaire à l'idée selon laquelle l'iceberg serait une représentation de la psyché humaine, à savoir que le flocon symbolise l'âme parce que chacun, au niveau microscopique, est distinct, différent de tous ceux qui sont tombés avant lui.

À la fin du xixᵉ siècle, nous assistons donc à l'alliance de la fascination des romantiques pour l'hiver immense et effrayant et pour l'hiver agréable, minuscule et immédiat. L'iceberg représente l'ultime mystère commun de l'esprit – c'est ce qu'on ne voit pas qui compte le plus – et le flocon symbolise l'individualisme radical de chacun. Nous sommes tous inéluctablement différents. (D'où le message qu'on voit dans les cafés de la chaîne Starbucks : « Les amis sont comme les flocons de neige : beaux et différents. »)

Un long voyage. Un très long voyage – je veux parler de cet hiver romantique, de ce *Winterreise* des romantiques –, mais il me semble, comble d'ironie, merveilleusement près de l'esprit des Lumières : de l'hiver vu comme la saison nationale de l'homme du Nord à l'hiver considéré comme le lieu où se capte la sublimité de chaque flocon. Au début du xixᵉ siècle, l'hiver formait un magma indistinct et froid, un désert que nous traversions pour parvenir au printemps. Cent ans plus tard, les gens s'identifiaient à un iceberg détaché depuis peu d'un glacier ou à un flocon unique. Le flocon de Bentley, vu de près, est un modeste signal de sensibilité, de cette disposition à vibrer au contact d'objets improbables qui est l'essence même de notre expérience de l'art.

L'art est un moyen d'élargir nos résonances, la civilisation un moyen de faire résonner ce qui a été élargi. Sous l'influence des romantiques, l'hiver s'est transformé : d'une seule haute note entendue à l'extérieur, il est devenu une mélodie vive, assourdie et chromatique, débordante de sentiments, remplie de suites en dièse et en bémol, d'accords diminués et d'effets de pédale. Nous devons donner raison aux poètes pour qui il faut se réjouir de découvrir le monde dans un grain de sable. Mais il est encore préférable, surtout aux fins de l'art, de voir un seul grain de sable dans le monde. Ou un seul flocon. Les romantiques ont vu les flocons, ils ont embrassé les glaciers et, en transformant notre esprit, ils ont refait notre monde. Un horrible désert est devenu une nouvelle province de l'imagination.

Et, au fait, qu'en est-il de ces deux métaphores ? Ont-elles survécu à leur siècle ? Je veux parler des icebergs et des neuf dixièmes de leur masse submergés et des flocons tous différents. Nous savons désormais que ces deux ultimes découvertes de l'imagination romantique de l'hiver sont entourées d'une bonne part de mythe. Dans les faits, le mystérieux et sinistre iceberg armé d'un stylet et capable de poignarder un navire dans le dos est le fruit de l'imagination humaine. L'iceberg dont les neuf dixièmes de la masse sont sous l'eau obéit aux règles de la physique et non à une particularité de la glaciologie. Loin d'avoir planté un stylet dans le *Titanic,* le célèbre iceberg, nous le savons maintenant, l'a écrasé, tel un adolescent balourd dans une soirée dansante, a fait sauter les étais et les rivets du grand paquebot. L'iceberg n'est ni la balise radio de la conscience de la Terre ni le « grand blanc » des mers. Il s'agit tout bonnement d'un glaçon géant, démesuré, aussi innocent (et aussi stupide) que les autres glaçons. De même, s'il est vrai que la « psychologie de l'iceberg » et la notion d'inconscient nous hantent toujours, l'avènement de la psychologie cognitive nous a appris que c'est la partie ouverte et explicite de la pensée qui compte le plus. C'est la partie visible de l'iceberg qui entraîne le naufrage du navire psychique.

Et les flocons? Sont-ils tous différents? Et cette différence fournit-elle une preuve naturelle de l'individualité? En 1988, donc tout récemment, la néphélogue Nancy Knight s'est envolée jusque dans les nuages au-dessus de Madison, dans le Wisconsin, et en a rapporté deux cristaux de neige simples mais identiques – des prismes hexagonaux, aussi ressemblants que les jumelles Olsen. Tout indique que les flocons, non contents de se ressembler, sont tous plus ou moins identiques au départ. Si l'idée risque d'en déprimer certains – seul l'optimisme béat du XIXe siècle explique qu'on ait vu en eux une forme d'individualité radicale –, on peut encore présenter les choses sous un jour positif. Les flocons, s'il est vrai qu'ils sont au départ identiques, s'altèrent en descendant des nuages. (« En tombant, un flocon traverse de nombreux environnements. Celui que vous voyez sur le sol a subi de profondes transformations causées par les températures, les humidités, les vélocités et les turbulences différentes qu'il a croisées en cours de route », écrit le scientifique australien Karl Kruszelnicki.) Leurs formes différentes s'expliquent par les chemins qu'ils ont suivis pendant leur descente. Au départ, les flocons sont donc tous semblables. C'est l'expérience qui fait qu'ils sont assez différents les uns des autres pour qu'on puisse les distinguer.

En un sens, le passage de « Snowflake » Bentley aux nouveaux récits concernant les flocons est caractéristique de l'évolution de notre vision de la nature au cours du siècle dernier : au même titre qu'Harris et les romantiques en général, Bentley croyait dans une image fixe et révélatrice. Nous, modernes plus tardifs, croyons aux vérités révélées au fil du temps : les animaux, les icebergs et les flocons, au lieu de s'être fixés de façon mystique, sont devenus ce qu'ils sont par suite de transformations. En fin de compte, les fleurs de givre qui se sont formées sur cette fenêtre allemande, il y a longtemps, ressemblent effectivement à la vie, ne serait-ce que parce qu'elles ont de la chance d'être ici, à la merci des éléments, comme nous tous. L'affiche de Starbucks devrait plutôt se lire comme suit : « Les amis sont comme les flocons de neige : plus beaux et différents chaque fois que nous les croisons pendant notre descente commune. » Car l'ultime vérité relative aux flocons, c'est qu'ils s'individualisent en tombant, que, ballottés par le vent et le temps, ils se traduisent, comme par magie, en motifs de plus en plus étranges et complexes, jusqu'à l'instant où ils touchent le sol. Et là, comme nous, ils fondent.

CHAPITRE 2

L'HIVER RADICAL

La saison dans l'espace

Nous sommes peu nombreux à nous rappeler – si tant est que nous l'ayons déjà su – que la première grande histoire d'horreur moderne, *Frankenstein ou Le Prométhée moderne* (pour reprendre son véritable titre), publiée par Mary Shelley en 1818, a pour cadre non pas l'Allemagne ou la Bavière (ni même, pendant que nous y sommes, Hollywood), mais l'Arctique canadien, tout près du pôle Nord.

D'accord, le récit se compose principalement d'un long retour en arrière dont l'action se situe ailleurs et au cours duquel le Dr Frankenstein explique les circonstances de la création du Monstre. Mais, en réalité, l'histoire débute sur un bateau. Après un préambule, le narrateur raconte avoir toujours aspiré à explorer l'Arctique et à découvrir le pôle Nord : « Cette expédition est la concrétisation d'un rêve datant de ma tendre enfance. J'ai lu avec une avidité passionnée le récit de divers voyages ayant pour but de parvenir à l'océan Pacifique Nord, en passant par les mers qui entourent le pôle[1].» Et c'est dans l'Arctique qu'il aperçoit l'image hallucinatoire du Dr Frankenstein sur son traîneau, brûlant (beau paradoxe) de rattraper une créature (pour le moment sans nom), qui file sur son propre traîneau. Le retour en arrière débute quand le Dr Frankenstein, monté à bord du navire du narrateur, raconte sa terrible histoire.

En l'occurrence, Frankenstein a créé son monstre chez lui, c'est-à-dire en Suisse, siège, au XIXe siècle, de l'hiver apprivoisé, de l'hiver neutre, de l'hiver sûr, domestiqué, pittoresque. Pour nos fins, l'image est presque trop parfaite. Le sommeil helvétique engendre des monstres ; la créature s'échappe du chapitre premier, l'hiver romantique de l'Europe centrale, et se dirige vers ce qu'elle estime être son véritable habitat, et c'est ainsi qu'on la retrouve, au deuxième chapitre, dans le Grand Nord et l'hiver radical.

Le monstre quitte le confortable paradis de l'hiver romantique parce qu'il croit, le pauvre, qu'il pourra, dans l'Arctique, vivre seul et paisiblement, malgré ses traits monstrueux, peut-être même en compagnie d'une épouse. Il déclare donc à Frankenstein, son créateur, dans une langue plutôt ampoulée (mais c'est ainsi que s'expriment les monstres romantiques) : «Mes vices ne sont que les fruits d'une solitude forcée, que j'abhorre. Mes vertus, au contraire, se développeront nécessairement lorsque je pourrai vivre en communion avec un être en tous points pareil à moi. Je ressen-

---

1. Mary Shelley, *Frankenstein ou Le Prométhée moderne,* traduit de l'anglais par Joe Ceurvorst, Paris, Le livre de poche, 2018, p. 65.

tirai les sentiments affectifs d'un être sensible et je m'incorporerai à la chaîne universelle dont je suis, à présent, exclu[2]. » Il ajoute vouloir s'enfuir « vers les glaces éternelles du Grand Nord où vous souffrirez cruellement du froid auquel, pour ma part, je ne suis nullement sensible[3] ».

L'image, comme l'idée, est plutôt directe. Le récit de Frankenstein, qui, après tout, a pour soustitre *Le Prométhée moderne*, est celui d'un homme qui risque trop, d'un homme que la connaissance met au défi d'oser des actes interdits, et le pôle Nord est la destination naturelle de telles histoires. Le récit de Frankenstein est éminemment prométhéen : *ne va pas là, car tu risques de sacrifier ton humanité à ta quête de connaissances.* C'est une allégorie de la science et de l'exploration scientifique. Fais des folies à Genève et tu finiras par pourchasser un monstre jusqu'au sommet de la Terre. Et il est à la fois sinistre et bizarre que l'apogée du récit de Mary Shelley soit une course de traîneaux dans laquelle Frankenstein et le Monstre foncent vers le pôle ; leur compétition étrange, empreinte de la clairvoyance qui ne procède que des formes les plus profondes du mythe et de la poésie, annonce clairement la fin du siècle et les ruées vers le pôle qui opposeront Scott et Amundsen, Peary et Cook.

Courir vers l'hiver et ruminer infatigablement à son sujet sont deux choses tout à fait différentes. Pour les peintres, les musiciens et les poètes romantiques, l'hiver était devenu une saison aux charmes

---

2. *Ibid.*, p. 231.
3. *Ibid.*, p. 302.

irrésistibles, fascinante et lourde de sens, aussi intense et significative que les autres. Mais l'hiver qu'on voit, si on épouse leur perspective, c'est celui qu'on observe sans bouger – l'hiver qui est d'abord et avant tout une saison, bordée par l'automne et le printemps, dont on est sûr qu'elle déclinera progressivement et reviendra fatalement. Je veux maintenant m'intéresser à un autre aspect de l'hiver, soit l'hiver du Grand Nord et, à terme, du « Grand Sud » ou du Sud lointain, à l'hiver de l'Arctique et de l'Antarctique, l'hiver permanent des deux pôles, sans oublier les quêtes auxquelles ils ont donné lieu. C'est ce que j'appelle l'hiver radical, en raison des conditions extrêmes qui y règnent et des significations qui s'y rattachent. Si notre première fenêtre s'ouvrait sur un hiver *spectacle*, où les objets observés sont consignés dans des peintures et des photographies, on a ici affaire à un hiver d'*aventures palpitantes,* préservées dans des journaux intimes et des mémoires où ressortent avant tout les souffrances.

La pièce musicale qu'il faut avoir en tête est une œuvre d'Harry Somers, compositeur canadien du XXe siècle, simplement intitulée *North Country*. Elle évoque l'idée du voyage vers le Nord, du voyage vers les pôles, vers les extrêmes. En un sens, ses âpres cordes et son tempo implacable rappellent « L'hiver » de Vivaldi, ce premier et remarquable thème prémoderne consacré à l'hiver, mais la musique de Somers se distingue par les tourments extrêmes, l'inévitabilité des morsures. (Lorsque je lui ai fait entendre la pièce, pourtant, ma brave épouse canadienne s'est écriée : « Ah ! La CBC, le dimanche après-midi, pendant que ma mère préparait le sou-per !» La musique suscite toutes sortes de souve-nirs, à l'intérieur comme à l'extérieur de la maison.) L'hiver des pôles n'est ni un hiver radical ni un hiver temporel, c'est un hiver spatial – celui vers lequel on se dirige. L'hiver sans le Grand Nord et les pôles jumeaux, c'est *Hamlet* sans le prince, *Guerre et paix* sous le soleil des Bahamas.

Car l'hiver est un lieu tout autant qu'un temps, une saison qui se profile laborieusement pendant que nous sommes tranquillement assis. Nous pou-vons, je l'ai dit, éprouver l'hiver de façon tempo-relle, en tant que saison qui revient toujours, ou cyclique, à titre de produit d'une série d'ères gla-ciaires – après tout, la planète a déjà été uniformé-ment chaude –, et nous pouvons aussi l'éprouver de façon spatiale, telle une force de là-haut qui cherche à s'approcher. Après tout, l'hiver est tou-jours présent, à condition d'aller assez loin vers le Nord – ces fameuses neiges éternelles –, puis, l'au-tomne venu, la ceinture de neige commence à s'étendre vers le sud, de la neige plus froide dans son sillage. En novembre, elle a atteint le sud du Canada ; en décembre, c'est au tour du nord des États-Unis ; lorsque arrive janvier, elle se fraie un chemin jusqu'à la portion supérieure du sud des États-Unis et gagne même le Texas – puis, année après année, l'assaut est repoussé, l'hiver se replie, se retranche dans son camp d'été per-manent du Nord. C'est une manière de voir l'hi-ver : le Grand Nord qui fonce vers le sud et fait demi-tour. Pour affronter l'hiver dans la plénitude de son défi moral – et de sa bénédiction spirituelle possible –, nous ne pouvons pas nous contenter de l'attendre et devons par conséquent partir à sa recherche.

Et pour le trouver, nous partons... vers le nord ! Ou, pendant que nous y sommes, vers le sud. Cette quête de l'hiver spatial, cette quête des pôles, est devenue une véritable obsession pour les modernes. C'est l'exemple le plus parfait d'exploration sans d'autre fin qu'elle-même, offrant un minimum de bénéfices nationaux et d'avantages économiques, et un maximum d'aventure pure. Et même, pourrait-on dire, de souffrances subies au nom de la souffrance. Pour la plupart d'entre nous, l'hiver est un espace temporaire qui va et vient. Les explorateurs font de l'hiver un espace permanent, un lieu où on se rend pour endurer, s'enfoncer toujours plus loin et, peut-être, seulement peut-être, s'enrichir.

L'histoire se décline en deux parfums : ce qui repose dans les archives et ce qui est à portée de main, autrement dit le passé qu'il faut déterrer et celui qu'on a toujours sous les yeux. Le passé polaire est disponible, les grands noms connus de tous. Franklin et Peary, Scott et Shackleton : leurs exploits nous sont familiers, plus que ceux des innombrables hommes et femmes qui ont contribué à notre confort. Personne ne connaît l'homme du XIXe siècle (béni soit-il) à qui on doit le radiateur à vapeur, mais tous les écoliers connaissent les noms de ceux qui ont fui cet appareil. (Notre inventeur s'appelle Franz San Galli, au cas où vous prendriez des notes.) Nous connaissons tous les noms de ceux qui ont pris les armes contre la marée du chauffage central et sont allés vers le nord ou le sud à la recherche du Vrai Froid. Les explorateurs continuent d'inspirer des œuvres littéraires, des longs métrages de fiction, des documentaires et même des poèmes – au cours des vingt dernières années seulement, deux recueils de poétesses ont été consacrés à la métaphore du voyage dans l'Arctique ou dans l'Antarctique –, et aucun autre récit d'aventures du début des temps modernes ne peut en dire autant. Les créateurs de nos conforts passent et sombrent dans l'oubli ; ceux qui les ont fuis sont devenus immortels, et nous pouvons lire le récit de leurs exploits tout en jouissant du confort que nous devons à ceux dont nous n'avons pas retenu le nom.

La plupart des expéditions impériales et coloniales, longtemps considérées comme glorieuses, ont sombré dans la honte. De nos jours, l'exploration de l'Afrique et la quête des sources du Nil ou du cœur du Congo nous inspirent au mieux de l'ambivalence quand ce n'est pas de la culpabilité pure et simple. Mais les conquêtes du Nord et du Sud conservent une signification et un sens – voire une aura de gloire – qui les distinguent des autres grandes aventures impériales du xixe siècle. (Avec ceci d'ironique, il est vrai, que, comme les sherpas qui ont hissé Hillary au sommet de l'Everest, les Inuits et les Autochtones, présents depuis le début, avaient tout vu et auraient été en mesure de dire aux Européens par où passer et comment arriver à destination, si seulement ceux-ci s'étaient donné la peine de les écouter.)

« Là règne un hiver éternel », a un jour écrit William Blake à propos d'un lieu sans amour. Or le Nord est le véritable siège de l'hiver éternel, bien que la passion n'en soit pas forcément absente. Ce chapitre est consacré non pas à l'hiver vu comme un visiteur qu'il faut supporter ou encore apprécier avant de le vaincre, mais bien à l'hiver en tant que destination. L'hiver, si vous préférez, assimilable à une femme à séduire – c'est du moins en ces termes que le voyaient les hommes qui l'ont vaincu –, à un but à atteindre, le puits au bout du monde, le pôle au sommet de tout. L'hiver, le prix à gagner, même s'il s'agit par excellence d'une victoire à la Pyrrhus.

Si, pour les explorateurs du XIXᵉ siècle, le Grand Nord était à maints égards un vide parfait, ce vide avait été rempli de mots bien avant de l'être par des expériences vécues. On pouvait lire tout ce qu'il y avait à savoir sur le pôle Nord avant que quiconque y ait mis les pieds. Quand ils ont commencé à réfléchir à ce qui pouvait se trouver au sommet du monde, les géographes grecs se sont notamment imaginé que l'Arctique, au lieu d'être un désert blanc inhospitalier, comme on pouvait s'y attendre, constituait plutôt un lieu paradisiaque, accueillant et merveilleux. Au XVIIIᵉ siècle, et même au début du XIXᵉ, cette idée s'impose encore. Non sans une certaine logique puisque, au XVIIᵉ siècle déjà, les baleiniers et les explorateurs avaient fait un constat tout simple : les glaces flottaient vers le sud. Les glaces de l'Arctique avaient tendance à dériver vers le sud, preuve que, plus au nord, quelque chose de chaud les faisait fondre. De cette observation élémentaire est née l'idée qu'il y avait, quelque part là-haut, une sorte de « mer libre du pôle », réchauffée par les courants océaniques. Peut-être le pôle, non content d'être plus chaud qu'on aurait pu le croire, était-il en réalité une région tempérée, un paradis verdoyant juché au sommet du monde.

Et cette idée s'est transmuée en une notion encore plus extravagante, bien que, à l'époque, étonnamment crédible, à savoir que le sommet du monde était peut-être un puits ouvert, et les pôles, des cavernes géantes qui traversaient la Terre de part en part. Cette idée-là était effectivement excentrique, et rares étaient ceux qui y prêtaient foi. Mais la vision la plus répandue, monnaie courante à l'époque et jusqu'au début du xxᵉ siècle, était que les pôles, en particulier le pôle Nord, étaient, en dépit de leurs effrayantes douves de glace, paradisiaques. En prenant la citadelle, en réussissant à franchir les fossés de glace qui l'entouraient, on aurait découvert non pas seulement une nouvelle colonie, mais bien un endroit où s'abandonner joyeusement aux plaisirs, un endroit d'où dominer le monde, dans tous les sens du mot – l'ultime perchoir de la planète, à la fois riche et chaud.

L'atelier du père Noël n'est donc pas la première projection imaginaire d'une commune heureuse établie au sommet du monde. Il s'agit notamment d'une déduction erronée faite à partir de preuves partielles, à savoir la présence d'eaux plus chaudes. Mais n'oublions pas la nécessité de croire que le Grand Nord était un espace plein de vitalité et de charme, conjugué au besoin, profondément ancré dans nos cœurs de nomades, de croire que le prochain lieu sera le paradis que nous appelons de tous nos vœux. L'incantation a la faculté d'émouvoir les modernes. La « mer libre du pôle » est une idée, mais aussi une formule reprise jusqu'à plus soif, certainement plus sexy, notamment grâce à sa concision et à l'évocation de la liberté, que celle d'« océan Arctique ouvert à la circumnavigation », qui désigne pourtant la même réalité.

Cette idée d'un pôle verdoyant et à fortiori libre nous semble carrément à côté de la plaque, délirante ; la quête de ce lieu offre un exemple classique d'investissement en pure perte, soit des hommes de valeur sacrifiés à la poursuite d'une chimère. En y réfléchissant bien, on s'aperçoit cependant qu'il s'agit aussi du genre d'art de la vente inconscient et conscient, mobilisé chaque fois que des puissants vous pressent de vous rendre dans un lieu où vous n'auriez jamais songé à aller. S'il est vrai, par exemple, que toutes les planètes que nous avons rencontrées jusqu'ici sont privées d'air et de soleil, glaciales et hostiles à la vie, chaque fois que quelqu'un évoque l'existence, au-delà des planètes inhabitables, d'un *autre* au-delà, d'un monde meilleur où gravitent des planètes semblables à la nôtre, et donc hospitalières... De telles spéculations sont communes. On n'arrête pas de parler de découvrir des planètes apparentées à la Terre qui nous attendent dans de lointaines galaxies. Et il nous arrive rarement de dire : « Voilà qui semble improbable. Forts de notre logique inductive, nous pouvons postuler que toutes les planètes seront aussi inhabitables que celles que nous connaissons déjà, aussi stériles que Mars ou la Lune.» Nous déclarons plutôt: «Oh, voilà qui semble plausible!» Parce que nous voulons y croire. Le pôle hospitalier, idée qui nous paraît aujourd'hui bizarre et contraire à toute logique, était, dans le contexte de l'exploration de l'inconnu, une notion rationnelle. À ce titre, elle est devenue résiliente et robuste.

Car le pays à découvrir est invariablement très bon ou très mauvais, de la même façon que les habitants de la vallée voisine sont en général des elfes ou des cannibales. Si l'homme occidental du début du XIXe siècle s'imaginait parfois le pôle comme un lieu paradisiaque, la vision contraire s'imposait aussi, riche et insistante. Il s'agit du pôle prométhéen, du pôle de Frankenstein, des pôles en tant qu'ultime mise à l'épreuve de l'hubris humaine. De la même façon que, dans la mythologie grecque, Prométhée a été puni pour avoir volé le feu, nous sommes punis pour avoir sous-estimé la glace. On trouve un portrait saisissant et indélébile du pôle prométhéen chez les deux écrivains fondateurs du récit d'horreur moderne et, plus tard, dans le film d'horreur moderne. Nous l'avons déjà rencontré dans le *Frankenstein* de Mary Shelley, parfaite parabole du pôle prométhéen. Les glaces éternelles du Grand Nord sont le cadre idéal d'un récit d'horreur illustrant les conséquences du dépassement des limites.

On trouve le même genre de voyage jusqu'au pôle prométhéen dans *Aventures d'Arthur Gordon Pym de Nantucket* d'Edgar Allan Poe, rédigé dans les années 1830. Au lieu d'envoyer son héros vers le nord, Poe l'oriente dans la direction opposée, le pôle Sud. J'ignore combien d'entre vous se rappellent Arthur Gordon Pym – héros du plus long récit d'Edgar Allan Poe –, mais il s'agit d'une œuvre extrêmement efficace, à vous donner froid dans le dos, dans la mesure où elle débute par le récit, plutôt réaliste et horrible, d'un naufrage et d'un abandon, puis, lentement, étape par étape, se métamorphose en histoire d'hallucination surnaturelle. Il s'agit du journal imaginaire de Pym, que nous suivons, entrée après entrée, jusqu'au jour où il s'approche enfin du pôle Sud. Il écrit :

21 mars. De funestes ténèbres planaient alors sur nous, mais des profondeurs laiteuses de l'océan jaillissait un éclat lumineux qui glissait sur les flancs du canot. Nous étions presque accablés par cette averse cendreuse et blanche qui s'amassait sur nous et sur le bateau, mais qui fondait en tombant dans l'eau. Le haut de la cataracte se perdait entièrement dans l'obscurité et dans l'espace. Cependant, il était évident que nous en approchions avec une horrible vélocité. Par intervalles, on pouvait apercevoir sur cette nappe de vastes fentes béantes, mais elles n'étaient que momentanées, et à travers ces fentes, derrière lesquelles s'agitait un chaos d'images flottantes et indistinctes, se précipitaient des courants d'air puissants, mais silencieux, qui labouraient dans leur vol l'océan enflammé.

22 mars. Les ténèbres s'étaient sensiblement épaissies et n'étaient plus tempérées que par la clarté des eaux, réfléchissant le rideau blanc tendu devant nous. [...] Et alors nous nous précipitâmes dans les étreintes de la cataracte, où un gouffre s'entrouvrit, comme pour nous recevoir. Mais voilà qu'en travers de notre route se dressa une figure humaine voilée, de proportions beaucoup plus vastes que celles d'aucun habitant de la terre. Et la couleur de la peau de l'homme était la blancheur parfaite de la neige[4].

Et *boum*! À ce moment, le «journal» de Pym prend fin. On a ensuite droit à des spéculations en principe objectives sur sa signification. Dans l'esprit de ces deux grands maîtres de l'horreur moderne, gagner l'un ou l'autre des pôles, présentés comme des extrêmes, est une très mauvaise idée. On y trouve, dans un cas, une monstrueuse connaissance de soi et, dans l'autre, l'ultime et sinistre spectre de la neige. À l'idée selon laquelle il y aurait au pôle Nord ou au pôle Sud un Éden perdu fait donc contrepoids celle voulant que se rendre au pôle Nord ou Sud revienne à tenter le destin. Or le destin, la Reine des neiges elle-même, se venge des téméraires qui osent la braver.

Si les mythes entourant les pôles, paradisiaques ou prométhéens, sont révélateurs en soi, leur puissance, l'incroyable retentissement des mots, frappe encore davantage. En regard de la population totale, presque personne ne voyageait vers les pôles ; dans la perspective du commerce au sens large, on n'en rapportait presque rien. Et pourtant, la question intéressait essentiellement tout le monde. Dans ce sens, les expéditions polaires étaient des voyages littéraires : faits de mots, alimentés par la

---

4. Edgar Allan Poe, «Aventures d'Arthur Gordon Pym de Nantucket», dans *Œuvres en proses,* traduit de l'anglais par Charles Baudelaire, Paris, Gallimard, 1951, p. 687-688.

fiction, ayant pour aboutissement des livres de mémoires. Les voyageurs écrivaient, étaient lus, incitaient d'autres auteurs à écrire, puis écrivaient encore. Dans de telles expéditions, des mots entraient d'un côté, l'expérience se faufilait par le milieu, et des mots sortaient par l'autre côté – il s'agissait, en somme, d'un vaste tube digestif par où transitaient froid mordant et écriture de mordus.

Si, en un sens, les gens avaient, grâce aux mots, une image mentale de ce que recelait l'hiver éternel des régions polaires, ils étaient, sur d'autres plans, intrigués dans la mesure où le chemin pour s'y rendre demeurait vierge, inconnu, au point d'en être provocant. Vous vous rappelez peut-être que dans *La chasse au Snark*, sombre et comique allégorie de Lewis Carroll sur l'aventure coloniale, la carte de l'Homme à la Cloche, qui doit en principe guider l'équipage dans sa quête du Snark, peut-être un Boojum, est « absolument blanche » – d'où, au reste, sa grande supériorité.

Il avait emporté une carte de la Mer
Immense, sur laquelle rien, pas même un bout de terre
Ne figurait. L'équipage était enchanté :
Enfin une carte qu'il pouvait interpréter
L'Homme à la Cloche criait : « À quoi bon Mercator
Ses zones, méridiens, équateurs, Pôles Nord
Ses tropiques ? » L'équipage reprenait de plus belle :
« Ce ne sont là que des signes conventionnels ! »

« Les autres cartes sont des rébus, avec des caps
Avec des îles ! Il faut remercier notre cap-

*Itaine de celle qu'il nous a choisie. Une page
Parfaitement, une page absolument blanche[5] ! »*

C'était la carte de l'hiver radical, comme c'était la carte d'une bonne partie de l'aventure impériale britannique (à ceci près que des espaces qui semblaient déserts étaient souvent densément peuplés par ceux qu'on ne voulait pas voir). Dans ce cas-ci, pourtant, le fantasme avait une part de vérité : que l'objectif polaire soit réel ou imaginaire, la carte qui vous y conduisait était en gros vide. Jusque tard au XIXᵉ siècle, le *là-bas*, même sur les cartes les plus raffinées, prend la forme d'une série de cercles de territoires inconnus.

Vide, le *là-bas* n'en était que plus intrigant. Car toute nation moderne a besoin d'un *rien*. Toute nation a besoin d'un espace vierge où laisser sa marque – l'idée qu'elle se fait d'elle-même, le fantasme de son histoire et de sa signification. Tout pays moderne découvre quelque territoire vague, inhabité, ambigu et complexe – très éphémère ou très fragmenté – et le transforme en monde épique. Pour les Européens, le premier vaste néant fut le passé médiéval, qu'ils ont peuplé d'aïeux fantasmés. Les Américains ont découvert leur carte vierge le long d'une frontière habitée, fait commode, par des méchants. Et il est certain que, pour les Américains et les Canadiens, l'Arctique ou les régions polaires, et plus tard le pôle Sud, ont joué ce rôle. À quoi servaient en effet les « Équateurs » et les « Pôles Nord »

---

5. Lewis Carroll, *La chasse au Snark. Une agonie en huit chants*, traduit de l'anglais par Normand Baillargeon, Montréal, Lux, 2006, p. 29.

de Mercator? (Mercator fut un important carto-graphe.) Ce sont justement de simples « conven-tions ». Le voyageur avait pour but de découvrir l'inconnu – l'imagination mystique tourbillon-nante de Poe et le champ de course glacé de Mary Shelley –, et non de suivre un itinéraire.

La perspective est emballante, mais souvent aussi absurde, voire comique, à la manière d'une comédie hantée par le sinistre spectre de la mort. Et il va sans dire, j'espère, que le pôle Nord, au moins, était un lieu non pas vide, mais habité et civilisé – dans ces aventures européennes, les Inuits font office de badauds, d'aides, d'adjoints et de figu-rants étonnés qui apparaissent et disparaissent au gré des circonstances.

Ce qui est sûr, en tout cas, c'est qu'il y avait amplement matière à rire. Un humour noir grima-çant nimbe l'aventure, et l'hiver radical, s'il nous entraîne vers des images d'endurance caractéris-tiques du xixᵉ siècle, nourrit aussi la comédie noire du xxᵉ, marqué par le scepticisme. Scott réchauf-fant ses collègues cède la place à Chaplin mangeant sa chaussure. Étant donné la technologie primitive dont les Européens disposaient, les connaissances limitées qu'ils possédaient et la pauvreté de leurs ressources, l'héroïsme des pionniers de l'explora-tion a quelque chose de saisissant. Mais frappe tout autant l'absolue absurdité, la bêtise de ces entre-prises. Faisant fi des avertissements, au mépris de la raison, ils sont partis à l'aventure.

Justifiés ou non, ils ont bel et bien tout risqué. Dès le début du xixᵉ siècle, à l'instigation d'un extraordinaire bureaucrate naval du nom de John

Barrow, la marine britannique s'est lancée à la recherche du pôle. L'une des premières personnes à qui s'est adressé Barrow, personnellement responsable de la quasi-totalité des explorations polaires entre 1816 et 1845, a été un baleinier appelé Scoresby, l'un des rares marins à posséder une vaste expérience de l'Arctique – dans la mesure où une telle chose était possible, à l'époque. Bien sûr, l'exploration britannique avait en principe pour but de découvrir le passage du Nord-Ouest – la voie rapide dont on rêvait depuis longtemps et qui permettrait d'aller de l'Atlantique au Pacifique au moyen d'une longue voie circulaire passant au-dessus du Canada. On convoitait en particulier un passage nord-ouest vers l'Inde, qui aurait conféré à l'Empire britannique une unité, une sorte de simplicité géographique dont il a été dépourvu jusqu'à ce que, des années plus tard, Disraeli pique le canal de Suez aux Français.

Scoresby s'est efforcé de rappeler à Barrow une vérité toute simple : trouver le passage du Nord-Ouest ou ne pas le trouver reviendrait pratiquement au même. «Pour ceux qui fréquentent les mers du Groenland, il est évident qu'un tel passage, une fois découvert, risque de ne pas être praticable avant dix, voire vingt ans. [...] Je ne veux pas dire par là, a écrit Scoresby dans une lettre, qu'un tel passage vers l'Inde n'existe pas. [...] Pourtant, je demeure convaincu que ce passage, s'il existe, ne pourra être ouvert que par intervalles de plusieurs années.» Et seulement après une quête en apparence éternelle qui entraînerait un gaspillage insensé. Au panthéon des conseils donnés et ignorés, celui-là a sans doute été, à certains égards, le plus avisé de tous. Si le passage du Nord-Ouest existait bel et bien (ce qu'on a fini par confirmer), il serait sans valeur pour la navigation, ou peu s'en faudrait, en raison des conditions qui prévalent dans l'Arctique. L'hiver était plus fort que l'eau.

Barrow, cependant, n'a pas écouté Scoresby ; personne ne l'a fait. L'aventure s'est poursuivie. En 1818, sir John Ross, amiral écossais, a dirigé la première expédition officielle de recherche du passage du Nord-Ouest. Pensez-y un peu. Essayez vraiment de vous représenter une telle entreprise. Au pays, il n'y avait ni chauffage central ni électricité. Il n'y avait pas non plus de navires à coque en fer. On avait inventé les boîtes de conserve, mais pas encore l'ouvre-boîte. Durant ce premier voyage, on a ouvert les aliments en conserve à l'aide d'une hache et d'un maillet. Telle est la nature prémoderne – et, à maints égards, prétechnologique (on est à l'aube de la révolution industrielle) – de ces voyages dans l'Arctique. Et pourtant, ces hommes ont froidement (c'est le cas de le dire) mis le cap vers le sommet du monde.

Ross est célèbre pour son échec. Devant le détroit de Lancaster, il soutient voir, au lieu d'un passage ouvert, une muraille de montagnes qui l'empêche de poursuivre son exploration. Il les cartographie, les baptise, puis fait demi-tour et rentre à la maison. On pense généralement qu'il a été victime d'un mirage fréquent dans les eaux du Nord, où la réfraction extrême entraîne la projection sur l'horizon de montagnes et d'autres formes inexistantes – illusion hivernale qui aurait ravi

Coleridge ou Friedrich. Il est vrai que Ross ne s'est pas attardé et n'a pas fait de grands efforts pour valider ses observations. À Londres, la volonté de dépêcher d'autres explorateurs dans le Nord n'en a été que plus forte. Ross a été traduit en cour martiale et, certain que les montagnes qu'il disait avoir vues étaient purement imaginaires, on a envoyé toute une génération d'explorateurs dans l'Arctique.

Et c'est ainsi que le programme polaire britannique est devenu le premier projet de recherche financé par un gouvernement de l'ère moderne, préfigurant le programme spatial et le collisionneur de particules, toute la recherche menée au nom de la recherche. L'argent de telles entreprises provient de fonds gouvernementaux, parfois de philanthropes, rarement de fonds spéculatifs. Ces expériences – fissionner des atomes ou propulser des hommes en orbite – sont menées à seule fin d'établir ce qui est possible. Elles s'inscrivent dans une vague notion de prestige national, ce que Norman Mailer, commentant le programme spatial des États-Unis, a judicieusement appelé le rêve WASP de faire les choses pour elles-mêmes, à titre d'épreuve purement existentielle de la résolution nationale et personnelle. « Le Britannique protestant », dit Mailer en marge de *Bivouac sur la Lune*, « est discipliné, stoïque, capable de devenir l'instrument de sa propre volonté, et il possède une audace et une témérité extraordinaires, conjuguées à un total manque d'imagination. Il est profondément nihiliste. Et ce nihilisme a trouvé sa plus parfaite expression dans l'odyssée lunaire – puisque

nous sommes allés sur la lune sans savoir pourquoi ». Le voyage polaire a aussi pour but de montrer que les participants sont capables d'héroïsme,
d'une grande force d'endurance. En ce sens, les
explorations polaires de l'hiver radical sont elles
aussi radicales – à la recherche du paradis, on se
retrouve attaché à un iceberg, son foie pour ainsi
dire rongé par des manchots ou des pétrels. Beaucoup de souffrance, en somme, mais aussi une
forme de gloire.

Une à une, les expéditions se mettent en route et se
font piéger par l'hiver, par la glace. On cartographie
des chaînes de montagnes, on baptise des baies et
des rivières, mais personne n'arrive à s'approcher
du pôle. Enfin, en 1845, sir John Franklin, qui a déjà
piloté quelques expéditions, prend la mer avec
deux navires, le *Terror* et l'*Erebus,* cent trente-trois
membres d'équipage et le très vague projet d'être
de retour pour rendre des comptes dès l'année suivante. Et il s'égare. L'hiver se referme sur lui et ne
le lâche plus.
    À partir de ce jour, le penchant existentiel des
expéditions polaires devient de plus en plus prononcé. Pendant presque une décennie encore,
toute expédition court le risque de se perdre en
cherchant cette expédition perdue. Un après
l'autre, des bateaux partent à la recherche de
Franklin, bien que celui-ci, s'étant égaré, soit certainement mort. De façon rationnelle, personne
ne peut croire que lui et les membres de son équipage aient pu, sans aide, survivre à quatre ou cinq
hivers dans le Grand Nord. Néanmoins, Lady

Franklin, une femme particulièrement fortunée et résolue – Charles Dickens l'a un jour traitée de « tête de cochon » –, offre une récompense de vingt mille livres sterling à quiconque secourra son mari. Et les expéditions se succèdent : en 1850, quinze bateaux étaient engagés dans la course. « Nous partons à la recherche de Franklin parce que l'expédition précédente partie à la recherche de Franklin s'est égarée et nous devons maintenant les retrouver. »

En consultant la documentation sur la période d'exploration polaire, on arrive aujourd'hui à lire entre les lignes – et même à deviner dans le texte proprement dit – que tous étaient conscients de participer à une entreprise futile. On n'est pas loin de Samuel Beckett, ici. Un jour, le capitaine E.K. Kane part à la recherche de Franklin, et un de ses subordonnés, Hayes, lui donne le titre officiel de « Dr E.K. Kane, de la marine des États-Unis, commandant de l'expédition arctique partie à la recherche d'etc., etc. » *Et cetera, et cetera* – devise empreinte de méfiance. Tout le monde sait que les mots « à la recherche de Franklin » ne veulent plus rien dire, désormais, et pourtant cette formule creuse continue de propulser des expéditions. Dans l'imaginaire du Grand Nord, l'objectif est devenu une sorte d'ellipse permanente et lassante.

Et pourtant, las ou non, ils prennent la mer. On a maintes fois décrit les voyages polaires et je ne répéterai ni le récit des réussites ni surtout celui des échecs. Je me bornerai à poser une question plus fondamentale : pourquoi ce sujet nous intéresse-t-il toujours ? Moins d'hommes sont morts avec Franklin que sous les ordres du dernier officier d'infanterie britannique un peu débile. Pourquoi nous soucions-nous du sort de ces hommes-là, au point où, encore aujourd'hui, nous consacrons une série d'expéditions et de documentaires au récit de leur perte et des efforts de sauvetage? En un sens, la question de savoir ce qu'il est advenu de Franklin est sans intérêt. Il pilotait un navire en bois dans l'Arctique et il a été dépassé par les événements. Qu'est-ce qui peut bien lui être arrivé? Pas besoin de chercher midi à quatorze heures. Nous nous posons quand même la question. Pourquoi donc ces hommes sont-ils partis et pourquoi cette question nous préoccupe-t-elle toujours?

Le phénomène s'explique en partie par la fascination proche du voyeurisme que nous inspirent les épreuves d'autrui. Ces hommes sont partis à la recherche de l'hiver absolu – et ils n'ont pas été déçus, c'est le moins qu'on puisse dire. Le compte rendu que signe Apsley Cherry-Garrard de la dernière expédition polaire de Scott, *Le pire voyage au monde,* dresse la liste exhaustive des souffrances, et son incipit («Peut-on imaginer mieux qu'une exploration polaire pour passer un mauvais moment[6]?») énonce la morale commune. Il s'agit en effet des plus durs voyages jamais entrepris volontairement. Les participants ont subi des souffrances extrêmes, froid, givre, gel et des

---

6. Apsley Cherry-Garrard, *Le pire voyage au monde. Antarctique 1910-1913,* traduit de l'anglais par Thibaut Mosneron Dupin, Paris, Paulsen, 2008, p. 7.

privations presque inimaginables. Kane et ses hommes, partis à la recherche de quatre de leurs compagnons en 1854, souffrent d'une hypothermie si sévère qu'il leur arrive de dormir debout pendant des heures et de se réveiller en grommelant, en proie à un délire collectif : « [N]ous riions avec excès, baragouinions, proférions les plus effroyables imprécations. [...] Puis, au bout de quelques minutes [...] les maniaques délirants se changeaient en idiots maussades et languissants qui gémissaient et pleurnichaient comme des enfants ; dans cet état, tous avançaient mécaniquement sur huit cents mètres, puis comme si tous étaient mus par un esprit confus, une nouvelle crise éclatait, et la même scène de furie délirante se répétait. » Ensuite, ils s'arrêtaient, s'endormaient ou mangeaient de la neige pour se garder éveillés – ni pour l'eau ni pour le liquide gelé, mais parce que la neige leur brûlait le visage et les empêchait de sombrer dans un sommeil hypothermique. Ils faisaient quelques pas en titubant, hallucinaient, dormaient pendant quelques instants, se brûlaient de nouveau la bouche pour se sortir de leur torpeur, se remettaient en route. À l'occasion d'un autre voyage, des rats se sont faufilés à bord, à New York, et ont proliféré dans le navire. Quand le froid a sévi dans la baie de Frobisher, ils sont sortis de leurs cachettes et se sont attaqués aux réserves. Ils les ont si bien vidées que les hommes ont été contraints de faire des rats leur ordinaire ! (Dans ces récits, les Inuits font bien meilleure figure. Ainsi, une Inuite parcourt près de soixante-dix kilomètres avec son nouveau-né à seule fin de voir les hommes blancs, puis elle repart, les laissant là, grelottants et émerveillés par son aplomb.)

Ce qui nous émeut et nous inspire dans les récits des expéditions polaires, c'est, me semble-t-il, la tension entre les souffrances endurées par ces hommes – ce qu'il faut bien appeler l'audace existentielle de leurs actions – et leur attachement tout aussi démesuré au quotidien bourgeois du XIXe siècle, attachement dont ils donnent chaque jour la preuve dans leurs vies et leurs loisirs. Sur la carte vierge de leur voyage vers le nord, ils impriment, comme nous le faisons tous, les signes de leur expérience. Les mauvais moments étaient réels, mais aussi la « décence », l'absence de motivations sordides et l'isolement qui les poussait à se tourner les uns vers les autres pour trouver compagnie et réconfort. Ils ont introduit la société bourgeoise et optimiste dans un territoire qui était tout le contraire. À ce titre, ils présentent un portrait stylisé, à la fois comique et courageux, de leur époque – une sorte de réfraction polaire unique, leur propre image projetée sur les icebergs.

Où, mieux que dans la solitude du Grand Nord, goûter et éprouver l'absurdité des grandes vertus victoriennes ? Les explorateurs de l'Arctique d'abord et de l'Antarctique ensuite sont disposés à affronter les neiges en échange de l'expérience ultime. Ils sont aussi financés par Nabisco, Cadbury et Harrods. Ils ont pour but de montrer les limites de l'endurance humaine et, à bord du navire, pendant que l'hiver les immobilise, ils publient leurs propres journaux, dont l'un a pour nom *The Polar Times*. Ils présentent des pantomimes, des revues burlesques mettant en vedette des hommes habillés en femmes, des spectacles de marionnettes et des pièces de Shakespeare. Le croisement des valeurs romantiques et bourgeoises de la classe moyenne qui marque tout le XIXe siècle n'est jamais plus comique ni plus touchant qu'à bord des vaisseaux polaires. En 1875, près du pôle, Henry Feilden, naturaliste embarqué à bord de l'*Alert*, décrit son environnement avec une joie lyrique typique de l'époque:

> L'air était si grisant que nous courûmes sur la neige craquante en chantant, en criant et en riant. [...] Et quelle lune! Tel un grand miroir ou un bouclier d'acier poli, sans commune mesure avec celle qu'on voit sous les tropiques ou dans la Méditerranée, là-bas pâle, chaude et douce, parsemant d'ombres la terre et la mer, mais ici froide, brillante et farouche. [...] Et, devant nous, le vaste désert gelé, glace lisse, glace tordue, hummocks, floes et packs se chevauchant pêle-mêle dans une confusion mystique. [...] En trottant, nous retournâmes vers le navire, nous nous réunîmes autour de notre table accueillante et brillamment éclairée, chargée de nombreux mets luxueux, et nous rîmes et parlâmes dans une atmosphère festive, sans pareille dans toute la chrétienté.

Les sévères et froides vérités de la théologie naturelle, la table accueillante, chaude et lumineuse des classes moyennes: les deux conditions représentaient... deux pôles, et on passait allègrement de l'un à l'autre.

Pièces de théâtre, mascarades, concerts, journaux publiés à bord... Les hommes s'efforçaient de repousser le désespoir en se goinfrant régulièrement. Loin, au début, de la diète frugale et purificatrice qu'on s'imagine, constituée de biscuits de marin et de pemmican – celle à laquelle ils devaient s'astreindre lorsque leur navire finissait par sombrer –, ils vivaient plutôt bien. Pendant un des voyages d'Hayes, en 1860, on sert notamment, à l'occasion d'un repas d'anniversaire, « une réjouissante soupe maison, du saumon, du canard, un énorme plum-pudding apporté de Boston, du blanc-manger, des tartelettes de Noël aux fruits secs, des raisins secs, des olives, du fromage et du café ». Toujours du café, facile à transporter et à préparer. Il est vrai que les hommes de Kane ont fini par devoir se satisfaire du régime des mannequins : deux tasses de café et un bol de soupe par jour.

Dans leur vie commune, on remarque aussi les maladies et les affections mentales du xixᵉ siècle. Les hommes souffrent du surpeuplement et de la promiscuité. Plus encore, a-t-on parfois l'impression, que du froid et de l'obscurité. À bord des navires polaires, on finit toujours par dénombrer cinquante Madame Bovary qui ne supportent plus l'aspect des oreilles de leur amant. Si, à leur retour, la notion de camaraderie occulte en général, du moins de façon passagère, leur mécontentement et leur antipathie, fortement censurés, leurs journaux et écrits intimes n'en révèlent pas moins les inévitables et perpétuels bougonnements d'hommes qui, privés d'intimité, se tapent mutuellement sur les nerfs. Les hommes de Kane, par exemple, en sont venus à le détester, non pas parce qu'il les faisait fouetter ou qu'il était tyrannique, froid et distant, mais bien parce que, comme l'écrit Fergus

Fleming, «il avait la manie d'émailler ses conversations de citations françaises et latines». La neurasthénie de Madame Bovary, la sensation, propre au XIXᵉ siècle, de devoir se montrer poli, alors qu'on est coincé dans des habits trop serrés et des quartiers trop exigus en compagnie de personnes qu'on ne peut pas voir en peinture, n'est jamais aussi palpable que dans les journaux intimes des explorateurs polaires.

Dans la plupart des comptes rendus d'aventures impériales européennes, l'appétit sexuel qui agrémente – ou sous-tend – l'expédition saute aux yeux : pour s'en convaincre, on n'a qu'à penser à Richard Burton et à T.E. Lawrence pendant les différentes périodes qu'ils ont passées en Arabie. C'est tout naturel : l'aventure n'éteint pas l'appétit, et l'impérialisme qui dévore d'autres pays s'étend facilement à d'autres corps. Le plus étrange, c'est que vous aurez beau éplucher les relations et les chroniques de ces voyageurs nordiques, vous ne trouverez ni références directes à la sodomie ni même allusions voilées à ce sujet, pourtant fréquentes dans d'autres récits de la conquête impériale. Cette réalité fait en effet toujours partie de la vie des hommes qui vivent entre eux, à l'étroit, pendant de longues périodes. On dirait presque que, pour nombre de ces hommes, le choix de l'exploration équivalait à celui de la vie monastique propre à la classe moyenne. Renoncer aux gratifications sexuelles ordinaires en échange d'une forme d'existence purifiée : le projet exerce une très forte attraction dans la culture occidentale. La volonté d'échapper aux pulsions sexuelles qui régissent la vie des hommes, pulsions par ailleurs inconciliables avec les vertus de l'époque, est l'un des traits des explorateurs polaires. Ils étaient attirés par l'argent, la célébrité et l'exploit, certes. Mais il ne faut pas oublier la séduction durable qu'exerce l'évasion – troquer la claustrophobie insensée de la vie ordinaire contre l'encombrement du navire hivernal.

Parfois, je me dis qu'il a dû se trouver un homme pour mettre le sexe dans le sextant... Et pourtant, si, dans les récits d'exploration en Afrique, on trouve invariablement des mentions implicites – voire explicites – de sodomie ou de cohabitation forcée, les explorations polaires, à en croire les comptes rendus, semblent, aussi improbable cela puisse-t-il paraître, parfaitement chastes. Tout indique qu'une diète hypocalorique, le froid extrême et l'exposition aux intempéries suffisent à inhiber l'appétit sexuel. Les explorateurs polaires ont été les moines et les ermites des classes moyennes, les bénédictins de la bourgeoisie. Il faut attendre notre époque pour trouver des poèmes qui célèbrent l'engagement homoérotique dans les pôles. Dans sa suite arctique *In Solitude*, la poétesse américaine Elizabeth Bradfield signe un long et magnifique poème qui débute ainsi :

> *Pose ton sac de renne, moite et moisi,*
> *et glisse-le dans le mien. Ensemble, j'en suis sûr,*
> *   nous saurons*
> *le réchauffer, nous réchauffer. Laisse-moi t'aider*
> *   à sortir de tes traces,*
> *laisse-moi te frotter où tu as mal. Ne dis rien.*
> *   Tes cheveux ont poussé*

pendant la marche, ils sont aussi doux que ceux
   de ma femme.

Si de telles choses se produisaient au xixe siècle, il faut l'imagination du début du xxie pour les mettre en forme et en mots.

Et pourtant, on note parmi ces hommes d'autres manifestations de joie plus bruyantes. Ils entonnent *O Susanna* en passant de la glace à la périlleuse sécurité du navire, font d'*Off to Charleston* l'hymne du bâtiment. L'une de ces expéditions retient les services d'un cuistot français qui a pour nom (je vous le donne en mille) Schubert et, naturellement, les hommes mangent bien. Et ils sont perpétuellement engagés dans l'entreprise, dans l'acte de création qui consiste à nommer. Ce que j'ai appelé l'« acte adamique » – l'idée voulant que nous nous appropriions le monde en lui donnant un nom particulier – n'est nulle part plus manifeste que chez les explorateurs polaires du milieu du siècle. Kane baptise une baie Rensselaer Harbor et donne à une rivière le nom de Mary Minturn, d'après la belle-sœur du philanthrope new-yorkais qui payait les factures – sorte de lent amoncellement de noms bizarres qui désignent ce que les Européens avaient jusque-là appelé « tu vois le truc là-bas ». Les noms durent ou se transforment au gré des humeurs. Au cours de la même expédition, les explorateurs, pendant un moment sombre, changent le nom de leur cabane : le Fort Désolation devient ainsi le Fort Famine.

Par moments, on croit deviner chez les explorateurs polaires une forme d'hypocrisie théâtrale :

ils se chamaillent, manigancent, essaient de s'enrichir. Mais ce type de comportements familiers, qui nous touche d'emblée, est l'un des aspects qui nous les rend sympathiques. Ils ont risqué l'isolement extrême et, dans leurs récits comme nulle part ailleurs, nous découvrons la forme de leur époque et le jeu de ses mœurs avec une clarté contrastée, la netteté des ombres chinoises projetées sur un écran blanc vif.

Cette dimension de théâtralité, de jeu destiné à un auditoire lointain, mais réel, s'accentue avec le temps ; les justifications économiques et militaires s'estompent, et la quête de l'hiver absolu, vers le nord comme vers le sud, devient une pure course vers la gloire. À la fin du xixe siècle, les explorateurs polaires, pour la plupart financés par des intérêts privés, deviennent aussi célèbres que des cantatrices. Ils ont du reste un tempérament de diva et font preuve d'une amabilité de diva vis-à-vis de la concurrence. Peary et Cook, les deux grands explorateurs américains, sont les Eleonora Duse et Sarah Bernhardt de l'Arctique : leur compétition se termine dans les cris et la fureur. Cette ultime ruée vers les pôles bascule vers la comédie : on assiste à des assauts jumeaux, aux deux extrémités du monde, à un sprint final qui rappelle la frénétique course en traîneau que se livrent les deux protagonistes damnés et obsédés imaginés par Mary Shelley au début du siècle.

C'est toutefois la nouvelle génération de sombres Scandinaves fatalistes et résolus qui semble la mieux équipée pour l'emporter ; s'agissant de sur-

vivre en hiver, ces hommes possèdent des compétences nées d'une longue tradition de ski, de
traîneau et de simple endurance. Dans l'ensemble,
ce sont les Scandinaves qui réussissent le mieux
dans le Grand Nord. S'il n'a pas atteint le pôle,
Nansen, toutes expéditions confondues, n'a jamais
perdu un seul membre d'équipage. Et puis, bien
sûr, il y a l'incomparable Amundsen, un véritable
homme des pôles qui, avant de conquérir le Sud,
a exploré le Nord. (Il a notamment prouvé
qu'il n'existait, aux yeux de ses contemporains,
qu'une seule grande région polaire, un seul vaste
désert tout blanc, ouvert au même genre d'exploration. D'où, peut-être, la présence de manchots
au pôle Nord dans l'imagination populaire.) Il
convient aussi de signaler une unique et étince-
lante expédition italienne qui, forte des tentes les
plus confortables et de la meilleure cuisine, vient
remarquablement près d'atteindre le pôle. Simple
rappel de l'importance de la fierté nationale projetée sur ce rien qui devient quelque chose. Beaucoup
plus qu'à un programme impérial de conquête, on
a affaire à un programme nationaliste d'orgueil
déplacé.

Dans le Nord, le dernier assaut des pôles débute
en 1898. Fidèle à l'esprit de l'époque, Jules Verne
reprend l'histoire d'Arthur Gordon Pym, laissée
inachevée par Edgar Allan Poe, et signe, en 1897,
une suite en deux volumes, *Le sphinx de glace,* où il
est question de Pym et de sa tentative de conquête
du pôle Sud. Au lieu d'évoquer d'étranges spectres
brumeux et une fatalité terrifiante, Verne signe
une œuvre pragmatique et bien documentée dans

laquelle des sous-marins et des luges parviennent à vaincre le pôle.

Un nouveau vent d'ingéniosité mécanique, de confiance en soi et de rationalisme souffle sur le spectre lointain ou le pôle prométhéen d'autrefois. Enfin, en 1909, après l'échec d'aéronautes complètement fous et de Scandinaves pourtant déterminés, des Américains, Frederick Cook et Robert Peary, affirment tous deux avoir atteint le pôle Nord. Le plus étonnant, c'est que, encore aujourd'hui, il n'y a pas de consensus sur l'identité du vainqueur. C'est une histoire longue et complexe, mais, en gros, elle se résume comme suit : Cook s'est rendu quelque part en premier, puis, à son retour, a déclaré que ce quelque part était le pôle. Peary est arrivé en deuxième, mais, disposant d'un meilleur accès à la machine publicitaire, il a réussi à étouffer l'annonce de Cook, grâce notamment à l'aide de la National Geographic Society, qui avait financé son voyage. Le combat le plus rude n'a donc pas été la conquête du pôle : la vraie difficulté a plutôt été d'être reconnu, à New York, comme le premier homme à l'avoir atteint. De son propre aveu, Peary, en s'approchant du Nord ultime, pensait à l'argent que lui rapporterait la vente des droits de diffusion de son histoire. Sa façon de garder le moral.

La question n'a jamais été tranchée. Plus tard, Cook, qui a eu des démêlés avec la justice, a été emprisonné pour une fraude sans rapport avec l'exploration, mais le bruit selon lequel il avait toujours été malhonnête a couru. Pourtant, certains croient qu'il a été, ainsi qu'il le clamait haut et fort, le premier homme à avoir atteint le pôle Nord. Sur internet, vous trouverez des sites consacrés à l'«Alfred Dreyfus du Nord», c'est-à-dire l'homme injustement floué et déshonoré par les forces de la haine. Certains spécialistes estiment aujourd'hui qu'aucun des deux hommes n'a atteint le pôle Nord. Il manquait à Peary sans doute un peu moins de deux cents kilomètres et Cook de trois cents à cinq cents kilomètres. Quoi qu'il en soit, tout indique que les premiers à atteindre le pôle Nord auraient été – ce qui n'est sans rappeler l'histoire d'Hillary et des sherpas – l'adjoint afro-américain de l'explorateur, Matthew Henson, et le groupe d'Inuits qui l'accompagnait. Ce sont eux qui ont réalisé l'expédition définitive, quel qu'ait été son point d'aboutissement.

Cook n'avait donc pas de preuves de son exploit; celles de Peary étaient pour le moins sommaires. Cook était négligent, mais Peary était un minable. Il n'a jamais pu profiter de sa réussite, minée par l'aversion qu'inspirait son arrogance à peine voilée. (Peary se serait sans doute mieux tiré d'affaire s'il s'était comporté en héros américain, tout en noblesse et en retenue. Dans les circonstances, il aurait eu intérêt à déclarer quelque chose comme ceci: «Je n'ai rien à dire au sujet des affirmations du Dr Cook. Il doit s'exprimer selon sa conscience et les preuves à sa disposition. Je ne peux parler que de mes propres réussites.» Ou quelque chose du genre. Et il aurait dû en rester là.) Il n'a pas su se montrer modeste. Nous n'aurions peut-être pas fait mieux, vous et moi.

Peary n'a donc pas réussi à se comporter en héros. Plus précisément, il était si soucieux de se comporter en héros qu'il passait pour un pauvre type. Depuis des siècles, les Inuits du Groenland – ceux que les Britanniques surnommaient les «Eskimo Highlanders», en référence à leurs propres compatriotes éloignés – utilisaient comme source de fer trois fragments de météorite d'origine extraterrestre, tombés du ciel il y a très longtemps : les Inuits appelaient ces objets précieux le Chien, la Femme et la Tente (cette dernière pesait cent tonnes). Les météorites étaient leur Fort Knox, leur Stonehenge, leur accélérateur de particules, leur réacteur nucléaire – la source inexplicable de leur suprématie technologique. Ils en tiraient en effet les outils dont ils se servaient pour écorcher les morses et éviscérer les baleines.

En 1894, dans ce qui fut sans doute l'un des plus scandaleux actes de vandalisme culturel d'un siècle qui en regorge pourtant, Peary a emporté les trois météorites et les a vendues au Musée d'histoire naturelle de New York pour la somme de quarante mille dollars. L'équivalent, en somme, du vol de la frise du Parthénon, sauf que là où les marbres grecs faisaient l'objet d'un véritable culte lorsqu'ils ont atterri à Londres, le fer enlevé aux Inuits, une fois installé dans sa nouvelle demeure de l'Upper West Side, n'épatait pas plus qu'aujourd'hui : trois curieux fragments inarticulés devant lesquels les enfants, en route vers les totems et le canot de guerre, défilaient en vitesse. Il est vrai que les Inuits ont pu se passer de leurs trois pierres magiques dans la mesure où ils ont eu accès, peu après, à des sources de fer, européennes et autres, plus pratiques et moins coûteuses. Mais Peary ne sort pas grandi de cette initiative, marquée par l'insensibilité et la condescendance. (Bizarrement, s'il est encore présenté comme un héros, du moins en surface, l'autopublicité est curieusement transparente : personne n'est dupe et, depuis toujours, Peary a la réputation d'être un manipulateur beaucoup plus qu'un homme de mérite.)

Ainsi, la quête du pôle Nord a pris fin non pas dans la purification austère d'une aventure héroïque, mais bien dans une démonstration plutôt sordide de chauvinisme, de cupidité et d'auto-célébration – autant d'éléments de la modernité nés à cette époque et dont le pôle devait être, hum, le pôle opposé. Il y a quelque chose de comique dans le personnage de l'explorateur italien Nobile qui, participant à une expédition avec Amundsen en 1926, a laissé tomber quarante-cinq kilos de drapeaux italiens sur ce qui, selon ce qu'il avait décidé, était le pôle Nord. Des petits fanions verts, rouges et blancs sont donc tombés du ciel sur ce qu'il imaginait être l'endroit précis. Le premier drapeau « largué » sur le pôle a donc été celui d'un pays méridional chaud – celui de Vivaldi, où s'était réfugiée une génération d'Allemands en proie à l'*Ansgt,* troquant le palais des neiges du Nord gothique contre le soleil du Sud. Le drapeau italien n'était pas seulement au pôle : il avait été disséminé tout autour. Entreprise à la fois absurde et nécessaire.

113

Mais pourquoi? La question s'impose. Il ne s'agissait, après tout, que d'un point abstrait sur une carte. On n'avait aucune raison de chercher le pôle, ainsi que Julius Payer, explorateur allemand de l'une des expéditions de Weyprecht, s'est efforcé de l'expliquer. En 1872, alors que le navire était immobilisé par l'hiver, Payer a tenté de faire comprendre aux hommes la géographie des pôles. Non sans mal. «Après bien des désillusions, a-t-il écrit, nous déterminâmes que le pôle se résumait à ceci: des lignes qui s'entrecroisent en un point où, dans les faits, il n'y a rien à voir.» Le vaste désert au sommet du monde – où on ne trouve pas davantage de monstres élégants et de médecins juchés sur des traîneaux que de spectres qui vous avalent d'emblée – n'était en définitive qu'un assemblage de lignes, un point fictif, un concept géographique. La carte vierge, qu'avait imaginée Lewis Carroll, était la vraie. Faut-il s'étonner que Payer ait fui le Nord pour s'établir à Paris, où il a gagné sa vie en peignant des images de plus en plus grandes, théâtrales et mélodramatiques d'un Arctique imaginaire horrible? Des représentations terriblement fausses d'hommes aux prises avec des baleines et des tempêtes. Qu'importe si elles n'avaient strictement rien à voir avec la beauté aurorale et l'amère austérité du lieu réel. Le Nord était un lieu qu'il valait mieux imaginer que voir: l'imaginer, c'était en faire une expérience théâtrale, n'y déceler qu'une abstraction, une épreuve d'endurance.

Et pourtant, la querelle qui a opposé Cook et Peary continue d'exciter les passions et de nourrir quantité de pages internet. À court de quatre-vingts, de cent soixante ou de cinq kilomètres, en plein dans le mille... La question, en un sens, est absurde. Mais l'entreprise tout entière est absurde depuis le début – quête futile qui trouvait son unique justification en elle-même –, à telle enseigne que douter du résultat revenait en quelque sorte à douter de l'objectif. S'il s'était agi d'une aventure ou d'une conquête coloniale, la géographie aurait été subordonnée à la réalité des bénéfices concrets. Mais cette entreprise, cette découverte ne pouvait rien donner. Le point abstrait était aussi absurde, en raison justement de sa totale abstraction. Certes, le voyage ne valait pas les sacrifices consentis, le jeu n'en valait pas la chandelle, mais là n'est pas la question. En fait, il n'y avait pas de jeu ni même de chandelle. Que des ténèbres et une notion abstraite inscrite sur une carte. Au pôle, en somme, il y avait un point, mais c'était un point d'interrogation, et rien de plus. Le Nil avait ses sources, l'Everest son sommet, mais les pôles, s'ils existaient en tant que points sur une carte du monde, n'avaient aucune autre vie, ni qualité ni quiddité en dehors de la représentation abstraite de la Terre. La grande destination, en fin de compte, ne se trouvait nulle part ; elle ne se distinguait en rien des autres lieux par où il avait fallu passer au prix de terribles souffrances. « Car le Snark, voyez-vous, *était bien* un Boojum[7]. »

---

7. Carroll, *La chasse au Snark, op. cit.*, p. 107.

L'absurdité de cette quête existentielle, humanisée par l'endurance sans limites des aventuriers qui y participent, atteint son apogée en 1911 dans la course pour la conquête du pôle Sud, encore plus célèbre que l'autre. Tout le monde a entendu les récits concernant sir Robert Scott et Roald Amundsen : après une série d'expéditions échelonnées sur les cinq années précédentes, Scott a été le premier à entreprendre l'assaut final vers le pôle, et il a été spolié, du moins le croyait-il, par Amundsen, le grand explorateur norvégien, infiniment plus doué sur la glace et prêt à manger les chiens de l'expédition, à l'aller et au retour, pour parvenir au but. Nous savons qu'Amundsen s'est rendu au pôle en skis, a dévoré ses chiens et planté ses drapeaux, puis est revenu de la même manière – exploit, curieusement, sans aura particulière, sans légende connexe, encore aujourd'hui. Et nous connaissons tous l'endroit légendaire, le dernier campement de Scott : après avoir inutilement atteint le pôle, ses hommes et lui y sont morts à une distance courte, mais infranchissable, d'une réserve de nourriture.

Et nous savons aussi qu'au cours des derniers moments héroïques et émouvants de l'expédition de Scott, Lawrence « Titus » Oates, homme qu'un pied gelé empêchait désormais de marcher, s'est tourné vers ses compagnons et leur a dit : « Je sors faire un tour. Je risque d'en avoir pour un moment. » Mots qui résument à eux seuls des siècles de laconisme et de flegme chez les Britanniques de la classe supérieure. Dans les faits, il s'agit d'une version glaciale, à la mode du pôle Sud, de la célèbre excla-

mation de M. Kurtz – «Horreur! Horreur[8]!» –
devant le cœur des ténèbres. Sauf que, dans ce
cas-ci, le cœur de la blancheur est non pas la vague
et sombre culpabilité des participants à l'aventure
coloniale, mais bien le cœur étincelant et la bouleversante discrétion de l'héroïsme britannique.

Il est facile de se moquer de Scott, et peu s'en
sont privés. Ses déclarations, son journal intime
empreint d'un stoïcisme absolu révèlent une attitude très éloignée de nous et qui peut même nous
paraître gâtée, contaminée par l'éternelle condescendance de l'Européen envers tout ce qui lui est
étranger. On ne peut pas accuser Scott d'être un
impérialiste ou un colonisateur; au pôle, il n'y
avait personne à assujettir et à coloniser, hormis
les manchots – dont des œufs ont bel et bien été
volés par l'un des plus jeunes membres de l'expédition finale vers le pôle Sud, Apsley Cherry-Garrard,
qui a par la suite écrit son grand livre. Cette expédition secondaire, parfois appelée le «voyage d'hiver», au cours de laquelle Cherry-Garrard et deux
compagnons ont quitté le camp de Scott dans l'intention d'aller chercher un œuf de manchot empereur, a effectivement été le pire de tous les mauvais
voyages. Si épouvantable, en fait, que la transpiration des participants gelait à l'intérieur de leurs
vêtements. Impossible de franchir plus que quelques mètres par jour (ils mettaient quarante-cinq
minutes à craquer une allumette parce que, au cœur

---

8. Joseph Conrad, *Au cœur des ténèbres*, traduit de l'anglais et
présenté par Jean-Jacques Mayoux, Paris, Garnier-Flammarion,
2012, p. 176.

de l'hiver polaire, leurs mains étaient raidies par leur propre transpiration gelée).

Hormis ces œufs de manchot, le pôle Sud comportait peu d'éléments qui pouvaient être détruits au nom de la colonisation. Et pourtant, on trouve aujourd'hui de nombreux articles et ouvrages dans lesquels des critiques poststructuralistes et postmodernes reprochent à Scott son stoïcisme et sa condescendance. Ces auteurs voient dans l'expédition finale et fatidique la somme de tous les maux de l'impérialisme. Il est vrai que Scott était un gentleman anglais, incarnation des vices et des vertus de son espèce. Il était incompétent, condescendant et enfermé dans les clichés de sa classe sociale, mais pas davantage que le professeur d'université moyen, vous et moi, tout bien considéré, ne le sommes dans les clichés de la nôtre. En revanche, il s'est montré courageux et chevaleresque jusqu'au bout, et ces deux traits – la condescendance et le courage – vont de pair. Seule une personne qui se surestime d'emblée luttera jusqu'à son dernier soupir pour se montrer à la hauteur. Les mots que Mary Shelley prête au Dr Frankenstein, non loin du pôle Nord, hantent notre lecture des pathétiques journaux intimes tenus par Scott au cours de cette dernière expédition : « Mes pensées me transportaient alors dans les plus hautes sphères. J'exultais, par moments, dans le sentiment de mon pouvoir, et je me consumais à d'autres à l'idée de ce qu'il pourrait en résulter. Dès l'enfance, j'ai nourri de grands espoirs et de hautes ambitions. Hélas, mon ami, que je suis tombé bas ! Si vous m'aviez connu, tel que j'étais, mon présent état d'avilissement vous empêcherait de me reconnaître[9]. »

La dernière expédition de Scott, en 1911 et 1912, donc peu avant la guerre, est bientôt suivie par celle d'Ernest Shackleton, à bord de l'*Endurance*, qui a pour but de trouver le pôle Sud, alors que l'Angleterre est déjà plongée dans le conflit mondial. Ayant laissé le pack se refermer sur son navire, Shackleton entraîne son équipage dans un voyage célèbre et extrêmement pénible sur la mer, au milieu des glaces, jusqu'à la sécurité – une sécurité toute relative, en l'occurrence. Autre récit d'incompétence et d'échec quasi complets : l'expédition n'apporte rien à la science, fait fausse route et gaspille l'argent d'autrui ; sa seule vertu, en réalité, c'est que, par miracle, Shackleton parvient à ne perdre que trois de ses hommes.

Pourquoi, dans ce cas, admirons-nous ces explorateurs ? Pourquoi continuent-ils de hanter notre imaginaire ? Le phénomène s'explique en partie, je l'ai dit, par le fait que, en dépit de leur caractère extrême, nous nous reconnaissons en eux. Ils représentent notre civilisation, du moins celle d'avant : cupide, verbeuse, raciste, sentimentale. Mais une réponse plus profonde et, me semble-t-il, plus simple tient en trois mots : *ils étaient courageux*. Ils ont fait moins de bien, créé moins de confort, vêtu moins de dénudés et nourri moins d'affamés que quantité d'autres. Mais ils étaient courageux. Courageux d'une manière pour nous

9. Shelley, *Frankenstein, op. cit.*, p. 312.

presque inconcevable, courageux d'une manière qui, encore aujourd'hui, dépasse notre entendement.

Nous lisons que Shackleton a réparti ses hommes privés de navire entre deux campements : un premier groupe est resté sur l'inhospitalière île de l'Éléphant, où il a attendu des camarades qui risquaient de ne jamais revenir, des secours qui ne se matérialiseraient sans doute jamais, tandis que les membres du second groupe s'entassaient dans un minuscule canot de sauvetage qui devait les conduire jusqu'à l'île de la Géorgie du Sud, où ils espéraient trouver de l'aide. On se demande : *Quelle était la plus dure, la pire des deux affectations ? Rester derrière ou traverser l'océan Antarctique à bord d'une frêle embarcation ?* Et on se rend compte que les deux options auraient été déchirantes et qu'elles auraient, dans un cas comme dans l'autre, exigé un courage infini.

Nous sommes attachés aux explorateurs parce qu'ils étaient courageux et que, comme l'a écrit C.S. Lewis après le Dr Johnson : « [L]e courage n'est pas juste une vertu parmi les autres, mais la forme que prend chaque vertu[10]. » Tout en sachant que le courage moral diffère du courage physique – bon nombre de personnes dotées d'un courage physique considérable sont dépourvues de courage moral –, nous savons qu'ils ne sont pas aussi différents l'un de l'autre que le souhaiteraient ceux qui ne possèdent qu'une infime quantité des deux.

---

10. C.S. Lewis, *Tactique du diable. Lettre d'un vétéran de la tentation à un novice*, traduit de l'anglais par Étienne Huser, Tharaux, Empreinte temps présent, s. d., p. 129.

L'histoire et les biographies nous l'ont appris : le courage qu'il faut pour supporter des épreuves physiques est lié, de façon mystérieuse et profonde, à celui qu'il faut pour faire montre d'intrépidité, courir des risques, se comporter avec noblesse et agir correctement. Tout en ignorant la nature exacte du lien entre les deux, nous savons qu'il existe. C'est d'ailleurs ce qui nous pousse à regarder des films de guerre et à suivre les sports d'hiver, parfois même à admirer les boxeurs brutaux et abrutis, les durs à cuire des équipes de hockey.

Et dans une société comme la nôtre, où les manifestations de courage physique sont de plus en plus réduites à des formes de divertissement stylisées, une expédition dont le courage est l'unique but et non le simple produit – il en faut pour parvenir à destination, mais c'est aussi la *raison d'être*** de l'entreprise – ne peut que nous fasciner. Dans la longue histoire des aventures humaines, jamais, me semble-t-il, n'a-t-on observé un courage aussi pur, aussi distillé – un courage semblable à la vodka, aussi absolu, net et froid –, que celui des explorateurs polaires du xixe siècle et du début du xxe.

Ici, nous nous butons à une ironie. C'est la société bourgeoise du confort que ces hommes ont incarnée de façon si étrange – et parfois si caricaturale – qui les a poussés à afficher un surcroît de courage par rapport à la société aristocratique qu'elle a remplacée, avec ses manifestations de bravoure occasionnelles et bouffonnes, ses replis prudents. Les sociétés bourgeoises du confort sont celles qui mènent les guerres les plus impitoyables et empruntent les trajets les plus pénibles – qu'il s'agisse de la guerre de Sécession, de la Première Guerre mondiale des Britanniques, des voyages vers le pôle Sud ou de la face cachée de la Lune. La question que nous posons à l'explorateur – « Qu'est-ce qui vous a poussé à partir ? » – est celle que nous posons au soldat : « Qu'est-ce qui vous a poussé à rester ? » Et nous connaissons une partie de la réponse : l'estime de ses compagnons – ils se battaient, mouraient et s'enfuyaient les uns pour les autres –, les principes qui régissaient tacitement leurs vies. Notre société est capable d'actes de bravoure insensés beaucoup plus grands qu'on l'imagine et il lui arrive aussi, au même moment et pour les mêmes raisons, de se montrer bizarrement vulnérable à la stupidité érigée en système – aux Scott et, pire encore, aux French et aux Haig de ce monde, aux généraux de la Grande Guerre qui ont inutilement envoyé des millions d'hommes vers une mort certaine. L'organisation quasi militaire et l'industrialisation de la vie semblent avoir produit, à titre de mécanismes d'autodéfense affectif, de nouveaux rites de courage – et, bien sûr, des pulsions suicidaires d'autodestruction. Si Titus Oates est sorti dans la tempête, c'est en raison du désir de soumission qui nous pousse à nous asseoir sagement à notre pupitre en première année et à commettre d'autres actes contre-nature de déni de soi. Dieu sait que c'est un geste bête, mais aussi un geste touché par la grâce.

L'histoire de l'hiver radical, de l'hiver éternel, la quête des pôles : tout a commencé au début du XIXe siècle avec la parution de fables littéraires aux accents paradisiaques ou prométhéens. On visait au fond la création d'*exempla virtutis,* de leçons édifiantes destinées à impressionner et à inspirer ses semblables. Ceux qui s'enfonçaient au cœur de l'Afrique pouvaient se passer d'en rendre compte (bien qu'ils aient été nombreux à publier leurs récits) parce que, en guise de preuves, ils en rapportaient des cicatrices et des trésors. Mais si on se rendait dans le Grand Nord ou au pôle Sud, c'était simplement pour pouvoir témoigner de la survie au sein de l'hiver permanent. On effectuait le voyage pour avoir le privilège de le raconter ensuite.

Seulement, il arrive que l'écriture, à la façon d'un pack, broie vos plus nobles intentions. Les journaux polaires de Scott, récupérés par Cherry-Garrard, l'homme qui a découvert Scott et les membres de son expédition après leur mort, ont été publiés en Angleterre en pleine Première Guerre mondiale. Depuis longtemps, la vie de Scott s'entremêlait à l'imagination de J.M Barrie, le grand dramaturge écossais – et, ironiquement, le fabricant de l'« anglitude » –, l'auteur de *Peter Pan,* mythe aussi essentiel à l'époque de Scott que l'avait été *La Reine des neiges* à l'époque précédente. Au moins un des biographes de Barrie soutient que c'est l'influence de celui-ci qui a transformé Scott, a fait d'un militaire nerveux « un homme persuadé de l'importance de l'explorateur en tant que dépositaire de la vision héroïque britannique ». Et c'est dans la dernière lettre de Scott, écrite dans la fameuse cabane et destinée à Barrie, que se cristallise le mythe de Scott en tant que héros stoïque ayant souffert et transcendé les épreuves sans recourir à une notion aussi vulgaire que la compétence. Barrie, lui, a signé l'introduction du premier recueil des journaux intimes de l'explorateur, *Scott's Last Expedition,* qui élève l'histoire au statut de mythe. Selon des rumeurs persistantes, il aurait également revu et épuré les derniers journaux de Scott. (On a souvent laissé entendre, probablement à tort, qu'Oates, qui ne portait pas Scott dans son cœur, loin d'avoir décidé de «sortir faire un tour», avait plus ou moins été mis à la porte.) En un sens, donc, les derniers journaux de Scott sont le fruit d'une collaboration soutenue entre l'imagination touchante et héroïque, quoique un peu boy-scout, de Barrie et l'expérience concrète de Scott.

Un peu plus tard, l'autre grand compte rendu définitif de cette histoire, celle de l'expédition polaire de 1913, *Le pire voyage au monde* d'Apsley Cherry-Garrard, est écrit à l'instigation (et aussi, à mon avis, avec l'aide) de son ami proche, le dramaturge et homme d'esprit irlandais George Bernard Shaw, cité tout au long du livre. Shaw fournit l'épigraphe d'un des chapitres et, en un sens, la posture d'auteur. Si Shelley et Poe ont présidé à la naissance de l'aventure polaire, Barrie et Shaw assistent à son enterrement. Dans la version de Scott selon Barrie, Scott et ses hommes font figure de troupe portée disparue de la tribu de Peter Pan : des garçons qui n'ont jamais grandi, des garçons qui continuent d'incarner les viriles vertus adolescentes – la camaraderie, le courage et la volonté de faire face au danger – poussées au paroxysme. En raison du personnage façonné par Barrie, sans parler de son influence préalable sur l'explorateur, Scott est devenu le dernier des garçons perdus.

Cherry-Garrard et Shaw racontent une histoire tout autre. Au lieu de centrer l'héroïsme sur l'ultime voyage, ils le situent au moment du retour de Cherry-Garrard à Londres, où celui-ci apporte au British Museum l'œuf de manchot empereur qu'il a recueilli au prix de terribles souffrances. Après avoir attendu patiemment qu'un bureaucrate du musée prenne possession de l'objet, il reçoit un banal reçu confirmant que celui-ci fait dorénavant partie de la collection. Et ce bout de papier délivré par un bureaucrate atteste moins la réussite de l'expédition que sa simple existence, la preuve qu'elle a accompli quelque chose. Le reçu arrive enfin, mais trop tard. Personne n'estampillera le passeport de l'œuf.

La plus profonde ironie, dans l'esprit de l'œuvre de Shaw, ironie que Cherry-Garrard comprend et incarne, c'est donc que le voyage des héros, dans le nouveau monde de la guerre et des victimes de masse, n'a servi à rien. Devant la force accablante de l'État moderne, la petite étincelle du courage individuel n'a plus de sens. Inutile d'être Peter Pan à l'ère des mitrailleuses et du front de l'Ouest. Scott était parti en quête d'une « bonne mort », mais il n'y a pas de bonne mort possible dans un monde où tout le monde meurt. Le voyage prend fin non pas avec la découverte du dernier repos de Scott, mais bien avec la saga de l'œuf de manchot : telle est la sinistre plaisanterie de Shaw. Ce voyage-là – celui qui conduit le héros vers un fonctionnaire indifférent – est vraiment le pire du monde. De la même façon que les mots de Poe et de Shelley annoncent les aventures du xixe siècle, l'œuf de Cherry-Garrard préfigure les tragédies kafkaïennes du xxe : la vaine quête du tampon de visa, symbole de l'arc tragique de très nombreuses vies au cours des décennies suivantes.

Il existe donc deux constructions littéraires artificielles et hautement complaisantes pour comprendre cette histoire : on peut y voir l'ultime efflorescence du véritable courage de l'Angleterre victorienne et édouardienne, ou encore l'ultime démonstration de l'hypocrisie et du mensonge lovés au cœur de la civilisation qui a poussé ces hommes vers le sud. L'envers de la bravoure est l'absurdité ; l'envers du courage est l'extrême suffisance qui court-circuite l'imagination, assez longtemps pour vous permettre d'être courageux. C'est une ambiguïté si profonde que nous la percevons encore aujourd'hui. Devrions-nous voir dans l'expédition de Scott et dans son extraordinaire mélange d'incompétence et de courage une prémonition de ce qui allait arriver à la Grande-Bretagne pendant la Première Guerre mondiale, où d'innombrables vies seraient sacrifiées sans raison ? Ou devrions-nous plutôt y voir une autre prémonition, celle de la Grande-Bretagne de la Seconde Guerre mondiale, où des hommes et des femmes allaient subir d'indicibles épreuves sans courber l'échine, comme Scott et ses hommes avaient tenté de le faire, animés par leur volonté, leur cœur et un sens moral empreint d'urgence ? L'expédition de Shaw illustre-t-elle la capacité de résistance anglaise de la Seconde

Guerre mondiale ou la téméraire autodestruction déguisée en amateurisme de la Première ? Les deux en même temps, bien sûr. C'est d'ailleurs ce qui explique le souvenir que nous conservons de ces voyages : à la fois exaspérants et admirables, preuve d'une affolante ineptie et d'un glorieux courage.

D'entrée de jeu, je vous ai demandé de songer à la magnifique musique canadienne d'Harry Somers, incarnation de l'appel romantique et pur du Nord. Les voix, la fugue vocale que j'aimerais que vous imaginiez maintenant, sous mes mots, sont celles de *The Idea of the North* du grand Glenn Gould, collage de multiples voix qu'il a réalisé dans les années 1960 : celles de personnes qui parlent du Nord, superposées un peu comme dans une fugue de Bach.

Ce que Gould cherchait à montrer, c'est que l'idée du Nord, aussi séduisante puisse-t-elle nous sembler dans l'appel lancé par Somers au monde de l'au-delà, tient en définitive à cette superposition de voix, à cette tapisserie, à ce tissu d'expériences différentes. Le vrai son du Nord n'est pas celui de l'individu courageux – c'est au contraire celui de toutes ces histoires réunies, juxtaposées. Hormis une brève visite, Gould n'est jamais allé dans le Nord, mais il est toujours revenu vers Bach pour sa sagesse et sa conviction que le son humain le plus parfait se compose de thèmes superposés. On observe une grande vérité humaine ici, dans cette invocation du Nord inventé et contradictoire – le Nord de multiples histoires racontées simultanément – comme le Nord véritable.

Dans les écrits historiques contemporains, il est de bon ton de ridiculiser et de mépriser Scott, Shackleton, Ross et tous les autres, présentés comme des hommes transformés en icônes par la cynique machine à fabriquer des mythes du xixᵉ siècle. De toute évidence, cette attitude reproduit sans le vouloir la condescendance et la suffisance vis-à-vis des Autres – de ceux qui ont des valeurs et des traditions différentes des nôtres – dont faisaient montre les pires représentants du xixᵉ, à ceci près que, dans ce cas particulier, les Autres qu'on regarde de haut et qu'on déprécie sont les habitants de ce lieu inconfortable et exotique qu'est notre propre passé. Imaginer Franklin et Scott comme de pitoyables pantins qui dansent au bout de l'appareil à fabriquer des mythes, mus par quelque force historique impersonnelle, c'est les déposséder de leur souffrance et de leur courage – et malgré toutes nos absurdités, il nous arrive parfois de souffrir et de faire preuve d'un courage dont nous ne voudrions pas être dépossédés. Le ton d'insupportable condescendance ennuyée adopté envers ceux qui ont vécu autrefois – le cinéaste Robert Flaherty, qui a préservé les formes de la culture inuite dans son documentaire intitulé *Nanouk l'Esquimau*, était un débauché, les explorateurs étaient en réalité des colonisateurs, les Inuits eux-mêmes, loin d'être nobles, étaient cupides – est injustifié, non pas parce que ce genre de comportement était peu fréquent autrefois, mais bien parce qu'il a toujours existé. Nous partageons tous les absurdités de notre temps, nous faisons partie de ce *toujours*. Si nous songions à la perception que nos des-

128

cendants auront de nous, nous ne pourrions pas vivre.

Avec le recul, toutes les aventures se transforment en absurdités, d'où le lien étroit qui unit le courage et la comédie. Les récits polaires ont effectivement une dimension absurde, et il y a quelque chose de comique dans cet étalage de bravoure égocentrique. Le potentiel de l'hiver radical, de l'hiver du Grand Nord comme cadre naturel du burlesque et de l'humour absurde, a maintes fois été perçu et exploité par de grandes imaginations comiques. Dans *La ruée vers l'or* de 1925, par exemple, Charlie Chaplin élabore *de facto* une petite encyclopédie des horreurs et des risques associés à l'hiver radical, au Nord extrême du siècle précédent. Seulement, il remplace l'héroïsme par l'humour. Loin de supporter de façon passive ou stoïque le malheur, le froid et la faim, son personnage de vagabond lutte contre eux. Insensible à la dimension romantique de l'endurance, il en perçoit le caractère déraisonnable. Dans sa situation (enfermé dans une cabane avec un gros compagnon affamé, snobé par les filles de la salle de danse), il ne trouve qu'une issue : construire une sorte de monde parallèle imaginaire pour fuir les blizzards et les insultes du glacial monde extérieur. Il ne sort jamais ; il vit enfermé. La plus grande scène de repas du cinéma – le vagabond qui mange sa chaussure – sort tout droit de la réalité de l'exploration polaire. Dans les années 1830 déjà, Franklin était célèbre pour avoir mangé sa chaussure et en avoir parlé au retour d'une de ses expéditions. Chaplin a pressenti le potentiel comique des récits issus du Yukon parce qu'il a compris que le Nord répondait aux exigences de la comédie : un immense faire-valoir tout blanc. La seule façon de faire échec au piège existentiel du Grand Nord – le nœud coulant de la nature autour de votre cou – consistait à manger vos lacets le plus élégamment possible.

La dimension burlesque du Nord ainsi que sa réalisation épique – l'idée d'un Nord entrepreneurial comique marqué par l'énergie, la malice et le triomphe du filou sur le gentleman vertueux – résonnent encore aujourd'hui, notamment dans *Solomon Gursky* de Mordecai Richler, le livre qui se rapproche le plus du grand roman canadien. Son thème essentiel se résume ainsi : seuls les juifs et les Inuits sont dignes du Grand Nord puisqu'eux seuls possèdent l'ingéniosité et l'intelligence nécessaires pour y survivre et y prospérer, tandis que les Britanniques meurent noblement et que les Français frissonnent d'un air las. Le filou rusé vit et l'emporte, tandis que le noble explorateur rend l'âme. Le filou a le dernier mot du simple fait qu'il survit, même s'il ne se nourrit que du cuir de ses chaussures et de son imagination.

Pourtant, si les deux pôles offraient, à n'en pas douter, un théâtre de l'absurde, ce courant littéraire a toujours affirmé – et, sur ce plan, Chaplin en sait aussi long que Beckett – que l'existence est en soi une preuve de courage suffisante : autrement dit, le simple fait de vivre mobilise notre courage. Toutes les nations, ainsi que je l'ai dit d'entrée de jeu, ont besoin d'un rien ; corollairement, tous les riens ont peut-être besoin d'une nation. Quand les deux s'entrecoupent, nous avons généralement droit à ce bâtard familier qu'est la vraie vie, justement parce que, dans les faits, il n'y a pas de « rien » sur Terre.

Nous semblons avoir parcouru beaucoup de chemin depuis l'art exquis de Debussy et de Monet, apogée de la vision romantique de l'hiver au XIXe siècle. Et pourtant, nous sommes revenus, il me semble, aux mêmes thèmes de l'intérieur et de l'extérieur, à leur entremêlement – la civilisation bourgeoise que les hommes des pôles s'efforcent de court-circuiter ne cesse de les hanter. Nous avons beau chasser le naturel, il revient au galop, dit-on. Nous avons beau chausser nos raquettes et fuir la civilisation, elle finit toujours par nous rattraper. Cherchez un sens à l'hiver romantique et vous trouverez votre âme dans un flocon de neige. Sautez par la fenêtre et plongez dans l'hiver que vous convoitez, et la dernière chose que vous verrez au bout de la Terre est une fenêtre d'un autre type, où vous ne verrez que votre reflet. Le médecin et son monstre se font la course sur la glace des neiges éternelles, mais Mary Shelley elle-même souligne que l'identité du vainqueur est sans importance : l'homme est le monstre et le monstre est l'homme. Ce que nous trouvons quand nous atteignons l'hiver absolu n'a, dans les faits, rien d'absolu : il s'agit plutôt du sempiternel fouillis, à mi-chemin entre la bravoure et la folie, qui persiste dans le monde tel qu'il est. C'est un *métissage** mouvant qui, tout au long de l'histoire, part de l'équateur africain, s'étire vers le haut et vers le bas et se termine aux extrémités que représentent les deux pôles. Parce que cette ligne est la voie, la toile de plus en plus vaste tissée par l'incessante fuite de l'homme qui, parti à la recherche d'un sens, ne découvre... qu'un autre homme. La carte vierge de l'Homme à la Cloche ne comporte qu'un seul tracé, et c'est le nôtre.

CHAPITRE 3

L'HIVER RÉPARATEUR

La saison en esprit

En 1869, une expédition au pôle Nord, allemande cette fois, a hiverné dans l'Arctique. Le navire, broyé par les glaces, a coulé, et les explorateurs ont été contraints de vivre dans de minuscules abris posés sur des banquises mouvantes qui, au passage d'icebergs plus imposants que les plus hautes tours construites par l'homme, grommelaient, grondaient et se disloquaient avec une affolante régularité.

Un soir de la fin décembre, les membres de la petite expédition ont ouvert une boîte en plomb qu'ils avaient eu soin de récupérer avant que leur navire s'abîme dans la mer. Au milieu des rafales et de l'absolue désolation, les hommes, ravis, y ont découvert (ainsi qu'ils l'escomptaient) des guimbardes, des diablotins de couleurs vives, des jouets et de petits objets de fantaisie. Les explorateurs allemands s'étaient munis de ces articles avec l'idée de célébrer Noël dans l'Arctique – et ils l'ont fait, malgré les circonstances.

Si l'hiver romantique, celui de l'œil, avait conféré à une saison vide une gamme de significations subtiles, alors que l'hiver radical, celui de l'initiative, avait trouvé dans ce vide un théâtre de l'héroïsme (et de l'absurde), peut-on imaginer qu'un autre type d'hiver ait pu concrétiser nos espoirs de réparation et de renaissance ? Sur la glace, en ce matin d'hiver, on aurait pu le croire. Pour ces hommes, la célébration hivernale était inséparable de l'idée qu'ils se faisaient du sacré, tout en correspondant étroitement à leur notion d'un chez-soi.

Comme le présent chapitre porte sur la création du Noël moderne – la fête hivernale –, je vous propose de commencer par un cantique. Il a pour titre *In the Bleak Midwinter* et, bien qu'il n'ait pas pris une ride, il est solidement ancré dans l'histoire. En effet, il a vu le jour au milieu du XIXe siècle, d'abord sous la forme d'un poème de Christina Rossetti. Par la suite, on note deux ou trois transpositions musicales différentes, dont la plus célèbre (chantée magnifiquement par la grande Loreena McKennitt) est l'œuvre d'un important compositeur, Gustav Holst, l'auteur des *Planètes,* comme je l'ai découvert au cours de mes recherches (j'avais toujours cru qu'il s'agissait d'un air folklorique, pour ainsi dire artisanal).

C'est depuis toujours mon cantique préféré (l'un de mes favoris, en tout cas), et j'ai été heureux de constater que, en 2008, une sorte de jury international l'avait élu meilleur cantique. La musique, bien qu'elle soit le produit d'une époque précise, semble intemporelle, et on la croirait issue de la meilleure tradition folklorique, même si on connaît ses auteurs, illustres par ailleurs. Ce n'est ni de la musique du XIXe siècle ni de la musique victorienne. C'est de la musique de Noël. Dans l'histoire très autoréférentielle de la musique moderne, la musique de Noël a ceci de particulier qu'on y distingue à peine l'ancien du nouveau, le médiéval du victorien, le contemporain de l'archaïque. De façon générale, nous ignorons si un cantique donné est très ancien ou très nouveau, s'il est l'œuvre d'un poète et d'un compositeur éminents ou le produit d'un passé anonyme. Un cantique médiéval comme *Verbum caro* peut très bien cohabiter avec un objet victorien préraphaélite comme *In the Bleak Midwinter*.

Quelle que soit l'origine de la musique, le cadre saisonnier du cantique est évident et essentiel. C'est un chant dans lequel il est question de la reconstruction du monde et du morne cœur de l'hiver. Nous nous intéressons maintenant à ce que j'appelle l'hiver réparateur : l'invention de Noël – de la fête de Noël – et les usages qu'on en fait à l'ère moderne. Congé éclectique, fourre-tout, qui n'en demeure pas moins notre principal rituel d'hiver, le mystère central, le rite au cœur de nos célébrations de fin d'année. Son règne spirituel s'étend du vrai Nord jusqu'au Sud étrange, où faux glaçons, neige en plastique, sapins en fibre de verre et faux feux de foyer confirment la fascination qu'il exerce.

Dès le début, Noël est un congé composite. Le 25 décembre, Noël, est, depuis toujours, notre congé d'hiver. Il est à parier qu'il en était ainsi avant même l'existence d'un Christ pour qui on devait dire une messe. Depuis qu'on a observé le retrait du soleil, on célèbre le solstice d'hiver à la mi-décembre pour apaiser le dieu Soleil et assurer le retour du printemps. Depuis que l'hiver existe, on organise des célébrations pour souligner son apogée : le moment le plus froid, la journée la plus courte de l'année. Et cette fête est presque toujours marquée par une surabondance de lumière. La lumière s'éteint dans le ciel, et nous en allumons une ici-bas. (Hanoukka, bien que les juifs modernes en aient fait une fête qui concurrence le Noël moderne dans le cœur de leurs enfants, est en réalité une célébration de la lumière encore plus ancienne.)

S'il est une chose dont nous pouvons affirmer avec certitude que nous ne la fêtons pas à l'occasion de Noël, c'est bien la naissance de Jésus de Nazareth. Pas, du moins, son vrai anniversaire : certains (pour de complexes motifs liés à la datation dans l'Évangile de Marc) sont d'avis que Jésus serait né quelque part en septembre, et nous savons que, au IVe siècle, l'Église catholique – ou peut-être l'évêque romain Libère – a plus ou moins arbitrairement décidé que la naissance du Christ serait célébrée le 25 décembre. (C'est une histoire très compliquée dans la mesure où, jusque-là, on célébrait cette naissance le 6 janvier – la fête des Rois, l'Épiphanie, le jour où Jésus a été baptisé. Pour ajouter à la confusion, on a changé de calendrier au beau milieu de l'histoire : la fête que nous célébrons le 25 décembre tombe en réalité, selon l'ancien calendrier julien... le 6 janvier.)

Si Hanoukka, fête juive de la lumière, se profile en toile de fond, deux fêtes romaines du solstice plus anciennes, elles aussi célébrées fin décembre, ont joué un rôle beaucoup plus déterminant dans la création du Noël moderne : les saturnales, les fêtes de Saturne qui avaient lieu chaque année à la mi-décembre, et les calendes (comme dans calendrier), ou premier jour de janvier, qui venaient tout de suite après. L'emploi que nous faisons de nos jours du mot « saturnales » renvoie encore à son sens original. Les saturnales sont des fêtes excessives, marquées par le renversement provisoire de l'ordre social. Au départ, les esclaves devenaient les maîtres d'un jour, les adultes devaient obéir aux enfants, on couronnait un prince du désordre et les règles habituelles étaient non seulement suspendues, mais carrément inversées. Saturne, patriarche des saturnales, est au cœur des célébrations, et il n'a rien à voir avec Jupiter. C'est le père de Jupiter, le pendant romain de Kronos dans la mythologie grecque – un vieillard à la fertilité si débordante que, banni de la civilisation, il n'était autorisé à réintégrer les cercles de la vie normale qu'une fois par année. Dans l'ensemble de la mythologie, c'est une figure familière, une sorte de grand-père extraterrestre incarnant la fertilité. Dans la Terre du Milieu créée par Tolkien, son pendant a pour nom Tom Bombadil. Nul besoin d'être jungien pour conclure à l'existence d'un lien direct entre Saturne et Santa, le père Noël des anglophones, vieillard à la barbe blanche qu'on accueille chez soi une fois par année et qui, à chaque occasion, met le monde sens dessus dessous.

Après les saturnales viennent les calendes, début janvier. Tout indique que ces fêtes étaient semblables aux saturnales, en moins survoltées et en moins festives, avec une dimension plus domestique et sereine – on y célébrait la lumière, la verdure et les offrandes. Les deux fêtes ont été récupérées par les premiers chrétiens, qui ont intégré leur mythologie et leur symbolisme : allumer des chandelles, offrir des cadeaux, disposer le houx et le lierre. Dans son ouvrage classique, *Le rameau d'or,* J.G. Frazer, anthropologue du XIXᵉ siècle, observe même dans ces rituels des vestiges du sacrifice humain païen – reconstituer, réensemencer les champs au paroxysme de l'hiver.

Le Noël chrétien emprunte aussi à quelques fêtes nordiques. Yule, fête du nord de l'Europe, a lieu au même moment de l'année. Traditionnellement, on brûle une bûche, on enflamme un buisson et on allume des lumières pour éclairer la période la plus sombre de l'année. Depuis le début, les chrétiens ont récupéré les fêtes païennes pour les intégrer dans leurs rituels. (En 245, le polémiste chrétien Origène reproche à ses contemporains de célébrer les anniversaires en affirmant que les rois païens sont les seuls « pécheurs » à le faire ! Peu après, on a jugé l'idée très bonne, la meilleure stratégie consistant à battre ses adversaires sur leur propre terrain.) Noël est donc, depuis le début, une fête composite, que les autorités interprétaient comme telle : une fête religieuse, un palimpseste de fêtes païennes antérieures.

Toutes les confessions sont composites, et le syncrétisme est la seule vraie religion du monde – à leur insu, les sectes fondamentalistes tendent à être les plus syncrétiques de toutes. Suivant la même logique, il est ridicule de soutenir que la fête de

Noël est entièrement païenne ou qu'elle ne l'est pas du tout. Cependant, on comprend mieux la persistance de Noël en admettant qu'il s'agit d'une fête qui concilie non seulement de nombreuses célébrations païennes, mais aussi les deux principaux types de fêtes qu'on retrouve dans le monde : celles du renversement et celles du renouveau. Nos fêtes célèbrent le plus souvent le retournement du monde, le renversement des attentes habituelles, ou encore la table ouverte à tous, le renouvellement de l'ordre établi. L'Halloween est le meilleur exemple d'une fête du renversement moderne : des comportements réprouvés durant le reste de l'année – frapper à la porte d'inconnus, le visage masqué, pour réclamer des bonbons – sont non seulement tolérés, mais encouragés. L'Action de grâce et le jour de l'Indépendance aux États-Unis sont des exemples parfaits de fêtes du renouveau. En principe, vous devriez avoir la forte impression d'assister à la renaissance de votre esprit de solidarité. Les fêtes du renouveau ont pour but de montrer que les assises sociales de la collectivité sont solides ; les fêtes du renversement confirment qu'il est sain de renverser l'ordre établi, le temps d'une nuit d'évasion. La fête du renouveau vise à renforcer l'illusion de l'appartenance à la collectivité, là où elle fait peut-être défaut (autour de la table de l'Action de grâce, par exemple) ; la fête du renversement sert plutôt à donner l'illusion du pouvoir à ceux qui n'en ont pas (les enfants autorisés à se déguiser en monstres à l'Halloween et les adultes libres de s'enivrer et de jouer les libertins raffinés pendant le réveillon du jour de l'An). Nous célébrons la collectivité et nous voulons la renouveler ; nous savons que la continuité fait des mécontents et nous tenons à la renverser.

Noël a ceci de particulier que ses origines païennes résident dans des fêtes du renversement, les saturnales et les calendes, par exemple ; bien que Noël soit aujourd'hui laïcisé, cette dimension persiste dans certains comportements que nous affichons seulement une fois par année : acheter trop de cadeaux, nous déguiser en père Noël, aimer nos frères et sœurs. Et pourtant, c'est aussi une fête du renouveau, une fête qui restaure, réitère et souligne à gros traits l'ordre établi. S'il est évident que la plupart de ses rites découlent des saturnales et des calendes païennes ou, à tout le moins, y font référence (allumer des chandelles, se coucher tard, échanger des cadeaux, tout ce qu'on ne fait qu'une fois l'an), Noël est centré également sur l'imagerie de la mère et de l'enfant, l'idée du rite essentiel du renouveau par la fertilité, tout ce qui s'inscrit dans la continuité. Ce n'est pas l'apanage de la chrétienté – on observe l'image de la Madone et de l'Enfant, de Marie et de Jésus, dans l'art égyptien, où figure le couple divin mère-enfant formé par Isis et Horus –, mais Noël est davantage marqué, plus en tout cas que toute autre fête que je connaisse, par la tension entre le renouveau et le renversement, entre les deux principaux types de fêtes humaines, et cette tension détermine sa forme, son caractère et sa résilience tout au long de l'histoire. Noël nous rend fous parce qu'il exige de nous que nous soyons, au cours d'une même journée, à la fois pareils et complètement différents. Pas étonnant que ce soit le plus beau jour de l'année – et aussi, pour beaucoup de gens, le pire.

L'un des aspects les plus frappants de cette fête hivernale moderne qu'est notre Noël, c'est que son origine et sa perspective sont plus protestantes et septentrionales que catholiques et méridionales. Le phénomène s'explique en partie par le fait que le solstice est nettement plus sensible dans les pays et les climats nordiques, où l'hiver est plus réel et plus menaçant – où le 21 et le 25 décembre marquent un véritable changement dans le calendrier, dans le climat et dans l'humeur du monde –, mais il ne faut pas oublier non plus que le calendrier de l'Église catholique, comme celui de l'Église ortho-doxe, est extrêmement chargé. On compte quelque chose comme soixante-dix fêtes de saints dans le calendrier catholique, déjà rempli de congés, de célébrations et d'observances en tous genres. Bien que ceux d'entre nous qui ont hérité d'un frag-ment du calendrier protestant s'imaginent qu'il comporte de nombreuses fêtes, cette impression n'est pas conforme à la réalité ; et comme il y en a moins, chacune compte davantage. (Les Nord-Américains se plaisent à se considérer comme des êtres particulièrement festifs, même si, dans les faits, nous avons relativement peu de jours fériés, du moins par rapport aux Européens. Quiconque a habité en France et vécu une succession de longs week-ends sait que les Nord-Américains, s'ils vouent un culte à l'été, avec ses traditions et ses chants particuliers, n'ont en général que dix jours de congé par année.)

Ce n'est donc pas un hasard si l'évolution et la saveur de notre Noël moderne sont pour une large part nordiques et protestantes. La dimension tragique de Noël serait presque insupportable si nous la prenions au sérieux : le bébé condamné à être torturé à mort, en public, afin de nous sauver *in potentia* dans un avenir indéterminé. Cette dimension tragique, bien perceptible dans les messes de la Nativité de Bach, dans les arias où la Mère presse le Bébé contre son sein, déjoue nos attentes. Et pourtant, Noël a un ennemi nordique et protestant : le puritain. La mythologie du Noël moderne repose en partie sur l'idée que les puritains ont autrefois banni Noël et que nous nous efforçons de le récupérer. Ce n'est pas tout à fait faux. Au XVIIe siècle, le Parlement puritain de Londres a en effet (brièvement) interdit Noël. Et on trouve dans les Mémoires du gouverneur américain puritain William Bradford un passage célèbre dans lequel il dit avoir tenté, sans succès, de bannir Noël de l'ancienne colonie de Plymouth. Il avait déclaré que tout le monde devait travailler à Noël – *les gens comme nous ne célèbrent pas cette fête papiste !* –, mais, en rentrant à midi, les enfants puritains étaient sortis dans les rues pour célébrer, en présence de la plupart de leurs parents. Bradford écrit (en parlant de lui à la troisième personne) : « Il fonça vers eux et leur confisqua leurs objets et leur dit qu'il ne pouvait, en conscience, accepter qu'ils jouent pendant que d'autres travaillent. Si le respect de cette tradition était pour eux une affaire de dévotion, qu'ils s'y adonnent à l'intérieur. Il ne saurait y avoir de jeux et de réjouissances dans les rues. Depuis, on n'a plus fait de tentatives en ce sens, du moins ouvertement. »

Dans l'ensemble, toutefois, la répression puritaine a été sporadique et essentiellement infructueuse. Le mythe qui l'entoure est plus important que sa réalité. Le plus bizarre, c'est que cette période d'hostilité envers Noël est aussi celle qui voit émerger les plus beaux et les plus élégants poèmes consacrés à cette fête. Dans la poésie de la Nativité de Richard Crashaw, d'Henry Vaughan, de George Herbert et de Robert Herrick – chrétiens d'obédiences diverses du xviie siècle –, le dialogue constant entre pôles opposés illustre la rencontre du renversement et du renouveau, le paradoxe fondamental présenté par la théologie : Dieu, créateur omniscient et omnipotent, s'incarne dans un minuscule bébé vagissant. Ce paradoxe inspire à Crashaw des vers d'une grande beauté :

Pauvre monde, dis-je, que comptes-tu faire
Pour accueillir l'inconnu né sous une étoile féconde ?
N'as-tu rien de mieux à offrir que la vulgaire
Mangeoire d'une étable froide et immonde ?
Que se lient terre et cieux dans leur puissance
Et créent un lit digne de l'insigne naissance.

Fier monde, dis-je, renonce au déni,
Et laisse en paix le bébé tout-puissant,
Seul le phénix du phénix bâtit le nid,
L'architecture de l'amour de Lui dépend.
Le bébé, dont la naissance enhardit la matinée,
Fait Son lit à l'endroit où Il est né.

Si les poètes métaphysiques du xviie siècle britannique ont été les plus éloquents à propos de Noël, c'est qu'aucune autre saison, aucune autre occasion ne satisfaisait mieux leur appétit de sublime et de paradoxe. Un tout petit bébé... Un événement cosmique qui redéfinit l'histoire... Un tout petit bébé vagissant dans une mangeoire – une mangeoire pour le souverain omnipotent et omniscient de l'Univers ! S'il a été une période sombre pour les fêtes de Noël, le XVIIe siècle a marqué l'apogée de la célébration artistique. Pour une fois, fidélité et passion religieuses authentiques se marient harmonieusement au raffinement du goût et à l'élégance scientifique.

Les poètes métaphysiques créent la grammaire profonde de la célébration au moyen d'une série d'antithèses : une fête du renouveau qui est aussi une fête du renversement, une fête centrée sur les enfants qui, en réalité, concerne le cosmos, et une fête hivernale de la lumière marquée par la présence des ténèbres : un inconnu étincelant dans un lit glacé. Sur un fond païen et classique plus vaste et plus ancien, les modernes héritent de ce franc émerveillement devant les oppositions de la saison.

Ici, cependant, nous nous intéressons moins à l'histoire de Noël qu'à son expression moderne – la période romantique au cours de laquelle les paysages enneigés et les glaciers nordiques trouvent leurs formes véritables, alors que le voyageur qui fait route vers le pôle, emmailloté dans des fourrures, devient une sorte de moine extatique de la nature. C'est notre époque. Et il s'agit d'abord et avant tout d'une fête moderne, singularisée et laïcisée – ou, si vous préférez, rendue à ses vérités païennes plus anciennes – par la volonté de quelques hommes et femmes modernes.

Tout le monde sait ou croit savoir que c'est à l'époque victorienne, en Angleterre, que notre fête hivernale moderne – celle dont le sens se perpétue encore aujourd'hui – a été créée. C'est l'époque que les historiens appellent la «première révolution industrielle»: les ouvriers agricoles ont dû quitter la campagne pour la ville et les enfants s'engager dans des mines et des usines, d'où une diminution généralisée du niveau de vie – et l'apparition de la première paupérisation urbaine de masse.

Cette immense pauvreté urbaine a entraîné, dans les années 1830 et 1840, une série d'interventions d'urgence et de demandes de réforme, ainsi que l'émergence de programmes politiques qui existent encore aujourd'hui: la réforme libérale de John Stuart Mill, qui réclamait plus de liberté personnelle et économique, ainsi que la réponse radicale de Karl Marx et de Friedrich Engels, qui prônaient la révolution et la fin de l'oppression. Sans oublier des réponses conservatrices préconisant, souvent de façon idiosyncratique, la restauration et le renouvellement de l'ordre ancien incarné par le pouvoir aristocratique paternaliste. En 1843, l'historien et oracle écossais Thomas Carlyle a écrit *Passé et présent,* ouvrage dans lequel il dénonce la pauvreté et réclame un retour à l'autorité des leaders héroïques romantiques. Ces réponses parmi cent autres ont fusé avec un sentiment d'urgence tel que la période fait penser bien plus à l'Amérique du Sud contemporaine qu'à l'Europe: la question sociale semblait alors grave au point d'être insoluble.

Les penseurs proposaient des moyens d'appréhender des problèmes inédits et d'instaurer les réformes nécessaires, mais ils recherchaient aussi de nouvelles façons de les symboliser. *Que se passe-t-il?* Ces temps nouveaux exigeaient des fables nouvelles.

Et les fables nouvelles exigent le plus souvent de vieilles occasions. Noël, fête ancienne réinventée, est devenu la principale fête en litige. Et le véritable auteur de ce Noël moderne, selon la mémoire et les livres populaires, a été Charles Dickens, grand réformateur et fabulateur éclectique. On affirme parfois, à tort, que *Cantique de Noël* marque l'avènement d'un nouveau Noël idéal. En réalité, c'est Thomas K. Hervey, auteur aujourd'hui oublié, et dont le livre intitulé *The Book of Christmas* a été publié en 1837, qui est le véritable père du Noël moderne, à supposer que la paternité de la fête puisse être déterminée. Hervey évoque les diverses façons de célébrer cette fête depuis les temps médiévaux. Pour lui, le mythe de l'annulation de Noël est extrêmement important. Il est persuadé qu'il fut un temps où on célébrait Noël dans les règles. Par la suite, on l'avait pour ainsi dire anéanti, et les modernes s'emploient depuis à le renouveler, et non à l'inventer. Bien que le mythe de la redécouverte entretienne un lien très ténu et seulement partiel avec la vérité historique, il a joué un rôle capital dans la réintroduction de Noël en tant que fête au XIXe siècle. «En Angleterre, il existe depuis toujours une autre Angleterre plus ancienne [...] dont la nostalgie se fait sentir chez Chaucer et dans toute l'œuvre de Shakespeare. Camelot est la grande légende anglaise», a un jour fait remarquer Orson

146

Welles, avec perspicacité. À l'époque victorienne, Camelot est Noël. L'idée anglaise d'un passé festif perdu et supérieur au présent, toute mythique soit-elle, colore une saison tout entière. Pour les victoriens, ce que nous appelons le « Noël victorien » était en fait un retour au Noël médiéval. L'idée d'un Noël renouvelé ou ravivé était déjà présente dans les années 1830, dans des écrits semi-historiques comme celui d'Hervey, certes, mais la joie du Noël laïque se fait sentir dans toute l'œuvre de Charles Dickens. On l'observe dans son tout premier livre, *Esquisses de Boz* (1836 en version originale), qui renferme la description d'un merveilleux repas de Noël. Et dans *Les papiers posthumes du Pickwick Club,* son premier roman, Dickens dépeint l'idéal hivernal et pastoral de Dingley Dell, où on célèbre Noël en faisant du patin sur glace, en s'offrant un festin et, de façon générale, en s'amusant.

Il est toutefois vrai que c'est dans *Cantique de Noël* (1843 en version originale) que Dickens confère une forme durable à ses instincts et à ses croyances concernant Noël. *Cantique de Noël* est l'une des plus grandes allégories jamais écrites de la relation complexe entre le capitalisme et la charité – *caritas,* au sens chrétien de l'amour universel –, son sujet par ailleurs inséparable de l'émergence même du texte. En 1843-1844, Dickens écrit et publie en feuilleton *Martin Chuzzlewit,* son roman le plus ambitieux et, à maints égards, son plus intéressant jusque-là. L'ouvrage devient aussi son premier échec. Dickens a déjà publié *Les papiers posthumes du Pickwick Club, Oliver Twist, Nicholas*

Nickleby et *Le magasin d'antiquités,* autant de francs succès, mais les ventes de *Martin Chuzzlewit,* y compris les ventes hebdomadaires en feuilleton, tombent en chute libre, *zoum*! S'inspirant de ses voyages aux États-Unis, l'auteur tente de sauver *Martin Chuzzlewit* en faisant vivre au personnage des aventures américaines – ou plutôt anti-américaines –, mais le public ne le suit pas. Dickens a donc l'impression d'être acculé au pied du mur. Il vit la panique bien connue des jeunes gens qui ont connu trop de succès à un âge trop tendre: la déchéance le guette, ce seul échec effacera toutes ses réussites antérieures. Il est le Justin Bieber du roman et il en perd brusquement ses cheveux. Que faire? Lui vient alors d'idée d'écrire une histoire de Noël.

Il songe à écrire, certes, mais aussi à devenir un entrepreneur de Noël. Après des manœuvres compliquées visant à se débarrasser de Chapman & Hall, ses éditeurs depuis *Pickwick,* il entreprend de financer lui-même, et pour lui-même, la publication de *Cantique de Noël,* croyant ainsi se tirer de ses embarras financiers. (Initiative classique et condamnée du créateur aux abois – Francis Ford Coppola lançant son studio de cinéma, Mark Twain créant sa maison d'édition. Bref, c'est le genre d'initiative qui, tout en séduisant les artistes énergiques en perte de vitesse, est vouée à l'échec.)

Dickens se met donc à écrire *Cantique de Noël,* non seulement parce qu'il a une histoire de renouveau et de réforme à raconter, mais aussi parce qu'il y voit une façon de concilier son esprit d'entreprise et son altruisme: regarnir ses coffres tout en sauvant l'âme de ses lecteurs. *Cantique de Noël* connaît un vif succès, mais, pour de complexes raisons – qui ont notamment à voir avec le fait que Dickens publie sans regarder à la dépense –, les recettes ne sont pas à la hauteur de ses attentes.

Nous connaissons si bien *Cantique de Noël,* c'est un récit qui nous est si familier, une fable si importante pour la modernité, que nous ne prenons sans doute jamais le temps de réfléchir à sa structure et aux vues politiques étranges qui soustendent le texte. La trame narrative est archiconnue : Scrooge, prototype du *self-made-man,* de l'avare méchant, cupide et obsédé par l'argent, bref du parfait marchand capitaliste, croit au libre marché dans sa forme la plus brutale et la plus rapace. Il n'est pas réactionnaire : il est du côté des réformateurs du libre marché. Souvenez-vous des deux messieurs charitables qui viennent le voir au début du livre et lui disent que c'est le moment de l'année où les pauvres ont besoin de provisions particulières. Scrooge, pour se moquer d'eux, demande : il n'y a donc plus d'hospices, plus de prisons ? Eh bien, ces hospices et ces prisons symbolisaient une réforme, une sorte de réforme utilitaire et impitoyable visant à remédier au problème de la pauvreté de masse engendrée par la révolution industrielle. (L'un des aspects les plus attachants de Scrooge est qu'il fait preuve d'esprit et d'intelligence tout au long du livre. Il n'a rien d'un imbécile : il est juste mesquin. Les personnages de Dickens ne sont jamais en déficit d'intelligence, et ses méchants sont toujours plutôt futés.)

À quoi Dickens veut-il en venir ? Noël est la saison de la charité, de la compassion et de la camaraderie et, à cause du capitalisme, Scrooge est pour ainsi dire mort aux trois. Et c'est par l'intermédiaire des trois esprits guérisseurs correspondants – l'esprit de Noël passé, l'esprit de Noël présent et l'esprit de l'avenir – qu'il est ramené à la vie. Ces trois spectres lui rappellent moins ses responsabilités abstraites envers les autres que le fait qu'il a un jour été un homme parmi les hommes (et un garçon parmi les garçons) –, qu'il a autrefois fait partie d'un cercle de vie commune et que, à cette époque, il était heureux. Il assure son salut en renouant avec les sentiments de sa jeunesse.

Le mal dont souffre Scrooge n'est pas seulement l'indifférence envers les pauvres ; son problème, c'est qu'il est atteint d'amnésie, qu'il a oublié sa propre histoire. En lui rendant la mémoire, les trois esprits restaurent sa vertu. À propos de Noël, l'essentiel du message de Dickens se résume ainsi : pour guérir, le capitaliste doit non seulement prendre acte des maux du système, mais aussi se rappeler qu'il existe une humanité plus vaste en marge du monde étroit de la finance. Scrooge s'endort et se réveille dans un monde de responsabilités, où il participe au « voyage commun » en compagnie de ses semblables. Être en relation avec les autres nous rend naturellement charitables ; le capitaliste, plus que quiconque, sent l'aliénation du capitalisme.

La courbe du récit est ainsi simple, purificatrice, réformatrice, mais aussi inhabituelle. Dickens ne dit pas que le matérialisme lucratif est vide par rapport à la vie spirituelle. Il laisse plutôt entendre que la vie spirituelle doit être l'éperon et la consolation du matérialisme lucratif et que le matérialisme lucratif doit en contrepartie être l'éperon de la vie spirituelle, dans une spirale vertueuse sans fin. Après tout, le lendemain matin, Scrooge ne propose pas un réconfort spirituel à la famille Cratchit : il lui offre une grosse dinde. Participer à la vie matérielle n'a de sens que si l'abondance nous inspire des gestes altruistes.

La fable de Noël imaginée par Dickens est complètement laïque ; on trouve, perdue au milieu du livre, une seule référence indirecte à Jésus. (Cette laïcisation est si totale que le protégé de Dickens, celui qui a succédé au maître des contes de Noël, le romancier Benjamin Farjeon, juif de naissance, a créé pour son grand récit de Noël la famille Silver, dont les fillettes s'appellent Ruth et Rachel.) Le roman est toutefois profondément réformiste. Dans son ouvrage par ailleurs admirable intitulé *Christmas in America,* Penne L. Restad soutient que *Cantique de Noël* « souligne les qualités conservatrices, patriarcales et individualistes » de la philosophie de Dickens. Or rien n'est plus faux : la dernière chose que souhaitait Dickens, c'était la société conservatrice et patriarcale familière. Il faut éliminer le mal général pour que Scrooge voie la vérité spécifique. Le changement est l'objectif recherché par Noël.

Cependant, Dickens était bel et bien un individualiste. Il était convaincu que le bien s'impose dans un cœur humain à la fois, de façon spontanée et non par l'effet d'idées vertueuses abstraites comme celles des réformateurs utilitaristes, qui ont présidé à la création des hospices. Acheter une dinde particulière pour une famille particulière ne marque pas la fin des bonnes actions ou des obligations de Scrooge; il s'agit du nécessaire début.

Sur tous ces plans, *Cantique de Noël* pourrait être considéré comme un document idéal à l'appui des grands mouvements de réforme libérale de l'époque. Logiquement, John Stuart Mill, contemporain et ami par intermittence de Dickens, aurait dû y voir la fable idéale. Tout indique qu'on retrouve dans le conte la vision de Mill – une vision articulée autour d'une réforme progressive, parfois radicale, mais inscrite dans le cadre du capitalisme tel qu'on le concevait déjà, une vision qui entretisse la foi dans le libre marché et la foi dans la liberté humaine. Pour Mill comme pour le Scrooge réformé, émancipation et entreprise vont de pair.

Mais Mill et ses disciples n'apprécient absolument pas le phénomène – car c'en est un – que représente *Cantique de Noël*. En gros, la seule critique négative parue à l'époque a vu le jour dans la revue de Mill, *The Westminster Review*. L'auteur de la recension affirme – avec le recul, détail amusant, on dirait un passage de Dickens dans son attaque encore à venir contre l'utilitarisme, *Les temps difficiles* – que la vraie question est celle-ci: quelle brave famille a été privée de la dinde offerte aux Cratchit par Scrooge? Il y a un nombre limité de dindes dans le monde, et si des types comme Scrooge se mettent à les distribuer au petit bonheur, on assistera à l'effondrement de la structure du libre marché, en vertu duquel ceux qui ont trimé dur pendant toute l'année peuvent s'offrir une dinde comme juste récompense de leurs efforts – logique compromise lorsque, en vertu de gestes imprévisibles de *noblesse oblige**, on offre une volaille à ceux qui ne la méritent pas. Or loin d'offrir une lecture réactionnaire de *Cantique de Noël*, l'article de *The Westminster Review* propose une critique radicale émanant du cercle de Mill et affirmant que le conte opère un retour à l'ordre féodal : on y mise sur des actes charitables individuels pour sauver les gens et non sur un accroissement de la prospérité au sein d'une société libérale. Obtenir une dinde « gratuite » de la part du patron vous condamne à rester à jamais parmi les serfs.

Tout au long de sa vie, Mill a eu une attitude ambivalente envers Dickens, qu'il trouvait personnellement sympathique, mais peu fiable sur le plan politique, solide sur la question de la pauvreté, mais très mauvais sur celle du suffrage féminin, par exemple. Le prophète victorien qui a accueilli *Cantique de Noël* à bras ouverts l'a adoré et y a vu l'incarnation de tous ses rêves de salut social, c'est Thomas Carlyle, le grand intellectuel *réactionnaire* de l'époque. Dans son ouvrage intitulé *Passé et présent*, Carlyle dénonce l'horrible pauvreté des débuts de la révolution industrielle et en appelle à une forme de rejet radical, mais assez mal défini, de l'ordre établi, en particulier le libre marché. Après avoir lu *Cantique de Noël*, signale sa redoutable épouse, Jane Welsh Carlyle, l'écrivain, pour la première fois de sa vie, « fut pris d'une parfaite frénésie d'hospitalité et insista pour qu'on improvise deux réceptions à un seul jour d'intervalle». Par tempérament, Carlyle était plutôt une sorte de Scrooge grincheux. En ce sens, il témoigne éloquemment du pouvoir transformateur que possède l'imagination de Dickens. Sans la révélation dickensienne (et peut-être même malgré elle), le réveillon de Noël des Carlyle était sans doute assez lugubre.

Qu'est-ce qui a plu à Carlyle dans *Cantique de Noël*? C'est l'idée qu'un homme d'affaires ne peut être transformé qu'à la faveur d'un cauchemar, d'une révélation, d'une métamorphose totale survenue en une seule nuit. Il doit être guéri – comme nous tous – non pas par l'éducation et le perfectionnement, mais bien par la vision et la rhapsodie. Le terme manquant entre *entreprise* et *émancipation de soi* est «révélation». Mill et son cercle se méfient de la charité de Scrooge parce qu'elle est impulsive. Or c'est ce qui plaît à Carlyle – le sentiment que le monde tout entier doit être mis sens dessus dessous. Pour que Noël ait un sens, on doit soumettre la conscience de l'homme à une transformation radicale.

Pour Carlyle comme pour Dickens, les réformes associées au libéralisme – graduelles, progressives, évolutionnaires, empiriques – sont impuissantes à guérir Scrooge de ses maux. L'homme a besoin d'une révélation brutale et non d'un projet de loi réformiste. Il est vrai que, dans *Passé et présent,* Carlyle fonde son argumentation sur l'injustice et sur l'interrelation. Nous sommes tous dans le même bateau; en négligeant les pauvres, nous nuisons à notre propre bien-être. C'est une question qui concerne la prudence, mais aussi la psychologie : un cas de fièvre typhoïde qui se déclare dans un quartier pauvre risque d'entraîner la contamination de tout le West End. Et précisément parce que les problèmes sont liés entre eux, les réformes graduelles ont une portée insuffisante.

L'espoir de salut social du Carlyle de *Passé et présent* est si absolu et si apocalyptique qu'il donne froid dans le dos. Ayant vécu les apocalypses qu'a contribué à créer Carlyle – qui était, il faut bien le dire, l'historien préféré d'Hitler –, nous sommes encore plus méfiants. L'impatience envers le quotidien, le désir de changement total, la volonté de façonner un homme nouveau voué corps et âme à l'intérêt supérieur de la nation... Après avoir vu ces rêves utopiques mis en œuvre avec trop de zèle dans la Russie stalinienne et l'Allemagne nazie, sous la révolution culturelle et les Khmers rouges, nous craignons leur créateur. Nous savons trop bien ce qui arrive lorsqu'on abandonne les compromis sordides de la démocratie de masse pour recommencer à neuf dans une optique de vertu et d'unité absolues. L'an zéro est la plus mauvaise des années, et non la première d'une ère nouvelle.

Malgré les doutes que nous inspire l'absolutisme romantique de Carlyle, la vision de celui-ci est au cœur de la parabole de la Nativité imaginée par Dickens. « C'est l'humanité qui était mon affaire[1] », lance Marley, fidèle à l'impulsion

---

1. Charles Dickens, « Cantique de Noël », dans *Contes de Noël*, traduit de l'anglais par Mlle de Saint-Romain, André de Goy, Amédée Pichot et Amédée Chaillot, Paris, Hachette, 2018.

prophétique de Carlyle, qui habite aussi Dickens. Dans la fable de Dickens, on note cependant une ambivalence plus fine. Scrooge est à la fois refait en entier et à peine sorti de son rêve : il regagne sa vie d'avant dans la peau d'un homme meilleur, mais il sait une chose que la mécanique du récit ne permet pas d'annoncer : il existe un autre monde au-delà du monde matériel. Émerger d'un rêve et renaître ne sont pas synonymes, tant s'en faut. Au sortir d'un rêve, l'homme ou l'enfant, même s'il a changé, renoue sans mal avec sa vie : Alice revient dans le pré ou dans le salon réchauffé par le foyer. L'homme vraiment rené devient... un autre homme. Scrooge devient-il un meilleur Scrooge ou un autre Scrooge ? Est-il un meilleur matérialiste ou n'est-il plus matérialiste du tout ? Tous les indices laissent croire qu'on a affaire à un Scrooge amélioré : le magasin Scrooge et Marley reste ouvert, mais avec un supplément de cœur et d'âme, et Scrooge, doré-navant, sait comment fêter Noël. Mais il est peut-être aussi tout autre : un homme transformé qui renonce à son ancienne vie, un chrétien qui balance tout le reste – un converti, en un sens. Scrooge se réveille-t-il dans la peau d'un capitaliste réconcilié avec lui-même ou dans celle d'un crypto-révolutionnaire ? Dickens ne tranche pas la question et nous restons dans l'incertitude.

Selon Dickens, Noël – à condition qu'on comprenne bien l'esprit qui le sous-tend – nous offre chaque année une sorte d'infime moment révolu-tionnaire, où tout peut être refait, nos espoirs comme nos cœurs. *Cantique de Noël* est un livre rassurant. Pourtant, il doit la tension qui l'habite à une révélation capitale : seule la vie spirituelle peut nous sauver, et la société a moins besoin d'être améliorée que refaite de fond en comble. D'où la force du livre, au moment de sa parution et encore aujourd'hui. Tout au long de sa vie adulte, Dickens a oscillé entre, d'une part, une grande foi dans les réformes, la réparation et les changements à la pièce et, d'autre part, une pulsion – romantique et assez mal définie – de radicalisme semi-religieux généralisé. (C'est d'ailleurs parce que cette impression est floue que Mill s'en méfie ; si la constance est le lutin des esprits bornés, elle est l'archange des philosophes politiques.)

Aussi complexes (ou confuses) que soient les idées de Dickens sur la réforme, il n'a jamais cru que la solution de rechange à l'ambivalence de Noël était l'autorité. En lisant les récits de Noël subséquents du romancier, Carlyle semble avoir été consterné de constater que Dickens n'était jamais allé au-delà de ses vues « sentimentales ». Il a ainsi déclaré que Dickens « croyait que les hommes devaient être dorlotés, que le monde devrait être pour eux doux et accueillant, que toutes sortes de personnes avaient droit à une dinde pour leur repas de Noël. Il aurait volontiers renoncé à leur donner des ordres, à les contrôler et à les punir pour les pousser à faire le bien en les amadouant, en les cajolant et en les trompant ». Carlyle a raison. Dickens était effectivement d'avis que, du point de vue moral et politique, il valait mieux amadouer et réconforter les gens que leur donner des ordres et les contrôler. Carlyle ne comprend pas qu'on puisse croire au renversement de l'ordre capitaliste sans envisager l'autorité héroïque absolutiste appelée à le remplacer. Si Noël plaît tant à Dickens, c'est justement parce qu'il s'agit d'une fête du renversement doublée d'une fête du renouveau. Il se réjouit de la contradiction au lieu de tenter de la résoudre, et cette attitude dépasse l'entendement de Carlyle, mais aussi celui des critiques modernes, selon lesquels le Noël de Dickens est purement sentimental. Si toutes sortes de personnes avaient droit à une dinde à Noël, croyait Dickens, on n'aurait pas besoin de les contrôler ni de les punir. Dorlotés, les hommes deviennent meilleurs. Cette idée est au cœur de sa vision du monde.

En ce sens, le Noël dickensien, loin d'être une construction sentimentale mineure ou une simple manifestation de suffisance bourgeoise, est un festival complexe et ambigu qui mise, pour ainsi dire d'instinct, sur la tension entre le renouveau et le renversement inscrite au cœur de la célébration. Il s'agit à la fois d'une fête du renversement rêvé, au cours de laquelle Tiny Tim et la multitude des affligés sortent des coulisses et sont placés au centre de la conscience de Scrooge, et d'une fête du renouveau qui réaffirme l'ordre familial. (N'oubliez pas que les Cratchit forment une famille très heureuse. Ils souffrent extérieurement, mais pas intérieurement, et ne se considèrent ni comme des opprimés ni comme des misérables.) Ainsi, la plus familière de toutes les fables modernes de réparation est double sur le plan moral et porteuse d'un double message : réforme... et renaissance ! Que Noël soit le moment de faire le point ; que Noël soit un moment de réjouissances. Qu'on soit dorloté et qu'on devienne meilleur. Les deux à la fois, et que Dieu nous bénisse, qu'Il bénisse tout le monde. Les visions survenues à minuit sont le meilleur allié du réformateur du matin, et Dickens le savait. Loin de lui les rêves politiques avortés d'un fabulateur victorien ; il affiche plutôt les opinions politiques concrètes et fructueuses de l'imagination libérale au pouvoir – quand elle s'accorde la liberté et le pouvoir d'imaginer.

Pour se convaincre des qualités uniques de l'imagination de Dickens, de sa force, on n'a qu'à comparer ses récits de Noël à ceux de son plus grand contemporain, Anthony Trollope – oui, Trollope a écrit de telles histoires, lui aussi. Chez Trollope, le dispositif dickensien est parodié et traité de façon sardonique. La veille de Noël, une femme qui séjourne dans un hôtel parisien est brusquement visitée par l'esprit de Noël dickensien ; elle se lève en pleine nuit pour préparer un cataplasme à la farine de moutarde pour son mari souffrant, mais le texte bascule dans la farce : elle se trompe de chambre et applique le sinapisme sur la gorge endormie d'un célibataire pour le moins étonné. Il faut se méfier des élans altruistes nocturnes, même à Noël, laisse entendre Trollope, en homme raisonnable. Dans les récits de Benjamin Farjeon, disciple de Dickens, ceux qui mettent en scène une famille manifestement juive au cœur d'une fête entièrement laïcisée, l'empathie envers le pauvre est encore plus grande que chez Dickens, mais les envolées fantaisistes ont été remplacées par le pur mélodrame : des misérables meurent dans le froid cinglant de décembre. (Les tragédies de Farjeon ont au moins le mérite de nous rappeler que l'hiver reste au centre de la politique de Noël. Il fait froid dehors.)

La fête hivernale qui émerge dans les fables britanniques à partir des années 1840 n'est donc pas uniquement « laïcisée » – une fête sacrée changée en manifestation commerciale. Elle comporte à sa façon une dimension sacrée, soit l'idée de la transformation politique induite par la solidarité familiale. Au cours des décennies suivantes, on observe une transformation très similaire de la politique de Noël aux États-Unis. Là, cependant, le changement passe par l'imagerie populaire et en particulier par l'œuvre d'un artiste, l'autre grand créateur du Noël populaire : le caricaturiste new-yorkais Thomas Nast.

Nast a été le plus grand fabricant d'images de l'histoire des États-Unis, le créateur à qui on doit le plus d'images canoniques du pays. Il a inventé l'éléphant des républicains et l'âne des démocrates. Il a popularisé l'image du capitaliste, présenté comme un homme extraordinairement corpulent, et celle du politicien corrompu en capitaliste au gilet lustré. Et il a aussi, à lui seul, créé l'image du père Noël.

Il existe, bien sûr, d'anciennes légendes hollandaises au sujet d'un saint du Moyen-Orient, saint Nicolas, qui a vécu au IVᵉ siècle de notre ère. On le fête le 6 décembre, et son culte a été établi dans le nord de l'Europe à temps pour la Réforme. Essentiellement, il s'agit d'un symbole et d'un saint protestants. En Allemagne, il assistait Jésus – le nom

Kris Kringle, synonyme de saint Nicolas, était à l'origine *Christkindl* – l'Enfant Jésus. Le mécanisme syncrétique qui caractérise généralement Noël a également touché son saint patron, sauf que, dans ce cas-ci, ce sont les protestants qui ont adapté un personnage catholique, et non les catholiques qui ont adapté un personnage païen. Mais l'objectif demeure le même : dépouiller le personnage de son contenu initial afin de le recycler, en quelque sorte, pour qu'il préside sur une fête d'un autre genre.

C'est ce personnage laïcisé, installé à New York par les colons hollandais et introduit en littérature par Washington Irving, que Nast transforme. Il fait du saint Nicolas des Hollandais, minuscule et bienveillant elfe semblable à un diablotin, un personnage imposant et corpulent, doté d'une barbe blanche. Tout comme Dickens, Nast a des visées politiques très particulières. La première apparition du père Noël dans sa forme actuelle date de 1862. La guerre de Sécession fait rage ; l'Union est à son point le plus bas. On le voit dans un dessin intitulé *Christmas Eve*, publié dans le *Harper's Weekly* : une jeune maman prie à côté de ses deux enfants endormis, tandis que son mari, barbu et pensif, est en uniforme, loin d'eux, au bord du Potomac. Au-dessus, on voit deux minuscules pères Noël, l'un laissant des jouets pour les enfants, l'autre lançant des cadeaux aux soldats. Le père Noël devient ainsi une sorte d'esprit bienveillant de l'Union, qui finira par unir le Nord et le Sud.

C'est un succès retentissant, suivi, la même année, d'une autre image, *Santa Claus in Camp*, où on voit mieux l'elfe potelé et rondelet, vêtu du drapeau des États-Unis et distribuant des cadeaux dans un camp militaire de l'Union. Le père Noël de Nast a ceci de particulier qu'il n'évolue pas. Fidèle à lui-même, il arbore un costume bordé de fourrure, une barbe blanche, des joues roses. Et, à partir de ce moment, il devient non seulement l'incarnation de l'esprit d'abondance américaine, mais aussi une déité locale propre à l'Union. Il en vient à représenter l'esprit positif de l'abondance et de la domesticité nordiques, opposé aux mythes sudistes de la galanterie, de la tradition et de la culture indigène. *Le Sud a la chevalerie, mais nous avons le père Noël.*

Le père Noël tel que Nast le dessinera au fil des ans est bienveillant, mais il est par-dessus tout affairé. Il fonce de toit en toit, joue du piano, visite les soldats dans leurs camps, dit un mot aux enfants turbulents, essuie la sueur de son front. Nast a donné aux Américains leur saint patron, unique en ce sens qu'il répartit l'abondance au lieu de récompenser la vertu. Le père Noël apporte des objets aux bons Américains parce qu'ils les méritent. Le Noël de Nast est entièrement centré sur les enfants; le Noël de Dickens est essentiellement centré sur la famille. Dans les dessins de Nast, on voit le père Noël et les enfants, et personne d'autre.

Le grand thème de Nast, comme celui de Dickens, c'est la réforme, mais son sujet principal aura été le triomphe du matérialisme, triomphe si absolu aux États-Unis qu'il finira, au lendemain de la guerre de Sécession, par absorber le mythe national tout entier. Cette époque dite « dorée », qui voit le triomphe de la bienveillance, est aussi une ère de corruption et de mauvaise foi, et Nast a immortalisé cet aspect aussi. En tant que caricaturiste, il a été l'ennemi juré de Boss Tweed et du groupe Tammany Hall de New York – « C'est à cause de ces maudits dessins », a lancé Tweed, exaspéré –, et pourtant, fait étrange, Nast, dans ses caricatures des années 1870, dépeint Tweed comme la réplique du père Noël. En effet, ils ont l'air de jumeaux identiques, le symbole de la corruption et du mal inhérents au capitalisme civique américain et le père Noël – l'un est maléfique, l'autre bienveillant, mais tous deux sont des incarnations entièrement matérielles de la vie américaine. Pour Dickens, Noël soulève le problème de la conciliation de la charité et de l'éthique capitaliste, mais dans le cadre de la première révolution industrielle, marquée par la pénurie – une dinde par famille, c'est tout de même quelque chose. Pour Nast, le problème est différent dans la mesure où l'enjeu l'est aussi : à ses yeux, Noël est coincé entre une prospérité de plus en plus éclatante et une corruption politique croissante. Pour Nast aux États-Unis, la vie est un cycle sans fin de fêtes de Noël et d'exemples de corruption, déités fraternelles inséparables.

C'est seulement dans les années 1870, après la guerre de Sécession des États-Unis, les grandes réformes adoptées en Angleterre et l'établissement de la Troisième République en France, que s'opère la transition entre le Noël de Dickens et de Nast, toujours essentiellement domestique, et le Noël commercial et urbain que nous connaissons aujourd'hui. Dans les années 1870, nous passons du Noël domestique, du Noël du cœur et du cœur de la maison, c'est-à-dire de l'âtre, au Noël des grands magasins, au Noël des boulevards. En un sens, il s'agit d'un autre glissement de l'intérieur vers l'extérieur – depuis toujours, ce va-et-vient entre le Noël intérieur et le Noël extérieur caractérise notre imagination de la fête. Est-ce une fête du renversement qui nous pousse à envahir la rue sur le coup de minuit ou une fête du renouveau qui nous incite à nous retrancher chez nous ? Cette tension, cette dualité ou cette ambiguïté, se fait encore sentir aujourd'hui.

Bien que marquées par une récession économique, les années 1870 ont été, à maints égards, décisives. Selon les historiens, c'est à ce moment que débute la seconde révolution industrielle. Si la première révolution industrielle des années 1820 et 1830 a entraîné une diminution généralisée du niveau de vie et une paupérisation des masses populaires – d'où le *Manifeste du parti communiste* de Marx et Engels dans les années 1840 –, la seconde marque plutôt le début d'une augmentation spectaculaire du niveau de vie. On assiste à l'apparition d'une importante classe moyenne urbaine. Et Noël devient la fête de ces gens.

Si les prémisses intellectuelles et morales du Noël moderne s'observent dès les années 1840 et 1850 et que la majorité des rites et des personnages se définissent à cette époque, la plupart des autres éléments que nous associons à Noël prennent forme dans les années 1870. Au cours de cette décennie, on assiste à la naissance des cantiques en tant que genre distinct. Depuis des siècles, des enfants pauvres chantent dans les rues, mais c'est dans les années 1870 que les gens commencent à y voir un corpus de littérature musicale digne d'être préservé et enrichi. Pour la première fois, on transcrit et on publie des chants traditionnels, comme *God Rest Ye Merry, Gentlemen* et *I Saw Three Ships*; en même temps, de nouveaux cantiques, par exemple *Hark! The Herald Angels Sing* et *In the Bleak Midwinter,* à peine composés, s'inscrivent dans la tradition sur un pied d'égalité avec les premiers, comme si on les chantait depuis toujours. Ainsi, le très ancien et le tout nouveau s'entremêlent. Ce n'est pas par hasard que le premier recueil de cantiques publié, en 1871, a pour titre *Christmas Carols: Old and New* – les frontières entre le présent et le passé s'abolissent sur le plan musical, comme dans la fête proprement dite.

Des clubs d'acheteurs de dindes et d'oies bourgeonnent un peu partout en Occident. Dans toutes les capitales, les consommateurs mettent de l'argent de côté pour s'offrir à Noël une dinde comparable à celle des Cratchit. Les cadeaux, qui jouent un rôle très mineur dans le Noël de Dickens (la volaille elle-même exceptée), deviennent la norme et même *de rigueur**, tout comme les cartes de Noël. Et c'est en 1871 que Noël devient, en Grande-Bretagne et aux États-Unis, une fête officielle : jour férié en Angleterre, jour férié national aux États-Unis. Le *Times* de Londres écrit qu'«une loi du Parlement assure désormais, pour notre peuple, la pérennité de Noël en tant que fête». Ainsi unies, la révélation de Scrooge et la fête du père Noël constituent, sous une forme actualisée, les saturnales néopaïennes du monde occidental.

Et on assiste à l'émergence d'un autre phénomène. Noël devient la fête hivernale des citadins, pourvue d'un âtre public particulier – le grand magasin avec un homme déguisé en père Noël à l'intérieur et des vitrines animées remplies de marionnettes mécanisées à l'extérieur. (Ce n'est pas pour rien qu'on surnomme souvent la seconde révolution industrielle la révolution technologique, en référence non pas aux usines, mais bien aux prodiges de la mécanique.) De Paris à San Francisco, les vitrines de Noël des grands magasins deviennent le nouveau centre de la fête publique. (Ma femme et moi sommes particulièrement attachés à une vitrine qui s'inspire de cet héritage. Je veux parler de celle du grand magasin Ogilvy de Montréal, célèbre dans notre enfance. *Le moulin enchanté** / *The Enchanted Mill*, avec ses mille poupées mécaniques, est, jusqu'à récemment, resté intact dans toute sa complexité. Lorsque nos enfants nés à l'ère des vidéos avaient cinq et dix ans, nous les y avons emmenés avec empressement pour les voir déçus et déconcertés.)

Il existe un fascinant champ de recherche sociologique qui montre que l'hiver urbain marque une période de transformations dans ce qu'Erving Goffman, sociologue né au Canada, appelle un « ordre microscopique de comportement » – l'ordre surtout inconscient des petits gestes qui façonnent notre vie et expriment nos sentiments. D'abord, l'hiver entraîne une suspension des règles habituelles ; ensuite, il impose une dramatisation des événements normaux. Dans nos villes en hiver, nous jouons un rôle : quand nous avons froid, nous tapons des pieds, nous frissonnons – bref, nous montrons que nous avons froid. Lorsque la température est tempérée, nous adoptons un comportement tempéré, mais quand il fait froid, nous avons froid, certes, mais, en plus, nous devenons théâtraux. Nous nous montrons réciproquement que nous avons froid, même si nous sommes déjà tous au courant. (Dans les saunas, on observe le contraire. Vous devez grogner et secouer le torse pour indiquer que vous avez chaud. Lorsqu'ils accompagnent leurs pères dans un sauna, les enfants non initiés à ce rite social éprouvent une gêne profonde.)

En même temps, l'application des petites lois qui régissent la vie en ville – celles qui concernent le stationnement, la consommation d'alcool en public et le comportement des piétons – est discrètement suspendue. En un sens, il est normal et admis de ritualiser notre condition en hiver et de suspendre l'ordre microscopique. Nous pourrions affirmer que l'hiver dans les villes constitue en soi une période festive, porteuse des deux pulsions caractéristiques des célébrations : la suspension des règles et l'intensification des actions. Les villes en hiver sont le théâtre naturel de la fête, du spectacle que les rues semblent appeler.

Lorsque l'urbanisation du monde s'accélère dans les années 1870, la fête du solstice originelle se transforme en fête des récoltes. Les rues et les magasins de la nouvelle ville hivernale sont les nouveaux champs à moissonner. En 1867, le grand magasin Macy's de New York reste ouvert jusqu'à minuit pour la toute première fois, dans une sorte de parodie commerciale inconsciente d'un ancien rite catholique, la messe de minuit. Dès 1875, des figurines animées mues à la vapeur exécutent des scènes médiévales imaginaires et des tableaux de Noël dans les vitrines de Macy's. Lyman Frank Baum, auteur du *Magicien d'Oz*, amorce sa carrière de concepteur de vitrines de Noël et, à l'aide de prodiges mécaniques, crée des villes miniatures qui annoncent la Cité d'Émeraude. (Le magasin Ogilvy de Montréal voit le jour dans les années 1860, mais les vitrines viendront plus tard.)

Noël se transforme en commerce. C'est à cette époque que Frank Winfield Woolworth, créateur des magasins du même nom, déclare sans détour à ses employés, en parlant du mois de décembre: «C'est la moisson. Faites que ça rapporte gros.» Dès 1888, Macy's promet que tout article acheté jusqu'à la veille de Noël sera livré avant le 25, dans les limites de la ville de New York. L'année suivante, le magasin livre cent soixante-deux mille six cent vingt-quatre cadeaux de Noël à New York seulement! L'Action de grâce, la célébration des récoltes inventée, devient la fête du renouveau de la vie familiale; Noël, fête autrefois sacrée, devient la fête nationale des récoltes de la culture commerciale. (C'est à cette époque que Dickens visite les États-Unis pour la dernière fois dans le cadre d'une tournée de lectures publiques de *Cantique de Noël*. À la fin du siècle, le *New York Tribune* a le culot d'affirmer que Dickens ne s'est intéressé à Noël qu'après être venu aux États-Unis dans le courant de l'année suivant la parution de *Martin Chuzzlewit*.)

Pour mesurer la généralisation et l'universalité de cette fête essentiellement nouvelle et inventée de toutes pièces, la meilleure solution consiste peut-être à se rendre à la bibliothèque publique de New York pour consulter la collection de menus de Noël en provenance d'Europe et d'Amérique du Nord. En comparant les menus de Noël de 1900 à ceux de 1850, on se rend compte qu'il existe une sorte d'empire culinaire transatlantique. À bord du *SS China,* par exemple, on a servi, pour Noël 1900, du canard avec de la gelée de groseille et de la dinde avec de la sauce aux canneberges. À l'hôtel Russell House d'Ottawa, on a proposé de la dinde rôtie, du plum-pudding de Noël et de la sauce au cognac. À l'hôtel Griswald de Detroit, il y avait au menu de l'opossum rôti, mais aussi de la dinde et de la sauce aux canneberges et du plum-pudding accompagné de sauce au cognac. À l'hôtel Arlington d'Hot Springs en Arkansas – en Arkansas ! –, les clients ont eu droit à de la dinde aux marrons avec de la sauce aux canneberges ainsi qu'à du plum-pudding de Noël avec de la sauce au cognac. Et ainsi de suite... À l'hôtel Pabst, au coin de Broadway et de la 42ᵉ Rue, en plein cœur de New York, on servait de la dinde farcie aux marrons et aux truffes pour quatre-vingt cents. Pour quarante cents de plus, on avait droit au plum-pudding nappé de sauce au rhum et de beurre au cognac.

Bref, la vieille fête hivernale a conquis le monde. En 1912 est publiée la première histoire savante de Noël, dans laquelle on reconnaît son métissage syncrétique et ses sources païennes. Son auteur, Clement Miles, écrit : « On n'a jamais accordé autant d'attention aux enfants qu'aujourd'hui, et puisque Noël est leur fête, cette célébration conserve son lustre à une époque où le christianisme dogmatique a perdu une bonne part de son emprise, où on se moque des superstitions païennes de ses ancêtres. Noël est la fête des commencements, de l'enfance instinctive et heureuse.» Ensuite, Miles – en 1912, je vous le rappelle, et donc à l'aube de la Première Guerre mondiale – passe en revue tous les peuples qui ont adopté cette fête laïcisée, non chrétienne: les robustes enfants anglais et les Français pragmatiques, mais aussi les Allemands, qu'il qualifie d'«enfants sentimentaux de l'Europe».

Évidemment, nous savons tous ce qui s'est passé deux ans plus tard entre les robustes Anglais et les enfants allemands sentimentaux, comme nous savons que la vision d'une sorte de pacte commercial bourgeois s'est effondrée sous les feux nourris du nationalisme et du militarisme. Mais, dans toute l'histoire des temps modernes, il n'y a pas d'incident plus éloquent ni plus touchant que celui de la «trêve de Noël» observée en 1914, à peine deux ans après la trop complaisante histoire de Miles.

La trêve de Noël a laissé sa marque dans les films, les clips musicaux et la mémoire populaire – et il est proprement renversant de constater que le mythe, dans ce cas, est tout à fait conforme à la vérité. À l'occasion du premier Noël de la guerre, en 1914, les troupes allemandes et britanniques massées sur le front de l'Ouest ont décidé, de façon purement spontanée et improvisée, de cesser le feu, d'échanger des photos de famille, de jouer aux cartes et de partager toute la joie et toute la bonne humeur qu'elles pourraient mobiliser. Mutinerie tranquille issue de la culture commune de Noël qui s'étendait à toute l'Europe – mouvement populaire venu des hommes et fortement réprouvé par les officiers. Mouvement complètement déplacé, complètement illégitime – et presque universel sur le front de l'Ouest.

Rien à voir avec un élan de ferveur religieuse. Les soldats ne voulaient ni prier ni entonner des cantiques ; ils ont bavardé, échangé des souvenirs, joué au football. Sur les deux photos qui subsistent de la trêve de 1914 – seulement deux images floues et difficiles à interpréter –, on voit les deux camps se mêler de bouleversante manière : les soldats allemands coiffés du casque à pointe côtoient les soldats britanniques en casquette, tous incapables de comprendre pourquoi ils devront sous peu recommencer à se massacrer réciproquement. Au cours des années suivantes, les généraux des deux camps ont fait le nécessaire pour éviter que la trêve de Noël se répète. Ils ne comprenaient que trop bien sa signification. Aussi risibles, aussi sordides pouvaient-ils paraître, les rites commerciaux qui entouraient Noël, plus laïques que jamais, avaient marqué les premières années de la vie des soldats et représentaient encore des valeurs – celles de la collectivité, de la famille et du renouveau – diamétralement opposées à la pratique meurtrière de la guerre de masse et au nationalisme débridé qui poussait la civilisation occidentale au suicide. Les intellectuels étaient d'avis que la vie était devenue trop facile et trop ludique au cours des années douces et matérialistes de la décennie 1890 ; les hommes qui se battaient sur le front de l'Ouest rêvaient de retrouver cette douceur et ces jouets, au même titre que les explorateurs des pôles, un siècle plus tôt.

Après la Première Guerre mondiale, le Noël d'avant les hostilités a inspiré une vive nostalgie. En fait, le Noël victorien, que, à son apogée, personne ne considérait comme le « Noël victorien » – on le voyait plutôt comme le Noël médiéval –, est devenu l'idéal. Et donc l'iconographie, l'imagerie de Noël s'est durablement fixée sur celle du xixe siècle victorien, en tant que source d'inspiration sentimentale. D'une certaine façon, le Noël dickensien est un produit de la bataille de la Somme.

Mais un phénomène plus étrange encore commence à se manifester, en particulier dans les années 1920 et 1930, au moment où le monde se relève de la Première Guerre mondiale, et plus encore à la fin des années 1940, en pleine abondance d'après-guerre. C'est alors que l'étude, la description et l'analyse de Noël passent des conteurs aux sociologues, des poètes aux psychologues, des marionnettistes aux anthropologues.

Dans les années 1940, par exemple, on voit apparaître toute une littérature psychanalytique et psychologique à propos de Noël, entièrement orientée vers une nouvelle réalité : le plaisir qu'on doit en principe éprouver en cette saison crée un stress, une souffrance, un malheur énormes. Ce sentiment n'est pas tout à fait nouveau. Dans les années 1880, déjà, on évoquait la pression et le stress liés aux cadeaux à offrir et, de façon plus générale, à l'abondance. En 1883, le magazine libéral *The Nation* souligne que Noël entremêle « espoir et appréhension – espoir à l'idée de ce que nous allons peut-être recevoir, appréhension à la pensée de ce que nous devrions offrir », tandis que le *New York Tribune*, plus conservateur, déplore que « plus que tout autre facteur, la généralisation de la coutume qui consiste à échanger des cadeaux a dépossédé un peu plus la fête de Noël de la joie qui l'habitait autrefois. [...] La saison doit être dématérialisée ».

Dans les années 1940 et 1950, l'avènement de cette masse d'écrits nous presse d'expliquer pourquoi Noël, période de l'année où les réjouissances devraient être à leur comble, correspond presque toujours à une vague de suicides, de dépressions nerveuses et de drames familiaux. Il s'agit d'une vérité crue et, encore une fois, d'une forme de dualité – d'une dualité moderne, d'une névrose à ranger auprès du paradoxe ancien de l'Incarnation et de l'ambiguïté optimiste de la réforme victorienne. Nous vivons le moment le plus heureux de l'année comme une période où le stress est à son paroxysme, où les sentiments de tristesse, de déception, de confusion, de dépression – sans parler des pensées suicidaires – sont plus fréquents que la joie.

Une bonne part de l'appareil analytique est involontairement comique ou, à tout le moins, se lit ainsi – comme si on avait affaire à une parodie ou à une version BD des idées psychanalytiques. Si les gens sont tristes à Noël, alors qu'ils devraient se sentir extraordinairement bien, c'est, croit un analyste, parce que Jésus est le frère par excellence et que la rivalité fraternelle entre Jésus et un simple mortel ne peut pas bien se terminer. Comme on ne peut pas concurrencer l'Enfant Jésus, tout le monde se sent mal. Si on est malheureux à Noël, alors qu'on devrait être joyeux, avance un autre, c'est que le père Noël personnifie les souffrances de l'enfantement, de la naissance et de sa pénible mécanique : au prix de grandes difficultés, il descend par la cheminée au milieu de la nuit, son entrée en scène accueillie par un silence gêné, et ainsi de suite. (Nous prenons la psychanalyse moins au sérieux qu'avant, et il est facile de se moquer de ses principes et de dévoyer ses théories, mais la reconnaissance de l'ambivalence permanente de notre vie affective est un des legs les plus précieux de la tradition freudienne.)

Les sociologues ont eux aussi commencé à étudier Noël, notamment la coutume nouvelle qui consistait à échanger cartes et cadeaux – après tout, dans les années 1950, aux États-Unis, on vendait et on expédiait près de deux fois plus de cartes de Noël qu'il y avait d'habitants (en une occasion, cinq cents millions pour un seul Noël). Les sociologues soutiennent que Noël est essentiellement devenu une course au prestige et au statut, une fête marquée par des achats de cadeaux compulsifs et des envois de cartes qui le sont tout autant. Le marché a aussi triomphé d'une autre façon. À une certaine époque, le capitalisme avait fait échec au bonheur des Cratchit ; désormais, il faisait du bonheur des Cratchit un produit de consommation. Nous héritons donc d'une double réalité : Noël est, d'une part, une fête d'abondance, laïcisée et même judaïsée, qui s'inscrit dans l'individualisme cosmo-polite et, d'autre part, une source de stress et d'an-goisse extrêmes née de l'écart entre nos désirs et nos besoins. Les piliers jumeaux de la fête chez les victoriens, à savoir le capitalisme et la charité, ont cédé la place à l'abondance et à l'anxiété. Que peut nous offrir une vie entièrement matérialiste ? Quel bien tous ces biens peuvent-ils nous faire ?

De la fin de la Seconde Guerre mondiale à nos jours, les mythes et la littérature ont ceci de remar-quable qu'ils sont lourdement grevés d'angoisse. L'imagerie de la joie et l'imagerie contraire de la pauvreté et de la souffrance, qui conféraient une certaine gravité à la littérature de Noël au XIXᵉ siècle, ont essentiellement disparu au profit du protago-niste accablé et anxieux qui (péché suprême !) *ne s'amuse pas*.

Le meilleur exemple de cette tendance, c'est la fable du XXᵉ siècle qu'on compare le plus souvent à *Cantique de Noël* : *La vie est belle,* film classique réalisé par Frank Capra en 1946. Bien qu'il s'agisse à première vue d'une idéalisation de Noël, le film prend vie lorsque George Bailey peste contre sa situation et rejette le piège que lui ont tendu la « normalité » et les obligations domestiques. Il ne supporte plus Noël et l'hypocrisie qui l'entoure. À la fin, l'ange Clarence ne l'éveille pas, à l'exemple de Scrooge, à la compassion envers les pauvres. George finit plutôt par assumer sa propre attitude suffisante. Si sa réintégration dans Bedford Falls est réelle et sans visée ironique, on retient sans doute du film la colère que lui inspire sa vie, ainsi que son angoisse. Il ne souffre pas de la solitude ;

au contraire, il n'est pas assez seul. Il est impuissant à se libérer de ses obligations tentaculaires. La moralité lui dicte de se calmer et d'apprécier cette étreinte. En 1965, Loudon Wainwright Jr. (le père du chanteur) a qualifié Noël de crise annuelle de l'amour. Mais il n'y a pas de crise de l'amour chez les Cratchit, entièrement mobilisés par les nécessités de la vie. C'est l'abondance qui entraîne le doute. Une fête païenne des lumières devient une fête du progrès et de la pauvreté... et se termine en fête de la surabondance et de l'angoisse.

Tel est donc l'héritage complexe du Noël moderne. Notre hiver réparateur est celui du renouveau et du renversement, de l'angoisse et de l'abondance, de la révélation et du malaise, tout à la fois. Les questions qu'il soulève demeurent : l'altruisme et la charité sont-ils liés ? Le capitalisme et la *caritas* appartiennent-ils au même fardeau, au même cantique, à la même chanson ? Le fait d'offrir des cadeaux est-il en soi une preuve de bonté ?

À ce stade-ci, une partie de moi ne demanderait rien de mieux que de s'incliner en silence et de remonter par la cheminée en invoquant, comme le font souvent les conférenciers, la complexité de l'histoire, comme s'il s'agissait en soi d'une explication : *Noël a de multiples demeures, la Nativité de multiples significations.* Mais si le patriotisme est l'ultime refuge du vaurien, l'appel à la complexité est le dernier refuge du poltron intellectuel. « Évidemment que c'est compliqué », sifflez-vous entre les dents. « On le savait en arrivant. C'est toi qui

occupes la chaire. Explique-nous, tout de suite!»
Bon, d'accord, laissez-moi essayer.

À notre époque, une idée chrétienne crédible de Noël persiste et réaffirme l'écart entre la fête du renversement, commerciale et laïque, et l'ancienne fête du renouveau; elle mise sur l'affection et la compréhension, tout en continuant d'affirmer qu'elles ne sont pas identiques. On observe d'ailleurs ce phénomène dans l'œuvre du meilleur poète chrétien et du meilleur prosateur chrétien de la seconde moitié du XXe siècle.

Publié en 1944, le merveilleux poème de W.H. Auden intitulé *For the Time Being: A Christmas Oratorio* reprend toute l'histoire de Noël en termes modernes, sous la forme d'une comédie musicale contemporaine. Pour Auden, le véritable moteur de notre appétit spirituel est le fossé, le sempiternel fossé entre nos désirs liés à Noël – pas uniquement en tant que grande fête religieuse, mais aussi en tant que fête de fin d'année – et notre capacité à les satisfaire. La fête que nous célébrons chaque année nous rappelle qu'un espoir si démesuré qu'il en est irréalisable sera perpétuellement déçu, éternellement renouvelé, éternellement remis à l'année suivante. Le poème se termine par un long passage appelé «After Christmas»:

> *Bon, c'est terminé.*
> *À présent, il faut défaire l'arbre,*
> *Ranger les décorations dans leurs boîtes –*
> *Certaines sont cassées – et les monter au grenier.*
> *Il faut décrocher le houx et le gui et les brûler...*
> *Et les enfants se sont préparés pour l'école*
> *[...] Une fois de plus*

Comme les années précédentes nous avons reçu la
*   Vision et échoué*
À y voir plus qu'une agréable
Possibilité, une fois de plus nous L'avons renvoyé,
Tout en promettant de rester Son humble serviteur,
L'enfant prometteur incapable de longtemps tenir
*   parole*
[...] Mais pour le moment, nous voici.
De retour dans la cité aristotélicienne, modérée,
Du reprisage et du train de 8 h 15, où la géométrie
*   d'Euclide*
Et la mécanique de Newton expliquent notre
*   expérience,*
Et la table de la cuisine existe parce que je la nettoie.
On dirait qu'elle a rapetissé pendant les vacances.
*   Les rues*
Sont beaucoup plus étroites que dans nos souvenirs;
*   nous avions oublié*
Que le bureau était à ce point déprimant. Pour ceux
*   qui ont vu*
L'Enfant, ne fût-ce que vaguement, au point de
*   douter,*
Le Moment présent est, en un sens, le plus difficile
*   de tous [...]*

Noël est donc le prisme de nos angoisses. Voici ce que dit Auden: l'ambivalence que nous inspire le Noël moderne est l'ambivalence de la vie moderne dans son ensemble, cette vie où la joie simple et instinctive était autrefois possible; or, à cause de la culpabilité, nous devons désormais réprimer cette joie. D'une certaine façon, Auden, comme Capra dans un genre plus populaire, affirme que l'ordre de la convertibilité, pourrait-on dire, s'est transformé. La séquence classique va comme suit : le Noël retourné sur lui-même, le Noël des âmes renouvelées, a débouché sur un Noël sens dessus dessous, un Noël de l'ordre social remanié. Le rêve de Scrooge se termine par une dinde, et non par un potlatch. Vers le milieu du XXe siècle, la séquence a changé. On demande au Noël sens dessus dessous, au Noël de la fête matérielle, d'accomplir l'œuvre du Noël retourné sur lui-même, soit renouveler nos âmes, et il semble toujours faillir à la tâche.

Le même écart entre le Noël matériel et le Noël spirituel et, plus important encore, le renversement de plus en plus net de leur ordre sont magnifiquement illustrés dans les quatre romans de John Updike qui composent la série des *Rabbit*. On trouve une scène de Noël dans chacun des livres, de 1959 jusqu'à *Rabbit en paix,* dernier de la série, paru près de quarante ans plus tard. Rabbit, ou Harry Angstrom, le héros d'Updike, devient de plus en plus désillusionné jusqu'au jour où, au paroxysme de ce très ambitieux cycle de romans américains, il se rend compte que le Noël du grand magasin de son enfance à Brewer (petite ville en partie inspirée de Reading, en Pennsylvanie, non loin de l'endroit où Updike a grandi) était un mensonge. Ce monde de lumières et d'abondance, de personnages animés évoluant dans les vitrines, n'était qu'une supercherie visant à faire dépenser un maximum. Dès que les profits ont cessé d'être au rendez-vous, tout s'est arrêté. Le grand magasin a fermé ses portes. C'était une supercherie, au même titre, par conséquent, que la foi. Si Dieu choisit de se manifester dans des vitrines de Noël, on y mettra fin, comme on a mis fin à tout le reste. Rabbit meurt peu après avoir eu cette sinistre révélation à propos de la vraie – ou plutôt de la fausse – nature du lien entre abondance et foi. Pour Auden et Updike, tous deux de fervents croyants (à la foi un peu excentrique, il est vrai), le lien destiné à rapprocher les lumières et la Lumière ne suffira jamais. La fête matérielle est, finalement, factice, une imitation et non une indication de l'Épiphanie, un simple aperçu dénué de gloire.

Quoi qu'il en soit, toutes les confessions se composent d'une série de pratiques conçues pour favoriser l'atteinte d'un but social. Une fête ambivalente est une fête conçue pour des personnes ambivalentes. Si les croyants sont désillusionnés par notre Noël, les sceptiques, eux, danseront peut-être. Après tout, il existe de riches rituels capables de nourrir notre imagination et des rituels appauvris qui ne font que dicter nos réactions. En prenant une distance plus sûre et quasi anthropologique, nous avons peut-être des chances de déceler des éléments de sens qui nous échappent quand nous avons le nez trop collé à la vitrine de Noël d'Ogilvy. En ces temps modernes, après tout, nous avons droit à une grande *saison* remplie de fêtes – l'automne débouche sur l'hiver, qui annonce le printemps, une saison suivant l'autre –, et toutes ont trait à l'unique religion permanente du monde : le culte rêvé du renouvellement. La Terre se renouvelle, mais pas nous. Et c'est pour cette raison que nous tenons à lier notre simple cycle humain de croissance et de décomposition, dans lequel aucun printemps ne succède à l'hiver, au cycle naturel du renouveau. C'est impossible, bien sûr, mais nous n'y renonçons pas pour autant.

Ce qui importe le plus, en définitive, c'est peut-être l'*ensemble du cycle* de la saison moderne des fêtes qui célèbrent le passage de l'automne à l'hiver. À l'Halloween, on confère aux jeunes des pouvoirs dont l'exercice pourrait laisser croire à une forme d'anarchie ; à l'Action de grâce, on met en scène la concorde – la table des enfants jouxte la table des adultes. À Noël, les jeunes sont particulièrement privilégiés : c'est leur saison, au centre de laquelle trône un enfant sacré. Puis, au jour de l'An, les adultes deviennent eux-mêmes des enfants en s'enivrant et en devenant enjoués, au grand désarroi des enfants, d'ailleurs. Ce cycle a lieu à l'aube de l'hiver, et chacun des rôles est pour ainsi dire brandi bien haut et considéré comme une éventuelle mascarade. Puis en janvier, comme l'écrit Auden, la ville euclidienne normale, où « la table de la cuisine existe parce que je la nettoie », reprend ses droits.

Et de cette façon, la fête laïque, dans sa séquence laïque, s'arrime beaucoup plus fortement à la fête sacrée. La fête laïque *est* la fête sacrée. Pour ma part, je suis ému par les caractéristiques propres de cette fête, telle que nous la célébrons actuellement. Si on me sommait d'expliquer pourquoi, je dirais que c'est parce que nous célébrons une idée, certes complexe. À la vérité, les modernes n'ont pas domestiqué et démocratisé un élan spirituel. Nous avons plutôt matérialisé une idée dont l'essence même était matérielle. C'est l'idée de la Nativité : que l'idée infinie, la Présence permanente, la chose qui surpasse toutes les autres, puisse devenir un fait concret, le bébé impermanent, la chose qui se mouille la nuit, l'enfant dans le coin. Nous savons tous que la régénération de l'humanité par l'enfant nouveau-né (que sa mère soit vierge ou seulement jeune) laisse entrevoir une chose en soi merveilleuse et miraculeuse. L'architecture de l'amour, pour reprendre les mots de Crashaw, n'appartient qu'à elle-même. La mangeoire est en nous, et le mystère de la naissance et du renouveau, imaginé comme objet sacré ou simplement vécu, demeure miraculeux. Imperméable aux analyses des critiques, il est loué dans les cantiques. Le morne milieu de l'hiver s'écoule pendant que nous chantons la beauté du bébé. Ces sentiments sont si intimement liés au rythme des saisons et à celui de l'existence humaine à l'intérieur des saisons qu'on les trahirait en en faisant de simples ornements, de la même façon qu'on nierait leur universalité en en faisant un dogme. La force de la fête est telle que l'oppression peut engendrer de nouvelles naissances et qu'une lumière peut briller au cœur des ténèbres. (Même *J'ai vu maman embrasser le père Noël*, sorte de triangle œdipien en costume rouge, en témoigne.)

Une chose est sûre : la symbolique du Noël moderne, ambivalent, grevé d'angoisse et à double face, est typiquement hivernale. Nous avons besoin de chaleur pour entrer dans le froid, comme à Noël nous avons besoin de froid pour réaffirmer la chaleur, besoin de l'imagerie du morne mi-temps de l'hiver pour faire apparaître l'étoile au-dessus de l'étable. Si la planète a mondialisé Noël, Noël a étendu l'hiver au monde entier. La fête d'hiver a conquis désormais l'ensemble du continent : la neige artificielle, les faux glaçons, le givre tant prisé par Goethe vaporisé sur les fenêtres californiennes en l'honneur d'une déité germanique que Goethe n'aurait pas pu imaginer : le père Noël. Il faut revendiquer la neige pour évoquer le soleil, faire de l'hiver un théâtre pour annoncer le printemps, donner froid au Bébé pour lui permettre d'accomplir sa destinée, se soumettre à l'impuissance et à l'hiver pour faire advenir la puissance et la lumière nouvelle. La description la plus simple de Noël, qui embrasse autant le rêve social de Scrooge que le dernier refrain de la dernière mauvaise chanson de Noël, est peut-être la plus profonde : c'est une fête hivernale pour les enfants.

« *Behold, I tell you a mystery* », chante la basse d'Händel dans la plus sublime de toutes les œuvres de Noël. Je termine par une autre petite énigme. Il y a très longtemps, à Oxford, en Angleterre, tandis que je célébrais un nouveau Noël laïque avec une de mes nombreuses sœurs, j'ai entendu un cantique de Noël dont l'air s'est imprégné dans mon esprit, et j'ai gardé en mémoire les paroles d'un autre cantique. J'ai fini par retrouver l'air du premier : il s'agit d'une œuvre de l'excellent compositeur anglais John Rutter, *Born in a Cradle So Bare*. Quant aux paroles de l'autre, je ne les ai toujours pas retrouvées :

> *Le père dort et ne peut imaginer*
> *La mère sourit et se détourne*
> *Et dans la pièce où l'amour se berce*
> *Le bébé sait mais ne dit rien*
> *Le bébé sait mais ne dit rien.*

CHAPITRE 4

L'HIVER RÉCRÉATIF

La saison en vitesse

Je garde dans mon portefeuille un billet de cinq dollars canadiens, bleu sur bleu. On y voit des garçons qui improvisent une partie de hockey sur un étang glacé, quelque part en Ontario, au Québec ou dans les Maritimes, sur un lac canadien idéalisé, sans supervision adulte. C'est l'un des trois talismans que je conserve dans mon porte-monnaie. (Les deux autres sont des billets de cinquante francs français qui datent des années où mes enfants sont nés.)

Comme toutes les images nostalgiques de l'esprit national, celle-ci fonctionne mieux en l'absence de preuves et d'expériences. Je n'ai pas fréquenté cet étang et vous non plus, sans doute. Pourtant, la foi dans ce lieu d'avant la Chute est essentielle à la mystique du hockey. Cette dernière repose en partie sur la conviction que le sport a évolué « naturellement », a pris naissance à la campagne pour ensuite se transporter à la ville. Là, il a été enrégimenté, puis commercialisé, jusqu'au jour où il a migré vers les États-Unis, où – évidemment – il s'est prostitué. Refrain connu : la fille de la campagne va à la ville et, après un bref émerveillement, finit par vendre son corps. Récit repris dans mille contextes, des contes folkloriques au jazz et au blues, par exemple, et qui, sans surprise, se retrouve aussi dans le domaine des sports d'hiver.

Nous allons maintenant nous intéresser à l'hiver récréatif, à l'hiver comme saison axée sur la vitesse et le jeu. Quelques idées, quelques réflexions, quelques clés d'interprétation et quelques personnages familiers risquent de surgir ici et là. Mais, au fond, mon sujet est, purement et simplement, le patinage sur glace, et vous auriez raison de pressentir, au-delà des fines allusions et des liens subtils, une motivation plus grossière. À la vue de l'image sur le billet de cinq dollars, je me pose la question suivante : y a-t-il, à propos du patinage et du hockey, une histoire plus profonde que le mythe, une vérité sous-jacente à cet enchevêtrement de récits, source de la fascination que l'activité exerce sur nous ? Je vous propose d'amorcer notre enquête par une valse – une valse des patineurs, non pas la variante archiconnue de Strauss, un peu trop emphatique pour nos fins, mais bien une œuvre beaucoup plus récente, créée par John Lewis pour le Modern Jazz Quartet. C'est une pièce magnifique qui a pour titre justement *Skating in Central Park*. Elle surprend, sans doute, par sa langueur et son charme piquant, sa poignante lenteur. Mentionnons au passage qu'il s'agit d'un des rares titres à avoir donné naissance, à cent ans d'intervalle, à deux œuvres remarquables : une gravure de Winslow Homer, qui date des années 1860, et cette valse jazzée. Qu'ont ces œuvres en commun ? En quoi diffèrent-elles ? Que signifient leur beauté et celle du patinage sur glace ?

Pendant que je préparais ces essais, conscient qu'ils seraient forcément truffés de noms et d'allusions, j'ai pris de petites notes exposant le thème central de chacun : ainsi, malgré d'éventuelles digressions, je risquais moins de m'égarer. Dans la première de ces notes, à propos de l'hiver romantique, je me rappelais à moi-même qu'il serait question des résonances que l'hiver commence à produire au XIXe siècle : la saison, jusque-là considérée comme morne et amère, devient plutôt douce et sublime. La deuxième note, à propos de l'hiver radical, avait trait à la mise en mots des expéditions dans l'Arctique. La troisième note thématique, relative à l'hiver réparateur, s'articulait autour de la laïcisation de Noël et de la nouvelle notion de sacré qui en a résulté. Pour ce chapitre-ci, le quatrième, ma note complète se lit comme suit : « Occasion rêvée de parler longuement du hockey sur glace. » Si, au passage, j'effleurerai le traîneau, la luge et le ski, je me concentrerai principalement sur l'histoire et les significations du hockey – en partie parce qu'il s'agit du plus varié et du plus social de tous les sports d'hiver, en partie parce qu'il nous oriente vers l'enjeu (ou le jeu) sacré et le mystère plus grand des sports et de la culture nationaux. Et nous nous demanderons en outre pourquoi regarder des gens patiner avec un bâton dans les mains représente, pour certains d'entre nous, une expérience théâtrale des plus satisfaisantes.

L'un des détails qui ont frappé les romantiques lorsqu'ils ont découvert l'hiver, c'est que la saison, si elle réduisait le confort, avait bizarrement pour effet d'accélérer le mouvement. En skis et en patins, en luge et en traîneau – et, plus tard, bien sûr, en motoneige –, on pouvait, dans les pays froids, aller beaucoup plus vite en hiver qu'en toute autre saison. Vérité qui aura des conséquences capitales lorsque, en décembre 1941, des soldats russes équipés de skis, venus de Sibérie renforcer le front de Moscou, se lanceront contre les envahisseurs allemands et leurs chars d'assaut. Vérité qui se traduisait aussi en plaisir, celui que Pouchkine, par exemple, célèbre dans son poème consacré au traîneau. La même imagerie est à l'œuvre dans le célèbre portrait que Gogol, vers la fin des *Âmes mortes,* brosse de la Russie, présentée sous la forme d'une troïka parcourant à toute vitesse les grandes étendues enneigées que le reste de l'Europe se contente d'observer :

> Et quel Russe ne l'aime pas ? Pourrait-il en être autrement, alors que son âme aspire à s'étourdir, à voltiger, à dire parfois : « Que le diable emporte tout ! » Pourrait-on ne pas aimer cette course, lorsqu'on y éprouve un merveilleux enthousiasme ? On dirait qu'une force inconnue vous a pris sur son aile. On vole, et tout vole en même temps : les poteaux, les marchands qu'on rencontre assis sur le rebord de leur chariot, la forêt des deux côtés, ses sombres rangées de sapins et de pins, le fracas des haches et le

croassement des corbeaux ; la route entière vole et se
perd dans le lointain. [...] Ainsi vole la Russie sous
l'inspiration divine... Où cours-tu ? Réponds. – Pas
de réponse. La clochette tinte mélodieusement ; l'air
bouleversé s'agite et devient vent ; tout ce qui se
trouve sur terre est dépassé, et, avec un regard d'envie, les autres nations s'écartent pour lui livrer
passage[1].

Image qui jure assurément avec la paralysie et la
corruption que décrit le roman, dans un pays où
des propriétaires ivres dressent d'absurdes listes
d'esclaves morts et les vendent en échange d'avantages fiscaux. (Mais ce balancement entre la stase
et un brusque enthousiasme frisant l'hystérie fait
sans doute partie du style et du tempérament national russes.) Le compositeur Hector Berlioz décrit
peut-être mieux la réalité de la troïka qui parcourt
la Russie dans son compte rendu d'une balade
nocturne effectuée à l'occasion de sa tournée de
concerts de 1847 :

On croit généralement dans nos climats tempérés
que les traîneaux russes, emportés par de rapides
chevaux, glissent sur la neige comme ils feraient sur
la glace d'un lac ; on se fait en conséquence une idée
charmante de cette manière de voyager. Or, voici la
vérité là-dessus [...] dans cette boîte métallique her-
métiquement fermée, où la poussière de neige parvient à s'introduire néanmoins et vous blanchit la
figure, on est presque sans cesse secoué avec violence,
comme sont les grains de plomb dans une bouteille

---

1. Nikolaï Gogol, *Les âmes mortes,* traduit du russe par Henri
Mongault, Paris, Gallimard, 1973, p. 286.

qu'on nettoie. De là force contusions à la tête et aux membres, causées par les chocs qu'on reçoit à chaque instant des parois du traîneau. De plus on y est pris d'envies de vomir et d'un malaise que je crois pouvoir appeler *le mal de neige* à cause de sa ressemblance avec le mal de mer[2].

Au Canada, même constat. Anna Brownell Jameson, si vous vous souvenez bien, est la proto-féministe anglo-irlandaise dotée d'une remarquable éducation venue en 1836 à Toronto où, à la faveur d'un mariage très malheureux, elle a passé quelques années déterminantes. Anna a elle aussi été frappée par le paradoxe : en décembre, la vie sociale du Haut-Canada, ainsi qu'on disait à l'époque, au lieu d'être réduite au strict minimum, chaque village se repliant sur lui-même, s'ouvrait soudain : la glace et la neige permettaient aux gens d'aller rapidement d'une petite ville à une autre, d'un endroit au suivant.

Que l'hiver soit complexe et profond était en soi une idée nouvelle ; qu'il puisse être amusant ne l'était pas moins. Vous vous souviendrez sans doute que l'un des plus puissants moteurs de la découverte de l'hiver, au XIXe siècle, a été le constat fait par les romantiques du Nord, plus précisément de l'Angleterre, de l'Allemagne et de la Russie, à savoir que la saison permettait d'échapper au rationalisme français. L'hiver a été la saison préférée du mouvement d'opposition aux Lumières. Les romantiques considéraient l'hiver comme l'envers du printemps, le lieu où s'affirmaient l'instinct et la

---

2. Hector Berlioz, *Mémoires*, Paris, Flammarion, 2010.

pureté. La soirée d'hiver est un lieu d'émotion et de mémoire, tandis que le printemps et l'été sont des saisons de la raison et de l'espoir. Les premiers romantiques n'ont donc remarqué ni le sport ni le mouvement ; et ils ont encore moins vu le patinage en tant qu'activité sociale. Pour eux, le patinage était une activité spirituelle, un moyen de s'évader et de trouver la solitude : une sorte d'aide à la méditation, une façon de se soustraire aux mensonges mondains au profit de la vérité de l'Homme contemplant la Nature.

Le patinage sur glace fait partie de la culture européenne depuis très peu de temps. Une fois de plus, on observe, vers la fin du XVIIᵉ siècle, une sorte de fausse résurgence des traditions hivernales, laquelle préfigure celle, beaucoup plus durable, que nous connaissons aujourd'hui. N'oubliez pas que, à cette époque, le monde – le monde européen, en tout cas, et sans doute la planète tout entière – devient, pendant une courte période, beaucoup, beaucoup plus froid. Partout en Europe, les rivières, les étangs et les canaux gèlent. En 1689, par exemple, l'Angleterre connaît un grand gel : la Tamise reste glacée pendant tout l'hiver. Et, par suite d'une des étranges coïncidences de l'histoire, c'est le moment de la Glorieuse Révolution, celui où les Hollandais deviennent la famille royale d'Angleterre.

Dans leurs bagages, les Hollandais apportent notamment leurs patins. En 1662, Samuel Pepys note dans son journal intime : « jusque chez lord Sandwich et Mr. Moore, puis au parc (où, en raison du grand froid, j'ai vu pour la première fois de ma vie des gens glisser sur des patins, art très joli) ».

Et John Evelyn, la même année, souligne «la singulière et merveilleuse dextérité des glisseurs du nouveau canal de St. James's Park [...] à la manière des Hollandais. Ils filent à toute vitesse, puis s'arrêtent brusquement sur la glace».

Mais le patinage, ainsi que d'autres aspects de l'hiver, ne s'impose dans l'imagination européenne que vers la fin du XVIIIe siècle. Les talents de patineur de William Wordsworth étaient légendaires au sein de son cercle d'amis – c'était le Toller Cranston du district des Lacs –, et il offre, en 1799, un long passage sur le patinage dans son grand poème, *Le prélude*. Dans la littérature anglaise, il s'agit, à ma connaissance, de la première longue description, poétique de surcroît, d'un sport d'hiver. On a affaire à un délicieux fragment poétique dans lequel Wordsworth raconte les soirées que, jeune garçon, il passait à patiner :

Chaussés d'acier,
Nos pieds sifflaient le long de la glace polie
En jeux associés, imitant la poursuite
Du gibier des taillis, l'éclatant cor de chasse,
La meute aux grands abois, et le lièvre lancé.
Ainsi tous nous volions par la nuit et le froid ;
Toutes nos voix vibraient ensemble, et ce vacarme
Dans chaque précipice éveillait des échos ;
Les arbres sans feuillage et tous les rocs glacés
Tintaient comme du fer, et les monts plus lointains
Mêlaient à ce tumulte une note étrangère
Troublant un peu mon cœur par sa mélancolie,
Cependant que vers l'est brillaient clair les étoiles
Et qu'à l'ouest se mourait la lueur orangée.
Souvent je m'écartais de la bande bruyante

Vers une calme baie, ou bien, pris d'un caprice,
Je filais de côté, laissant mes camarades,
Pour couper au milieu le reflet d'une étoile,
Qui, sans cesse courant devant mes pas, luisait
Sur la plaine vitreuse; et mainte et mainte fois
Quand nous avions livré notre corps à la bise
Et que des deux côtés les rives assombries
Fuyaient derrière nous, rapides, dans la nuit,
Il m'arrivait, le corps dressé sur mes talons,
D'arrêter net [3]

Wordsworth résume le dilemme des patineurs. Il reconnaît – idée propre à ravir toute une génération de psychologues évolutionnistes – que l'excitation née du patin est en partie un atavisme, un frisson tribal qui n'est pas sans rappeler les plaisirs primitifs:

Nos pieds sifflaient le long de la glace polie
En jeux associés, imitant la poursuite
Du gibier des taillis, l'éclatant cor de chasse,
La meute aux grands abois, et le lièvre lancé.

À mon avis, les garçons qui patinent sur la glace dans le poème de Wordsworth ne font pas consciemment semblant de chasser. Seulement, l'acte de patiner renvoie à des «jeux associés» dans lesquels des gens se réunissent et se perdent dans un dessein commun. C'est l'action conjointe, la perte de soi dans le frisson de l'action collective, qui émeut le poète; au bout du compte, cependant, patiner en hiver lui permet aussi de fuir le

---

3. William Wordsworth, *Choix de poésies*, traduit de l'anglais en vers par Émile Legouis, Paris, Les Belles Lettres, 1961, p. 50 et 52.

groupe – il découvre, en tourbillonnant seul sous les étoiles, une sorte de mouvement personnel. Pour Wordsworth, le patin permet à la fois de se soumettre au vent et de s'affranchir du monde :

> [M]arche de plus en plus lente, et moi je regardais,
> Immobile sur mes patins, jusqu'à ce que
> Tout fût tranquillisé comme un sommeil sans rêve[4].

Voilà justement ce que nous propose le sport d'hiver : un espace social dans lequel nous nous retrouvons seuls. Chaussés de patins, nous combinons plaisir de la solitude et vertu de l'énergie. Expérience commune, mais aussi une idée poétique : nous arrivons sur la glace avec d'autres et nous y finissons seuls. Hormis le patinage ou le traîneau, je ne connais aucune autre activité qui débute en groupe et se termine dans la solitude. Après tout, il n'existe pas de solitude plus grande que celle du skieur ou du lugeur qui dévale une pente, ni même que celle du patineur sur un étang tout banal. Le coureur de fond a beau être solitaire, il n'est jamais seul : quelqu'un regarde toujours par-dessus son épaule et des spectateurs se massent de part et d'autre du parcours. Il suffit d'une impulsion pour pratiquer un sport d'été : vous courez, lancez ou attrapez dans un champ opportunément créé par Dieu. Pratiquer un sport d'hiver requiert un effort préalable : vous devez, en compagnie d'amis, déneiger la patinoire ou glacer la piste, aménager un remonte-pente ou attraper une couverture. (Même le ski de fond, mon sport de prédilection,

---

4. *Ibid.*, p. 52.

exige de complexes préparatifs : lainages d'hiver et fartage méthodique. Vous avez beau vous préparer avec d'autres, vous finirez isolé, seul.) Dans l'hiver récréatif du XIXᵉ siècle, cette dualité fait du patinage une sorte de sacrement. Voilà le double enseignement d'une bonne part de l'art romantique : nous rêvons d'une tribu et nous nous retrouvons sous le feu des projecteurs, nous cherchons une appartenance et nous finissons seuls.

Les peintres des débuts de l'ère romantique ont abordé le patinage sur glace à la manière de Wordsworth, comme s'il s'agissait d'une méditation solitaire, d'une rumination centrée sur un unique patineur évoluant dans la nuit. Et dans le nord – en Écosse, en Allemagne et même en Nouvelle-Angleterre –, il en a résulté une image belle et singulière, d'un comique involontaire : la peinture ou la gravure du patineur philosophe plongé dans ses réflexions. Au début de la période romantique, ce type d'images foisonne dans toute l'Europe. En 1782, le peintre américain Gilbert Stuart a représenté sir William Grant, député britannique, sur patins. On distingue en arrière-plan la fête que le fin patineur philosophe a quittée pour renouer avec sa nature profonde.

Quel est l'aspect le plus délicieux : la dignité ou l'absurdité ? Pendant son séjour à Londres, Stuart, paraît-il, aurait accepté de réaliser un portrait de Grant, lequel, à son arrivée dans l'atelier du peintre, aurait déclaré que la journée était plutôt propice au patinage. À force de cajoleries, il a persuadé le jeune Américain de s'aventurer dans la nature relativement domestiquée de St. James's Park, où il a ébloui les dames et le peintre par ses prouesses sportives – jusqu'à ce que la glace cède et que Stuart doive le repêcher. Celui-ci s'est inspiré de l'incident, de ses souvenirs et sans doute aussi de croquis afin de produire le portrait, *The Skater,* son premier grand succès.

Pourtant, on a affaire à une image non pas d'énergie hivernale, mais bien plutôt d'élégance nocturne, ce que les historiens appellent, à juste titre, la «mélancolie romantique». Pour Stuart, le patinage met à l'épreuve la dignité masculine: le prédicateur ou le patriarche fait ses preuves en gardant son équilibre. Quiconque conserve sa dignité sur la glace saura la garder en toutes circonstances.

Dans un autre merveilleux portrait, peint aux environs de 1795, l'artiste écossais Henry Raeburn, apparemment influencé par le grand succès de Stuart, montre un clergyman qui, pendant cette même période de refroidissement, évolue sur un lac écossais. Même si nous avons l'impression qu'il patine tout à fait normalement, sans effets théâtraux, une telle aisance sur la surface glacée – en équilibre sur sa jambe gauche tendue, il penche vers la gauche d'un air assuré, le regard fermement tourné vers le lointain, en apparence indifférent – était en soi inhabituelle, valorisée, digne d'être immortalisée sur la toile. Et pourtant, cet homme reste un pasteur écossais, austère, sévère, maître de lui-même. Sur patins, le Grant peint par Stuart conserve sa dignité; le prédicateur presbytérien de Raeburn, lui, garde même sa divinité.

La plus touchante et la plus amusante de toutes les scènes où figurent des patineurs philosophes relève du sous-genre qui éclot dans l'art romantique allemand. On y voit le plus grand poète de l'époque donnant la preuve triomphale de sa maîtrise sur une rivière et des étangs : Goethe sur glace ! Il existe un délicieux tableau, intitulé *Goethe sur la glace à Francfort, en Allemagne* (réalisé dans les années 1860, même si la scène date de toute évidence d'une décennie antérieure) : au milieu d'une foule de patineurs, Goethe, en grand poète, s'incline devant chacun, et ses compatriotes saluent sa grâce en lui tirant leur chapeau d'hiver.

Un tableau supérieur – c'est peut-être l'image de l'hiver moderne que je préfère – est encore plus ancien. C'est une œuvre du peintre Raab, *Johann Goethe patinant à Francfort en Allemagne*. On y voit Goethe qui s'exécute au milieu d'admiratrices en pâmoison devant la perfection de ses gestes et son assurance pleine de suffisance ; le poète affiche sa supériorité par rapport aux contingences matérielles, en particulier le sexe. Perdu dans son monde, planant au-dessus de la mêlée, il glisse sur la glace dans une sorte de rêverie wordsworthienne – attitude qui, non sans raison, nous semble-t-il, agace les patineuses qui l'observent, dont l'une donne l'impression de vouloir lui lancer une balle de neige à la tête.

Dans l'art du XIXe siècle, la première utilisation du patinage, voire du sport d'hiver, ne concerne donc pas la vie sociale. Il y est plutôt question de la vie solitaire, de la capacité du patinage à vous plonger dans l'introspection, à vous entraîner dans un espace distinct – solitaire et enfantin chez Wordsworth, d'une supériorité empreinte d'arrogance chez Goethe, du moins dans la représentation que Raab en fait. Ayant pris d'un coup six ou sept centimètres de hauteur, vous glissez, au-dessus de tout. Pour bien profiter de l'émotion nouvelle, vous devez patiner avec aisance, mais c'est cette nouvelle émotion qui vous permet d'oublier que vous vous exécutez ainsi. Le sujet du patinage est l'équilibre : celui qui parvient à le maintenir sur la glace y est arrivé dans son âme. Dans un sublime moment d'équilibre exhibitionniste, on rejette la peur et la chute – et même la féminité. On a affaire ici à la première image qui annonce les concerts rock du futur. En apparence détachés de tout, poètes et prédicateurs confient leur corps au vent et découvrent leur boussole intérieure, sous le regard béat de hordes de jeunes filles.

Entreprise solitaire et poétique au départ, le patinage, au milieu du siècle, prend une dimension sociale et ouvertement sexuelle. La merveilleuse gravure montrant Goethe sur patins annonce déjà cette transformation – bien que plongé dans son monde intérieur, le poète est entouré de filles prêtes à tout pour attirer son attention, quitte à lui lancer une balle de neige. Quand, au milieu du siècle, le patinage devient urbain et cosmopolite, il se change en activité sexuelle ou, à tout le moins, prend la forme des préliminaires sociaux connus sous le nom de flirt.

Des percées technologiques ont contribué à faire du patinage cette activité sociale et sexuelle. Avec l'avènement du patin d'un seul tenant – botte et lame reliées – dans les années 1860, le sport, devenu moins laborieux, se répand. Mais le changement a aussi été d'ordre social. Pour le suivre à la trace, retournons en Suisse. Il en va des sports d'hiver comme des paysages d'hiver : les Alpes font office de pivot. Pendant la première moitié du siècle, les Britanniques aisés visitaient la Suisse au printemps, période où l'équilibre élémentaire entre l'intérieur bien chaud et l'extérieur sublime était assuré par l'*auberge** où vous passiez la nuit et les Alpes où vous passiez la journée. Les sports d'hiver – le ski, le patin extérieur, la luge individuelle et le bobsleigh – n'étaient encore que des activités pittoresques auxquelles s'adonnaient les gens du coin pendant la saison morte.

C'est seulement dans le courant de l'hiver 1850 que quatre Anglais se sont laissé convaincre par leur hôte que des vacances hivernales en Suisse étaient aussi désirables que des vacances au printemps et qu'on pouvait y faire autre chose qu'admirer les lointains sommets enneigés. S'y rendre en décembre ou en janvier permettait de bénéficier d'une expérience sportive (ski, patinage, descente en luge ou en traîneau). Ces Anglais ont passé l'hiver au pays et mis à la mode une nouvelle forme de plaisir. (Bien qu'elle sonne creux, comme tant d'histoires contrefaites, celle-ci serait conforme à la vérité. Il faut bien que les modes commencent quelque part.)

Deux éléments ressortent de ce récit. Le premier, c'est que les sports d'hiver, malgré la grisaille qui passe pour l'hiver en Grande-Bretagne, sont devenus l'affaire des Britanniques. Le jeune

Ernest Hemingway, de passage en Suisse dans les années 1920, considérait encore la luge et le ski comme des activités principalement anglaises. Au xixᵉ siècle, les sports d'hiver, avant de prendre de l'expansion, ont dû absorber – puis rejeter de façon décisive – le modèle militaire britannique.

Si, au début de la période romantique, l'imagerie et l'aura du patinage étaient méditatives et introspectives, l'activité, à mesure qu'elle se «socialise» et s'empare des villes au milieu du xixᵉ siècle, devient presque ouvertement érotique et sexuelle. Au milieu du xixᵉ siècle, le patinage est omniprésent, beaucoup plus qu'aujourd'hui; dans toutes les grandes villes européennes et nord-américaines, les gens patinent, et d'autres les peignent en train de patiner. Dès le début des années 1860, en permission pendant la guerre de Sécession, Homer Winslow, le plus grand artiste des États-Unis, se consacre à des scènes de patinage au tout nouveau Central Park. Jules Chéret, le plus grand affichiste français – et, en vertu de son dialogue créatif avec Georges Seurat, un des pionniers du postimpressionnisme –, chargé de produire des affiches pour le Palais de glace ne parvient pas à répondre à la demande.

À compter du milieu du xixᵉ siècle, on note un engouement inouï pour le patinage urbain et métropolitain. De nos jours, les gens patinent à Central Park, mais il suffit de consulter les images d'archives pour constater que nous patinons beaucoup moins que nos arrière-arrière-arrière-grands-pères et grand-mères. À Paris, il n'y a plus de Palais de glace. Et quand, il y a cinq ans, les pères de la cité ont installé une petite patinoire près de l'hôtel de ville, la merveille aura été de courte durée. (Même un Canadien empoté, vêtu d'un chandail de hockey et qui soulevait de la neige en freinant, y faisait sensation.)

Les raisons de la montée et de la chute du patinage sont, à mon avis, extrêmement simples. Ce qui est en cause, ce n'est ni la notion de sublime ni même l'idée des sports. Il s'agit purement et simplement d'une question de sexe. Pour les citadins, le patinage était l'une des rares formes de flirt et d'expression de la sexualité jugées acceptables. Aménagé par Olmsted et Vaux en 1861, Central Park comptait, au début, deux secteurs distincts voués au patinage – l'un à l'avant de ce qui est aujourd'hui le Dairy et, du côté ouest, un étang pour les dames, non loin de l'endroit où se trouve de nos jours le Dakota. L'étang des dames, comme son nom l'indique, était destiné à la gent féminine – il a survécu une dizaine d'années avant d'être fermé et par la suite vidé, la fréquentation étant jugée insuffisante. Il était pratiquement inutilisé parce que l'idée même d'un étang réservé aux femmes était contraire à l'esprit du patinage. En revanche, le samedi après-midi, aussi invraisemblable cela puisse-t-il paraître, jusqu'à trente mille personnes, patineurs et simples curieux, prenaient d'assaut la Grande Patinoire.

Et on n'a qu'à consulter les images de patineurs réalisées à l'époque par Homer, de remarquables gravures sur bois qu'il publiait dans le *Harper's Weekly*, pour constater qu'il s'agissait d'une affaire de mode, de flirt et de sexe. Chaussées de patins, deux femmes changent de cap, portées par un vent wordsworthien – mais, à présent, elles comparent leurs chapeaux dernier cri respectifs et se retournent d'un air dédaigneux. Les hommes cherchent à épater les femmes, les femmes font semblant d'être impressionnées – éternel cercle de l'aire de parade. Il existe une merveilleuse gravure sur bois d'Homer montrant une jeune fille en patins qui, dans un parfait geste de séduction aguichante (rendu respectable par son adorable petit manchon), nous regarde par-dessus son épaule. Thème récurrent de l'imagerie du patinage au XIXe siècle: la jeune fille qui regarde par-dessus son épaule avec un demi-sourire provocant. L'exact contraire, à la réflexion, du regard hautain affiché par Goethe au début du siècle. Le poète disait: «Je suis au-dessus de la mêlée»; la patineuse dit: «Venez me rejoindre ici-bas.»

Glisser, c'est échapper aux limites normales du corps, tout en ayant une conscience aiguë du sien. Le patin, comme le ballet, est une stylisation pudique de poses sexuelles, qu'il réaffirme de façon subliminale. Au XIXe siècle, la patinoire tenait le rôle que jouent aujourd'hui le club de conditionnement physique et le gymnase – ce sont des lieux où, affichant des intentions irréprochables, vous vous rendez pour flirter frénétiquement et mettre votre corps en vitrine. Rien ne vaut la caution de l'hygiène et du bien-être pour faire passer les parades sexuelles. Les invitations et les actes érotiques sont innocents dès lors qu'on prétend «faire de l'exercice». (Encore aujourd'hui, les clichés montrant des couples de patineurs tendent à être plus audacieusement et explicitement érotiques que la quasi-totalité de ceux qui se rapportent aux autres divertissements dits «familiaux».)

C'est presque une règle: quand la sexualité est réprimée, elle découvre un mode d'expression théâtral, public, stylisé. À cause du refoulement, le désir se hisse sur des patins: c'est vrai pour la sexualité des jeunes femmes du XIX\ :sup siècle et celle des homosexuels du XX\ :sup siècle. Patinant de façon flamboyante et même «efféminée», Toller Cranston nous a imposé son désir sans en crier le nom: présenté subrepticement, il a été sanctionné par sa beauté même. Ce n'est pas par accident, comme disent les historiens, que la plupart des grands patineurs du milieu du XX\ :sup siècle étaient gays. Tant et aussi longtemps que les homosexuels ont été réprimés, opprimés et persécutés, le flirt homosexuel s'est exprimé sur la patinoire – suivant le code tacite qui régissait le patinage au XX\ :sup siècle. Brisée dans son élan, la pulsion érotique chausse des patins et change en art l'affection refrénée. Dès que les manifestations en public ont été tolérées et que des hommes ont pu déambuler dans le *mall* en se tenant par la main, le patinage est devenu un sport comme les autres. Et lorsque, dans les années 1920, la société a accepté les relations sexuelles entre personnes non mariées, l'énergie canalisée vers le patinage a diminué et la patinoire s'est déplacée vers la périphérie du parc, au sens propre comme au sens figuré. Le patinage est redevenu une activité pour les enfants.

Ce double mouvement – s'éloigner du sexe pour s'en rapprocher davantage – est inévitable, aurait dit Freud. La libido, endiguée par les lainages, les fourrures et l'acier, se libère dans les grandes enjambées et les mouvements amples. Sur la glace, cette double trajectoire, que Pouchkine a embrassée dans sa poésie érotique de l'hiver, est un élément crucial de notre héritage hivernal. L'hiver nous refroidit, puis son énergie nous réchauffe.

Le croisement du sexe et du patinage a une troisième composante : le sport en tant que solution de rechange au sexe. Au milieu du XIXe siècle, le patinage se divisait en deux écoles : le style anglais et le style international. Le style anglais, depuis longtemps disparu, reposait alors sur des figures héritées des exercices militaires, exprimant la discipline et les valeurs militaires. L'apothéose du style anglais était ce qu'on appelait le *combination skating,* forme de patinage synchronisé visant à imiter sur patins des exercices militaires, du genre qu'on voit dans les cours des palais et sur les terrains de manœuvres. Les jambes bien raides, les patineurs, mis avec élégance, faisaient preuve d'une irréprochable correction. Leur objectif était d'effectuer sur la glace des figures parfaites, dans le respect de cadences austères, avec dignité et sans sourire – la version militarisée de la rêverie romantique, en quelque sorte. Comme l'a écrit un observateur de l'époque, les patineurs anglais, même dans la Suisse romantique, patinaient « exactement comme s'ils relevaient la garde à Buckingham Palace ». De nos jours, les photos de cette forme de patinage rappellent, bien involontairement, le ministère des Démarches ridicules des Monty Python : la tension entre la raideur et la résolution devient une source d'excentricité.

Puis, au milieu du XIXᵉ siècle, un homme du nom de Jackson Haines a tout changé. Jeune Américain ayant reçu une formation de danseur, Haines a adopté le patinage et s'est rendu en Europe pour présenter une nouvelle version musicalisée de la discipline. Il est à l'origine des acrobaties et des mouvements que nous associons désormais au patinage artistique : sauts, vrilles, pirouettes, arabesques. Curieusement, il a toujours reçu un accueil plutôt tiède aux États-Unis, en partie parce qu'il n'y avait pas assez d'arénas capables de le recevoir. Une chose est sûre, il n'a pas été le bienvenu en Angleterre. En revanche, son style nouveau, aujourd'hui appelé « patinage artistique », a fait sensation en Europe continentale, en particulier à Vienne et en Allemagne. Si l'école anglaise « préconisait une parfaite maîtrise du corps et des membres », Haines, ainsi qu'il l'a écrit, estimait que le patinage « devait devenir un art plutôt qu'une science ». L'école anglaise a coexisté avec la nouvelle école fondée par Haines, bien qu'elle ait pris une orientation toute différente. Dans un guide sur le patinage publié à Londres en 1892, on trouvait deux sections bien distinctes, l'une consacrée au style britannique, l'autre à l'école internationale d'Haines.

À la fin du siècle, l'ascension du sport en équipe et du sport grand public est devenue irrépressible. Dorénavant, on était prêt à payer pour voir d'autres personnes jouer. C'est vrai partout en Occident : on n'a qu'à songer à l'invention du football organisé en Grande-Bretagne, à la popularité du rugby en France et à la croissance du baseball, sport issu du cricket et du *rounders,* aux États-Unis. De nos jours, nous sommes si habitués aux sports – le sport, c'est nous – qu'il est difficile de mesurer la nouveauté de ce phénomène. Comme nous le rappelle le grand penseur antillais C.L.R. James dans son important essai sur le cricket et le sentiment national, *Beyond a Boundary,* pendant mille cinq cents ans, depuis les temps anciens donc, le sport en tant que ciment national ou civique s'était essentiellement éclipsé. Puis, vers la fin du XIXᵉ siècle, il est brusquement réapparu : « Le golf avait la réputation d'être un sport ancien, mais le premier tournoi annuel de l'Open britannique n'a eu lieu qu'en 1860. La Fédération anglaise de football a été fondée en 1863. C'est en 1866 qu'a été organisé le premier championnat d'athlétisme en Angleterre. [...] Aux États-Unis, on a mis sur pied en 1869 la première équipe de baseball entièrement professionnelle. » Et ainsi de suite : le sport d'équipe est un phénomène essentiellement moderne.

De nombreuses forces sociales se sont liguées pour permettre la transition vers le sport d'équipe. En un sens, on peut y voir un signe de « solidarité » plus grande au sein de la classe ouvrière et un des effets d'une autre invention de l'époque : le week-end. Des personnes qui travaillaient ensemble le vendredi jouaient ensemble le dimanche. Des grands magasins, des usines et des journaux parrainaient des équipes sportives. C'était, sur d'autres plans, le reflet du nouveau militarisme de masse. Même le mouvement hostile au professionnalisme et aux sports grand public – le culte de l'amateurisme olympique défendu par le baron de Coubertin – faisait appel à la moralité et non au plaisir. On a accolé aux sports d'équipe toute une rhétorique de purification et de renouveau spécifiquement antisexuelle. Avec leur culte de l'amateurisme et l'accent qu'ils mettaient sur l'embrigadement national, les Jeux olympiques d'hiver, qui ont débuté sous leur forme actuelle dans les années 1920, mais que les «jeux nordiques» avaient déjà annoncés au tournant du siècle, comportaient aussi, implicitement, un autre culte, celui du militarisme. Le sport d'équipe organisé était un moyen d'échapper au dangereux flirt avec le mercenariat présent au milieu du siècle. On se perd non pas en soi-même, mais bien dans une cause commune.

Et on assiste même à une sorte de retour du romantisme – d'un romantisme en vertu duquel on revient à l'idée du sport vu non plus comme arène de l'engagement social, mais bien comme lieu où faire la démonstration de sa force morale et de son endurance. De son courage, en somme. Après la Première Guerre mondiale, on l'observe notamment dans les dépêches concernant les sports d'hiver qu'Ernest Hemingway publie dans le *Toronto Star*. La rhétorique que l'écrivain appliquerait plus tard à la tauromachie s'exprime d'abord dans ses articles sur la luge et le traîneau. Dans les années 1930, le culte de l'individu seul et courageux qui s'adonne à un sport d'hiver prend une dimension sinistre en devenant un pivot de l'idéologie nazie.

L'une des images utilisées dans les affiches de la propagande nazie montre un skieur ou un patineur solitaire, figure singulière de l'homme nordique qui, bravant les éléments, se découvre, loin des influences de la *cosmopolis*, de la corruption inhérente à la ville juive.

En gros, toutefois, les sports d'équipe supposent l'établissement d'un complexe équilibre entre la solidarité (le fait de réunir des gens à l'intérieur d'une culture commune) et la rivalité (le fait de les diviser selon un culte partagé de la compétition). Par-dessus tout, le phénomène est régi par cette chose curieuse et fragile, et pourtant on ne peut plus réelle, qu'on appelle l'« identité ». Les sports, que nous les pratiquions ou que nous les regardions en spectateurs, nous permettent d'établir des liens – avec nos amis, nos voisins, notre ville et même notre pays. À l'époque moderne, où ces éléments sont incertains et ouverts à la discussion – qui sont nos voisins, qu'est-ce qui définit notre ville ou notre pays? –, les jeux sont le meilleur moyen d'affirmer notre identité profonde. Les sports d'équipe sont une forme de similiguerre, à ceci près que les deux équipes ont un poids égal. Les sports sont eux-mêmes une forme de guerre, clan contre clan, ville contre ville, pays contre pays. Mais nous y jouons parce que... eh bien... ce sont des jeux, justement. Les sports sont aussi des parodies de la guerre. Ils tournent en ridicule les passions qu'ils exemplifient. L'énergie et l'intensité qui les caractérisent ne vont pas jusqu'au meurtre; elles s'arrêtent juste avant la fureur. Le sifflet retentit, nous serrons la main de l'adversaire et nous convenons de nous retrouver le lendemain. Là où la politique révèle les écarts sociaux et tente d'y mettre un terme, les sports les dramatisent et les perpétuent – sans les Maple Leafs, les Canadiens ne sont plus les Canadiens. En donnant aux passions tribales une forme stylisée, les sports d'équipe nous aident à les transcender ou, du moins, à les traiter comme un jeu, comme un sport dans tous les sens du terme. Et nous en venons enfin – ce n'est pas trop tôt! – au hockey sur glace.

Dans un sens, le hockey n'est jamais que l'un des nombreux sports d'équipe qui ont vu le jour pendant les années 1860 et 1870 dans l'orbite de l'Empire britannique. Les premiers matchs homologués ont été joués au cours des années 1870, exemple parmi d'autres du culte des sports cultivé par l'Empire, responsable de la popularité du cricket à Trinité et du football en Afrique du Sud. Le hockey sur gazon, pourrait-on penser, transposé sur la glace. Les récits les plus émouvants et les plus positifs de l'impérialisme ont justement trait à la propagation du sport. Le plus hallucinant, c'est le cricket: pantalons blancs et étiquette de gentlemen comme ornements d'un sport désormais habité par l'énergie des Antilles et les passions de l'Inde. Le plus universel, c'est le football; le plus amateur, le rugby.

Le hockey sur glace est lui aussi un singulier hybride: il fusionne en effet de nombreux sports. Une chose est sûre: loin d'être un sport rural, une sorte de pastorale enfantine sur fond d'étang et d'hiver, le hockey est né dans l'étrange creuset des villes canadiennes alors en pleine expansion. Produit des pressions et des privilèges urbains, le sport que nous connaissons aujourd'hui prend naissance et surtout forme dans le melting-pot d'attitudes irlandaises, anglaises et françaises qu'est Montréal, la ville où j'ai grandi.

Je sais bien que d'autres villes, notamment Kingston et Halifax, revendiquent la paternité du hockey. Si j'attribue à Montréal la création de ce sport, c'est, je vous l'assure, par pure coïncidence et à la seule lumière des faits. Et c'est pour les mêmes raisons que je soutiens que la naissance a eu lieu dans l'étable toute particulière qu'est l'Université McGill, mon *alma mater* – et que, de façon plus précise, l'accouchement s'est produit dans le quadrilatère délimité par les rues Sherbrooke et Saint-Catherine, Stanley et Drummond, celui-là même où, toujours par hasard, j'ai grandi. Que voulez-vous que je vous dise? C'est ainsi, on n'y peut rien. (Plus sérieusement, c'est ce que laisse croire le récit le plus convaincant de ce moment charnière, que nous devons à Michel Vigneault, historien de l'Université Laval. De toute évidence, le hockey doit la vie à de multiples endroits et à de multiples régions du pays. Mais si le hockey moderne est né quelque part, c'est bien à Montréal, et le jeu conserve la marque des forceps.)

C'est à McGill, dans les années 1870 et 1880, qu'on rédige les premiers comptes rendus de matchs de hockey, mais il semble possible que le jeu soit venu de la Nouvelle-Écosse. (Selon une autre école de pensée, le sport aurait vu le jour à Kingston, mais tout laisse croire que c'est une fable inventée pour tenter de justifier que le Temple de la renommée du hockey s'y installe.) Une chose est certaine, c'est un jeune ingénieur ayant grandi en Nouvelle-Écosse, John George Alwyn Creighton, qui, établi à Montréal pendant la construction du Grand Tronc, a codifié les règles du hockey à McGill, en 1873.

Le plus bizarre, à propos du hockey sur glace, c'est qu'il doit peu de choses à la famille plus vaste de sports qui portent ce nom. Il ressemble au hockey sur gazon, se dit-on ; il tient aussi du polo – après tout, c'est l'un de ces jeux où on frappe une balle avec un bâton pour la faire entrer dans un but. Il semble même appartenir à la même famille de sports que le football-association, que les Nord-Américains appellent « soccer ».

Creighton, cependant, ne jouait ni au hockey sur gazon ni au football (de toute façon, le football était un sport d'ouvriers). Il jouait plutôt au rugby, et le hockey était pour lui une façon de prolonger la saison de rugby pendant les mois d'hiver. Son invention a vu le jour au vieux Victoria Skating Rink de Montréal, première grande patinoire construite pour un usage spécifique au Canada, entre les rues Drummond et Stanley, où, par une froide journée de mars, on aurait pu entendre Creighton crier à tue-tête, à l'intention des adeptes de ce nouveau sport, les règles du rugby. (C'est d'ailleurs là que lord Stanley a assisté à son premier match de hockey.)

Comme quelqu'un l'a déjà dit, le but principal d'un match de rugby est d'y survivre. D'où, du reste, une ambiguïté. Le hockey sur glace est un hybride, voire une anomalie – en anglais, d'ailleurs, les botanistes donnent à une mutation étrange le nom de « sport », dans un tout autre sens, bien sûr. Il semble appartenir à la famille du football-association et à celle du rugby, tandis que l'autre sport de contact qui l'a inspiré est la crosse – autre jeu d'*association* dans lequel le travail d'équipe, et notamment les passes, joue un rôle primordial. C'est aussi, en ce moment, l'autre sport dans lequel on accepte la violence. (Au hockey, contrairement à d'autres sports de la famille du football-association, il y a un espace derrière le but, détail emprunté à la crosse qui confère au hockey une dimension stratégique particulière.) L'ADN du hockey, à la fois le plus spectaculaire et le plus rapide des jeux et le plus brutal des sports de contact, réside dans cette dualité – au moment où il s'efforçait de codifier les règles du jeu, en 1873, Creighton cherchait en réalité à créer une forme de rugby sur glace, joué selon des règlements inspirés de la crosse.

Depuis, les règlements du hockey ont bien évolué. Quand Creighton les a inventés (ou consolidés), les passes vers l'avant étaient interdites – on devait transporter la rondelle ou la passer vers l'arrière, jamais vers l'avant. Emprunt explicite aux règlements du rugby et rappel implicite de son esprit ; c'est un sport à la fois brutal et chevaleresque. Et, comme le rugby, le hockey est (ou fait comme s'il était) autoréglementé. Bien que brutal, le rugby est orienté vers la fête commune d'après-match, tout autant que vers la victoire. Il récompense la camaraderie, punit l'égoïsme et possède ses propres lois tacites pour modérer la violence. Il y a de bonnes et de mauvaises façons de plaquer, et puisque la célébration d'après-match est le but du jeu, c'est le groupe qui se charge de l'application des règles. Le hockey, à la fois sinistre et gracieux, brutal et proche du ballet, appartient à la famille des sports d'association et de contrôle en même temps qu'à celle des sports de collision comme le rugby. Son histoire, en un sens, rappelle la lutte entre parents pour savoir lequel des deux léguera son bagage génétique à leur progéniture.

Deux parents... et deux solitudes ? Nous concevons la ville de Montréal, à la fin du XIXe siècle, comme un lieu composé de deux campements parallèles, de deux établissements, l'un français, l'autre britannique, séparés l'un de l'autre dans une sorte de splendeur morose. L'établissement canadien-français était dominé par l'Église catholique d'avant la Révolution tranquille, caractérisée par son étroitesse d'esprit ; l'établissement anglophone écossais, plus lugubre encore que son pendant en Écosse, avait l'Université McGill pour centre. Je me souviens d'avoir vu, enfant, les cathédrales grises jumelles de ces cultures – l'édifice Dominion/Sun Life et l'oratoire Saint-Joseph – qui dominaient cette magnifique ville, à la fois île et montagne. (Bien que construits un peu plus tard, les deux édifices symbolisent la mentalité de retranchés et d'assiégés de leurs créateurs.)

En un sens, nous nous attendons à ce que les sports reflètent l'organisation de la société qui les a vus naître. Seulement, ils sont un marteau tout autant qu'un miroir : ils brisent les conventions sociales en même temps qu'ils les fabriquent. Les immigrants irlandais et allemands venus aux États-Unis au XIXᵉ siècle ont défini le base-ball en lui donnant leur caractère ; par la suite, les Italiens et les juifs ont adopté le jeu pour embrasser l'américanité. Mais si les sports reproduisent les pressions de l'époque où ils ont été inventés, ils les altèrent aussi. Le hockey reflétait l'ordre social de la fin du XIXᵉ siècle à Montréal, en même temps qu'il le bouleversait, de façon saine et vivifiante.

Car, dans la vie montréalaise de l'époque, se trouvait un groupe mouvant, sorte d'électron libre. Quelque part entre les pieux Français et les prospères Anglais se trouvaient les Irlandais, qui jouaient pour ainsi dire à deux positions en même temps, d'une manière qui allait se révéler décisive pour l'avenir du sport d'hiver. En tant qu'anglophones, ils étaient, en un sens, du côté de l'élite anglaise. Mais en même temps, comme catholiques romains, ils étudiaient aux côtés des Canadiens français (avec qui ils contractaient parfois des mariages et auprès de qui ils se faisaient enterrer). Être irlandais, c'était avoir une double identité. D'un côté, vous apparteniez à la minorité anglophone ; de l'autre, vous n'aviez que du mépris pour vos maîtres au sein de cette minorité ; vous étiez les coreligionnaires des membres de la majorité francophone, mais vous hésitiez à vous associer au sous-prolétariat français. Quand vous jouiez au hockey, vous vouliez vaincre les Britanniques de McGill... mais, pour ce faire, vous risquiez d'avoir besoin de l'aide des francophones d'en face. Dans l'invention du hockey, les Irlandais ont donc joué un rôle marquant et même, à certains égards, le rôle central. Le vieux drapeau de Montréal, sur lequel on voyait une empreinte partagée en quarts – Français, Irlandais, Écossais et Anglais –, excluait des groupes (nous devrions désormais inclure les Grecs, les Portugais, les juifs et les Haïtiens), mais il reflétait une certaine vérité. La rivalité ethnique et les coalitions de circonstance ont façonné la culture de la ville.

Au départ, ainsi que nous l'avons vu, le hockey était un sport joué par les étudiants de McGill, à la façon d'un rugby d'hiver. En tant que membres de l'élite anglophone montréalaise, ils ont d'abord exercé un monopole sur le sport. Mais alors les jeunes Irlandais de Pointe-Saint-Charles, au pied de la montagne, ont eu besoin d'un sport d'hiver, eux aussi, et ils ont formé une équipe de hockey appelée, naturellement, les Shamrocks. À cette époque, l'Église catholique du Québec a tout fait pour dissuader ses ouailles de pratiquer des sports en compagnie de non-catholiques. Le sport en général était mal vu par la hiérarchie catholique ; en 1885, elle a même tenté d'interdire la descente en traîneau. Pour cette raison, le hockey organisé mettra du temps à se répandre au sein de la majorité francophone. Pourtant, en raison de l'alliance implicite que crée entre les Irlandais et les francophones de Montréal leur éducation catholique commune, de jeunes Canadiens français sont admis dans des équipes irlandaises.

Ce n'est pas par le truchement de la rue que la passion du hockey se transmet à la communauté francophone – chaque groupe vit dans un quartier distinct. L'opération s'effectue plutôt au sein des collèges catholiques, au Collège Sainte-Marie, au Collège Mont-Saint-Louis et au Collège Saint-Laurent, en grande partie grâce à la présence d'étudiants irlandais. En 1894 et 1895, bien que le corps étudiant du Collège Sainte-Marie soit très majoritairement francophone, l'équipe de hockey est entièrement composée d'Irlandais, et ce n'est que très lentement que des francophones s'y intègrent. Les premiers jeunes joueurs étaient issus de mariages mixtes, et encore aujourd'hui les historiens ont du mal à déterminer si tel patronyme désigne une famille francophone, mixte ou irlandaise. Au début du siècle, les frères Kent – Stephen et Rosaire – jouent pour des équipes différentes, mais Rosaire, avec son prénom français, semble ne s'aligner qu'avec des équipes de francophones, tandis que son frère Stephen butine d'une communauté à l'autre. Bref, le métissage, dans le domaine du sport en tout cas, est plus prononcé que le laisse penser le cliché des deux solitudes.

Transmis des Irlandais aux Canadiens français dans les collèges, le hockey, dans les quartiers francophones, semble avoir l'allure d'un sport de rue, d'un jeu joué à toute vitesse, pour le plaisir, et centré sur les exploits individuels – comme, dans les années 1940 et 1950, le basket-ball tel que les Africains-Américains le pratiquaient dans leurs rues et leurs terrains de jeu. Puis, comme il apparaît évident que les Canadiens français ont un don particulier pour ce sport, deux équipes, le National et le Montagnard, émergent. (Le Montagnard était au départ un club de raquetteurs, d'où son nom.) Les nouveaux clubs, qui connaissent assez de succès pour avoir leur propre patinoire dans l'est de la ville – au coin des rues Duluth et Saint-Hubert, juste au nord de la rue Sherbrooke –, deviennent les premières équipes de hockey québécoises.

L'un des aspects les plus fascinants de l'histoire du hockey à Montréal, au cours de ces cruciales années de brassage, a trait au va-et-vient bizarre et constant entre les Shamrocks, le Montagnard et le National, qui se disputent l'allégeance de leurs joueurs. En 1898, le Montagnard aligne un Proulx et un Mercier, mais aussi un Cummings et un Conrad. Si quelqu'un voulait réaliser un grand film canadien – voire le plus grand film canadien jamais tourné –, il n'aurait qu'à s'intéresser au triangle amoureux «hockeyesque» entre le Montagnard, les Shamrocks et les Redmen de McGill, à Montréal, entre 1900 et 1903. Les préjugés et le sectarisme qui éloignaient ces collectivités l'une de l'autre persistaient; en même temps, on sentait une attirance irrésistible, grâce justement à ce nouveau sport, vers l'assimilation et la mise en commun des efforts, vers la collaboration, dans tous les sens du mot. Le sport, je l'ai dit, est le reflet de nos divisions, mais c'est aussi un marteau capable de les détruire, ne serait-ce que parce que le désir tribal de vaincre l'ennemi dans le cadre d'une guerre de substitution est fort, plus fort même que le sectarisme social ordinaire.

En 1903, année charnière, deux vedettes du Montagnard, Louis Hurtubise et Théophile Viau, ont été invitées à «traverser» et à jouer pour les Shamrocks, qui appartenaient à une ligue professionnelle « senior », tandis que l'équipe francophone continuait de jouer dans une ligue intermédiaire. Cette trahison potentielle a fait grand bruit à Montréal. Ces jeunes hommes pouvaient-ils quitter le Montagnard pour les Shamrocks – équipe beaucoup plus visible dans la mesure où elle jouait à la patinoire Victoria – sans trahir leur identité nationale ? Il est vrai qu'ils aideraient les Shamrocks à vaincre les équipes rivales anglaises, mais, pour ce faire, ils devraient changer d'allégeance, passer de l'Est vers l'Ouest. Pendant une ou deux semaines, Hurtubise et Viau, un attaquant aussi vif que l'éclair et un défenseur solide comme le roc, ont porté sur leurs épaules tout le poids de l'identité nationale : en quittant le Montagnard, ils deviendraient des Irlandais symboliques ; dans le cas contraire, ils resteraient dans le ghetto canadien-français, assujetti à l'Église, et seraient bloqués à tout jamais au niveau intermédiaire. On imagine sans mal les pressions subies par ces deux jeunes gens. Devaient-ils améliorer leur sort ou affirmer leur loyauté ?

Si le film était réalisé au Canada anglais, Hurtubise et Viau joueraient pour les Shamrocks, où ils *surmonteraient tous les obstacles,* puis les Canadiens se ligueraient pour infliger une cuisante défaite à une équipe américaine. Si le film était réalisé au Québec, Hurtubise et Viau, après avoir flirté un moment avec la fausse gloire irlandaise – avec, en prime, une délicieuse idylle amoureuse franco-irlandaise –, résisteraient aux démons de l'assimilation et reviendraient dans le giron du Montagnard. Et si on réalisait un documentaire sur les événements... Hurtubise et Viau joueraient pour les deux équipes en alternance, dans la plus pure tradition canadienne. Apparemment, les choses se sont passées ainsi : ils auraient joué tantôt pour une équipe, tantôt pour l'autre. En bons Canadiens, ils ont trouvé un compromis qui les a dispensés de choisir : ils ont conservé leur double identité en portant les deux uniformes à des moments différents. Ainsi, au lieu de déboucher sur une crise, la controverse s'évapore dans l'air frisquet de l'hiver.

De façon plus générale, l'identité du hockey provient de ce compromis mouvant et fluide entre styles et patineurs qui traversent et retraversent la frontière, jamais fixés, mais toujours bons compagnons. C'est la fusion des approches – le style inspiré du rugby de l'équipe de McGill, le style désordonné et à certains égards très brutal des Shamrocks et celui, de plus en plus créatif et centré sur la passe, du Montagnard (ce que nous appelons le «hockey de rivière», même s'il a plutôt pris naissance sur les surfaces glacées des ruelles) – qui a donné au hockey son identité hétéroclite.

Je suis au regret de dire que la création des Canadiens de Montréal, mon équipe bien-aimée, fondée en 1909, a été non pas un mouvement spontané venu de la rue, mais bien une entreprise bassement commerciale lancée par des hommes d'affaires anglais désireux de profiter de l'entrain et de la popularité du Montagnard sans avoir à payer les jeunes membres de l'équipe. Au départ, les Canadiens, simili-équipe nationale, exploitaient la loyauté et le sentiment d'appartenance que l'équipe indigène avait déjà suscités. (Les Canadiens ont brièvement porté les chandails rayés inspirés du rugby associés au Montagnard ; lors du centenaire de l'équipe, on les a réactualisés, peut-être à titre d'hommage. J'arbore le mien lorsque j'assiste à un match des Canadiens.)

C'est ainsi qu'a vu le jour le hockey professionnel, avec les traits qu'on lui connaît encore aujourd'hui. Il s'agit à la fois d'un jeu improvisé qui se jouait dans les rues glacées, d'un sport brutal semblable au rugby, mais disputé à vive allure, et d'une forme de football sur glace. À ces éléments s'ajoutent les idées britanniques résiduelles de fair-play et d'autoréglementation à la mode des cours d'école, d'où les longues colonnes de joueurs qui se serrent la main à la fin des derniers matchs de séries éliminatoires ainsi que l'impression parfois détestable qu'il incombe aux joueurs de se faire justice – impression absente des sports américains dits plus « anarchiques, » mais en réalité plus autoritaires, où un seul coup de poing entraîne l'expulsion. Le hockey est un sport de ville et de clan, un sport moderne issu d'un melting-pot et qui rappelle le principe archaïque du *nous contre eux*. Il s'agit du sport le plus créatif, tellement qu'un seul esprit original peut très bien le dominer, mais aussi le plus clanique, le plus soumis aux brutales règles tribales de l'insulte et de la vengeance. Et c'est le jeu – le compromis, pourrait-on dire – entre le clan et la créativité qui lui confère son caractère, encore aujourd'hui. C'est encore le sport que nous aimons, avec ses trois brins d'ADN bien serrés.

Pourquoi aimons-nous ce sport ? Pourquoi est-il si agréable, du moins quand il n'est pas dégradé et dilué par la cupidité, la violence et la stupidité ? Le hockey n'est pas dans mon sang ; il s'inscrit plutôt dans mon sens de la beauté.

J'aime les sports. Ceux qui me connaissent bien vous le diront : je suis amateur de sports avant tout le reste, ou presque, avant d'être intellectuel, étudiant et peut-être même écrivain. Si je le pouvais, je pratiquerais tous les sports ; comme j'en suis incapable, je les regarde. S'il y a du mouvement, un pointage et un type en chandail rayé muni d'un sifflet, je réponds présent. Pendant vingt ans, j'ai assisté à tous les matchs d'ouverture des Expos ; le premier article que j'ai signé dans le *New Yorker* était consacré à cette équipe, et le trou que leur départ a laissé dans mon cœur reste béant. Au football américain, je suis les Jets de New York depuis quarante ans et, durant la saison, je blogue chaque semaine, avec passion, à leur sujet. Je suis le basket-ball, sport né à New York, ma ville d'adoption, depuis que j'y vis, et je dirais sans la moindre hésitation que Julius Erving et Michael Jordan sont les deux athlètes les plus spectaculaires que j'aie vus. Mes passions ne s'arrêtent d'ailleurs pas là où commence l'océan. Pour moi, la promenade la plus emballante du monde consiste à longer King's Road, à Londres, de Sloane Square à Stamford Bridge, par un samedi nuageux du début du printemps, en route vers un match des Blues de Chelsea. De défaite en triomphe à la Coupe du monde, mon cœur accompagne l'équipe française de football, et si on me demandait à brûle-pourpoint de citer le match le plus extraordinaire de ma vie, ce serait la victoire de la France contre les All Blacks de la Nouvelle-Zélande, à la Coupe du monde de rugby, en 1999.

J'aime les sports, donc. Vraiment. Mais de tous les sports, qu'il s'agisse d'y jouer ou de les regarder – d'y jouer par procuration, ce que fait le spectateur authentique –, le plus intéressant, le plus gratifiant, le plus divertissant, le plus difficile et le plus beau est un sport d'hiver, le hockey sur glace, à condition qu'on y joue bien, ce qui arrive trop rarement. Cette conviction concernant la suprématie du hockey en tant que sport et spectacle est plutôt rare, je le reconnais ; elle n'est en gros partagée que par les Canadiens et les Russes. Il faut avouer que la réputation du hockey est entachée par ce que John Updike appelle son « fatras de désordre brutal ». Je tiens donc à prendre quelques minutes pour montrer que j'ai raison de porter ce singulier jugement, même si, à de rares exceptions près, personne d'autre n'est au courant. (Le fatras de désordre brutal perçu par le grand golfeur est le résidu, ainsi que j'espère l'avoir démontré, de l'ancienne rivalité entre clans urbains, assainie par la stylisation.)

Si le hockey est le plus grand de tous les sports, c'est, me semble-t-il, pour deux raisons. La première a trait à ce qu'il propose aux joueurs et la seconde à ce qu'il offre aux amateurs. Pour le joueur – et pour nous tous, joueurs par procuration –, il constitue le théâtre idéal où briller par son « intelligence spatiale » et situationnelle. L'expression intelligence spatiale a d'abord été popularisée par Howard Gardner, psychologue de l'université Harvard, qui voulait dire par là que le corps est inséparable de l'esprit, l'attitude de l'analyse, et qu'il existe de multiples formes d'intelligence. Il y a l'intelligence analytique familière, celle que mesurent les tests de QI, mais aussi l'intelligence émotionnelle, l'intelligence sociale et l'intelligence spatiale, soit la faculté d'appréhender un tout changeant et de prévoir la suite, la capacité à prendre des décisions rapides, à évaluer et à comprendre les liens dans une séquence qui évolue rapidement. L'intelligence situationnelle est une notion connexe : une conscience aiguë de son environnement ainsi que des intentions de ceux qui vous entourent et de leurs réactions éventuelles.

De toute évidence, le hockey, qui se joue à un rythme effréné, révèle et récompense l'intelligence situationnelle et spatiale à un degré de difficulté absent des autres sports. C'est pour cette raison que le plus grand hockeyeur de tous les temps, Wayne Gretzky, n'avait, outre son coup de patin hors du commun, que peu d'autres compétences spécifiques. Son don, c'était celui de l'intelligence situationnelle et spatiale : savoir ce qui va se produire dans trois secondes, prévoir le jeu imminent grâce à la lecture du jeu présent, deviner d'un seul coup d'œil – voire sans avoir regardé – la prochaine réaction du gardien de but et la trajectoire future de Jari Kurri ou de Luc Robitaille. En ce sens, Gretzky était l'expression extrême des aptitudes que ce sport exige.

Le voir évoluer derrière le filet, c'était être témoin d'une stase ancrée dans l'intelligence. Je me souviens de matchs (dont un en particulier, contre les Canadiens, vers la fin de sa carrière, qui se trouve encore sur YouTube) dans lesquels il se positionnait à cet endroit et attendait que l'équipe adverse se commette. Si on fonçait vers lui, il déposait habilement la rondelle sur le bâton d'un coéquipier non marqué. Si on temporisait, il prenait son temps, tentait le tourniquet ou trouvait un ailier libre, tandis que les jeux de l'avantage numérique se déployaient et se redéployaient devant lui. Tout était fonction d'une habileté suprême, freinée avec doigté – preuve que celui qui se contente d'attendre marque aussi des buts.

Quiconque a des enfants qui jouent au hockey connaît le phénomène : il y a des enfants costauds et forts, des enfants petits et faibles – et il y a celui qui « voit la patinoire » et, au milieu des passes ratées, des tibias éraflés et des chutes intempestives, sent venir la prochaine phase de jeu. Le hockey est le seul jeu dans lequel, comme le dit un exégète de ma connaissance, un esprit vif peut transformer l'allure d'un match.

Le hockey a la réputation d'être brutal, et pourtant l'esprit y domine plus que dans tout autre sport. C'est le seul jeu où l'intelligence peut à elle seule déjouer tous les pronostics. (Quand Gretzky a reconnu son successeur dans Sidney Crosby, encore adolescent à l'époque, c'est précisément cette qualité qu'il avait détectée : moins la constitution athlétique que la perspicacité.) Il ne fait aucun doute que le football récompense des habiletés analogues. Un Johan Cruyff et un Éric Cantona possèdent une intelligence spatiale et situationnelle similaire, assez pour nous inspirer du dégoût pour les athlètes supérieurs – comme le Brésilien Ronaldo, pourtant destiné à la grandeur – qui en sont privés. Mais sur un terrain de football, il y a onze joueurs et quelque chose comme deux buts par match, et malgré de sporadiques «accélérations», le jeu se déroule au pas, au mieux, par moments, au petit trot.

Si tous les sports nous divertissent, c'est en partie grâce à l'excitation que génère un grand athlète capable de faire des exploits impossibles pour le commun des mortels, même s'il s'agit en partie d'un exercice mental. Nous vivons alors une grande empathie pour les joueurs – ce qu'une amie à moi (dont l'oncle a été intronisé au Temple de la renommée du hockey) appelle une «pitoyable identification par procuration» ou la «triste illusion pantouflarde d'accomplir des exploits qu'on ne fait que regarder». Mais les sports nous divertissent aussi en raison de leur dimension dramatique. Même en l'absence d'un grand joueur ou d'une performance remarquable, nous nous laissons captiver par le récit passionnant et imprévisible que racontent dix ou vingt joueurs à la fois. Un grand match est aussi un grand spectacle, une grande histoire. Ce qui fait la force de tels récits, c'est que, sans être injustes, ils sont imprévisibles, assez inexplorés pour que l'issue reste incertaine, mais suffisamment organisés pour que le résultat ne soit pas le produit de la chance pure et simple.

Je pense que nous avons tous entendu parler, même si c'est en termes plutôt vagues, de la branche des mathématiques qu'on appelle la «théorie des jeux». C'est une méthode d'analyse des compétitions créée par le grand mathématicien John von Neumann à la fin des années 1940 et qui, depuis, a conquis le monde, ou à tout le moins de nombreuses disciplines universitaires, en particulier l'économie et certains secteurs parmi les plus purs et les plus durs des sciences politiques. La «théorie des jeux» vise à rendre compte de façon mathématique du comportement dans des situations stratégiques – des jeux – où la réussite d'un individu dépend de choix faits par d'autres. Quiconque a vu le film *Un homme d'exception* connaît John Nash et son équilibre ainsi que la notion plus générale voulant qu'on puisse comprendre de nombreux phénomènes sociaux en y voyant de simples jeux qui nous obligent à deviner et à déjouer les projets de notre adversaire.

Fait curieux, la théorie des jeux, qu'on a utilisée pour expliquer de nombreux phénomènes, de l'économie à la guerre nucléaire, sert rarement à analyser les jeux – les sports en tout cas. Et pourtant, quand on y pense, une partie du plaisir que nous prenons aux sports a tout à voir avec la théorie des jeux, qui demande justement ce que nous savons, ce que savent nos adversaires, ce qu'ils savent de ce que nous savons et ainsi de suite.

Je ne suis pas assez calé en maths pour risquer une analyse rigoureuse de la sorte, mais je pense qu'il peut être éclairant de jongler avec certains concepts de cette théorie. L'un d'eux oppose les jeux à information ouverte (ou parfaite) aux jeux à information fermée (ou imparfaite). Les échecs sont sans doute le meilleur exemple d'un jeu à information ouverte. Quand vous jouez aux échecs, vous disposez de la même information que l'autre joueur ; comme rien ne vous est caché, il n'y a jamais de surprises au sens stratégique. Pas de tours caché(e)s, donc.

En revanche, le bon vieux poker classique est un jeu à information complètement cachée ou fermée. Vous n'avez aucune idée des cartes que votre adversaire a en main, et vous devez deviner son jeu sur la foi de son comportement ou de votre connaissance de son style. Bref, c'est un jeu d'intentions déduites, mais aussi d'informations inférées. Les meilleurs jeux – ceux que les gens semblent apprécier le plus – proposent un équilibre entre une petite quantité d'informations cachées et une grande quantité d'informations ouvertes. Dans le Texas hold'em, le plus populaire des jeux de poker, les joueurs ont cinq cartes partagées – beaucoup d'informations ouvertes – et deux cartes contenant de cruciales informations fermées.

Les sports d'équipe, concours à la fois athlétiques et stratégiques, obéissent en gros aux mêmes paramètres. Le basket-ball, par exemple, est pour l'essentiel un sport à information ouverte. Le nombre de jeux est limité et les surprises ne comptent pas pour beaucoup – aucun panier n'a une valeur telle qu'il vaille la peine de planifier à l'excès pour le réussir, et même si vous le faisiez, l'effet serait limité. Ce qui importe, ce sont les orientations, les tendances et les petites victoires tactiques – les véritables surprises stratégiques sont relativement rares. Phil Jackson, grand entraîneur de basket, a utilisé sa célèbre attaque en triangle avec les Lakers et les Bulls avant eux. Elle requiert une discipline tactique, certes, mais l'autre équipe sait toujours à quoi s'attendre ; la question est de savoir si votre adversaire peut l'appliquer avec plus d'efficacité et de constance que vous pouvez vous défendre contre lui. (L'événement clé du basket-ball, le lancer franc, est purement mécanique ; c'est une question de régularité, vertu non négligeable.)

Le football américain professionnel se rapproche davantage d'un sport à information fermée : en secret, vous mettez au point des plans stratégiques qui vous permettent de déjouer vos adversaires. C'est pour cette raison que ce sport récompense les entraîneurs comme Bill Walsh, qui avait le génie non pas de la stabilité tactique, mais bien de l'innovation et de la surprise stratégiques. En fait, on passe la moitié du temps de jeu à regarder des gens élaborer des plans secrets. Au Super Bowl de 1982, le jeu que Walsh a sorti de son scénario pour paralyser un secondeur des Bengals a procuré à son équipe le touché victorieux. Le fait qu'il ait eu un tel scénario dans sa manche démontre la nature partiellement fermée du jeu. Quant au base-ball, il s'assimile davantage au poker hold'em : tout est offert à la vue, sauf le prochain lancer.

Aux non-initiés, le hockey donne l'impression d'être un sport à information ouverte. On pourrait croire qu'il s'agit d'improvisations effectuées sans la moindre planification stratégique – d'une série de réactions instinctives à des rondelles qui rebondissent et à des joueurs qui glissent. (Quand des gens affirment ne pas voir la rondelle, ils veulent dire, je crois, qu'ils la voient, mais qu'ils ne voient pas à quoi elle rime, pourquoi elle se déplace. À première vue, on dirait une brutale série de collisions aléatoires à la faveur desquelles la rondelle termine sporadiquement sa course dans le filet.) Plus on observe le jeu, cependant, plus on constate que le hockey est le Texas hold'em des sports grand public : certaines informations sont ouvertes, mais beaucoup d'autres sont ensevelies ou voilées et ne sont révélées qu'après coup, et seulement aux observateurs aguerris et aux connaisseurs. Au hockey, il y a des cartes cachées, et une partie du plaisir, pour l'amateur, consiste à les repérer.

Pour s'en convaincre, on n'a a qu'à considérer l'effet démesuré qu'un homme doté d'un plan peut avoir sur une équipe de hockey ; le système défensif instauré par Jacques Lemaire avec les Devils a fait d'une équipe médiocre une équipe championne. La trappe est un style de jeu assommant, mais d'une redoutable efficacité. Contrairement à l'attaque en triangle, la trappe est cachée, en ce sens qu'elle se déploie très vite et exige des ajustements si rapides que, selon mes observations, même les amateurs les plus chevronnés ont de la difficulté à décrire son fonctionnement. La tension entre les cartes cachées et les cartes ouvertes, bien réelle, intervient aussi au niveau des détails les plus infimes.

Songez à la différence entre le coup franc au football et le tir de barrage au hockey. Le coup franc a été étudié en détail par les théoriciens des jeux afin de déterminer la meilleure technique, la stratégie optimale. C'est une guerre psychologique, le gardien de but devant deviner l'intention du tireur et vice-versa. Alors, tirer à gauche? À droite? En haut? En bas? Les théoriciens ont déterminé que la stratégie optimale consiste à... tirer le plus fort possible. Le but est si grand et le gardien si petit que le tireur a intérêt à propulser le ballon en plein centre, et non à viser un coin.

Comme on peut s'y attendre, la stratégie optimale pour le gardien de but est donc de rester à sa place, sans plonger à gauche ou à droite, mais il est très difficile de mobiliser la discipline nécessaire. Au football, la planification stratégique ne «paie» donc pas. Pendant les tirs de barrage, au hockey, on a affaire à la même confrontation entre le tireur et le gardien, mais lancer de toutes ses forces pour le premier ou rester en place pour le second n'est pas la solution. Trop de dimensions entrent en ligne de compte – le tir s'effectue en profondeur et en mouvement, au lieu de partir d'un point fixe –, et les chances de réussite du gardien de but et du tireur sont à peu près égales. Pendant les tirs de barrage, la présence d'une carte cachée – une idée, une stratégie, un plan que l'adversaire ignore – confère un avantage. Et le gardien doit réagir à ce genre d'initiative stratégique, de créativité, en faisant montre d'une anticipation agressive. Le jeu évident, bénéfique dans un sport comme le football, vous pénalise au hockey.

Si les grands buts de l'histoire du hockey semblent être des événements fortuits, des occasions isolées saisies au vol par des joueurs opportunistes, la vérité, pour peu qu'on comprenne le jeu en profondeur, c'est que, derrière chaque but décisif, il existe une sorte de réservoir stratégique caché, presque une moralité (au sens du théâtre médiéval), une *histoire*. Quand je songe aux grands buts marqués au hockey, je constate en chacun une part de modèle historique et une part de conséquence stratégique. Je pense en particulier au but marqué par Guy Lafleur en 1979 lors du septième match des demi-finales de la coupe Stanley entre les Canadiens de Montréal et les Bruins de Boston, le célèbre match où «il y avait trop d'hommes sur la patinoire». Outre le tir extraordinaire de Lafleur, le but a ceci de remarquable qu'on y note aujourd'hui des éléments qui rappellent le passé et préfigurent l'avenir. Avec le recul, nous sommes frappés par la totale incompétence du gardien des Bruins, Gilles Gilbert, dont le style debout paraît maintenant antédiluvien – méthode tout à fait dépassée dont ce but a montré la futilité et qui, moins d'une décennie plus tard, aurait complètement disparu. Ce tir a invalidé tout un style, et pas seulement cet instant précis.

On note aussi que le porteur de la rondelle est Jacques Lemaire, le centre de Lafleur, et que Lemaire attire les défenseurs vers lui avant d'effectuer la passe arrière toute simple qui prépare le but. Or Lemaire n'a été promu au centre qu'après une carrière inégale de joueur unidimensionnel, surtout connu pour la puissance de son tir. (Huit ans plus tôt, il avait gagné la coupe Stanley en effectuant un tir plus ou moins aléatoire du centre de la patinoire pour déjouer Tony Esposito, le gardien de but des Blackhawks de Chicago.) Dans ce cas-ci, Lemaire n'a pas fait le choix de lancer ; on se souvient alors que, pendant cinq ans, il a eu droit aux enseignements de Scotty Bowman, l'entraîneur des Canadiens, qui a patiemment fait de cet attaquant offensif un attaquant défensif. C'est d'ailleurs dans cette optique que Bowman avait rétrogradé Lemaire à l'aile avant de le muter de nouveau au centre après qu'il eut compris les vertus du jeu complet. Et c'est ce même Lemaire qui, ainsi que nous l'avons déjà vu, adopte la méthode Bowman et, à la barre des Devils du New Jersey, équipe terne mais efficace, invente la trappe moderne, stratégie réactive axée sur la défense qui a pour effet de congestionner la patinoire et requiert plus de discipline que de panache. En un sens, la passe est donc plus importante que le but. La leçon retenue par Lemaire compte tout autant que l'exploit de Lafleur – bref, on observe ici l'histoire encapsulée dans une passe arrière suivie d'un tir au but.

Le plaisir que procure la compréhension du jeu vient en partie de notre capacité à repérer de tels tournants. Michael Farber, spécialiste du hockey, a analysé dans cette optique le but marqué par Sidney Crosby lors des Jeux olympiques de 2010 : vingt ans d'histoire sublimés en six secondes. On pourrait appliquer la même grille d'analyse au but marqué par Mario Lemieux lors de la coupe Canada de 1987 – et constater, par exemple, que Gretzky s'y illustre d'abord et avant tout comme fabricant de jeux plutôt que comme marqueur –, mais contentons-nous pour l'heure de préciser que chacun de ces buts est le produit d'une histoire et d'un plan que l'adversaire ignorait ou qui lui échappait complètement, un exploit réalisé par des joueurs dotés de la même intelligence spatiale et dont chacun des éléments est exécuté si vite que le plan est invisible, sauf aux yeux les plus exercés. Ces buts revêtent une importance critique pour le résultat de la compétition, mais, en plus d'être uniques dans ce contexte particulier, ils ont des conséquences à long terme sur l'évolution du jeu.

Plus que tout autre sport, le hockey se rapproche de l'équilibre parfait entre planification et lecture, idée et improvisation. Au base-ball, les points sont des informations ; au basket-ball, les paniers sont des événements ; au football, les buts sont des exclamations. Au hockey, cependant, les buts sont des *signes de ponctuation* qui marquent la fin de phrases dont on peut suivre la trace dans des syntagmes et qui forment de longues chaînes sémantiques. Comme les grands aphorismes, les grands buts justifient toutes les analyses effectuées après coup. Comment expliquer qu'une expression ou un but recèle autant de richesses ? Le hockey a des allures de sport fondé sur les réflexes et l'instinct pur, mais il s'agit en réalité d'un sport rationnel, raisonné. Repérer les schémas au milieu des plongeons rapides fait partie du plaisir. La nuit, il m'arrive souvent de m'endormir en rejouant dans ma tête les grands buts dont j'ai été témoin – j'ai un faible pour les Canadiens des années 1970, mais seulement parce qu'ils formaient la plus grande équipe de tous les temps, et non parce que j'étais adolescent à l'époque –, et je m'étonne de constater que, peu importe le nombre de reprises, ils ne perdent rien de leur beauté : en esprit (ou sur YouTube), on y découvre chaque fois du neuf. Le hockey est source d'émotions fortes au premier visionnement, de sens au deuxième, d'apprentissages au troisième et au quatrième, y compris quarante ans après les faits. La tradition qui a débuté à Montréal il y a cent ans et qui réunit les collisions du rugby et la beauté du patin sur glace, s'est cristallisée, ne serait-ce que brièvement, et s'imprègne dans notre esprit.

Le hockey est donc un sport clanique et artisanal – voire un sport artistique – dans la mesure où il tend à réaliser un équilibre qui exige qu'on aille ensuite plus loin dans l'invention et l'innovation stratégique. Le jeu se coince et doit se décoincer – ou plutôt être décoincé par quelqu'un. Sur ce plan, l'histoire du hockey russe est révélatrice. À des années-lumière des automates totalitaires et hiérarchisés nés de notre paranoïa nord-américaine, les équipes russes classiques des années 1960 et 1970 étaient le produit de deux imaginations excentriques et originales : Anatoli Tarassov, le plus grand entraîneur russe, et Vsevolod Bobrov, le plus grand athlète russe de son époque. Comme l'a écrit Paul Harder : « Le succès du hockey soviétique s'explique par sa dimension atypique et non par le fait qu'il s'agissait d'une institution totalitaire efficace. » De la même façon que le hockey canadien est né à Montréal du croisement de trois groupes – les Irlandais, les Français et les Anglais –, le hockey russe a vu le jour grâce à la rencontre, à Moscou, de trois intelligences distinctes : Tarassov,

Bobrov et Nikolaï Epchteïn, l'inventeur de ce que nous appelons aujourd'hui la «trappe». Travaillant essentiellement en marge du système soviétique, qui se concentrait sur le football et l'athlétisme, ils ont trouvé le moyen de réintroduire le style du football dans un jeu davantage axé sur les passes et ont conféré au hockey une finesse qu'il a en grande partie perdue depuis. Si, encore aujourd'hui, nous nous attendons à ce qu'un joueur russe possède des habiletés supérieures, c'est grâce à la perspicacité jamais démentie de ces trois entraîneurs.

Le jeu peut changer. Sport clanique et artisanal, le hockey a plus que tout autre la faculté de susciter notre admiration et d'emporter notre adhésion. Ma fibre patriotique vise d'abord les Canadiens de Montréal, mais la manifestation sportive que j'attends le plus fébrilement, c'est, tous les quatre ans, les Jeux olympiques, où le hockey se joue sous sa forme idéale. J'aime mon clan ; je rêve d'expressions artisanales ou artistiques plus abouties.

J'ai une autre confession à faire : le jeu tel qu'il se pratique au niveau professionnel est si adultéré par le fatras de brutalité et par sa sœur jumelle, la stupidité, que j'ai par moments été tenté de l'abandonner. Sans sa dimension clanique – *ton groupe contre le mien, tranchons le débat ici, maintenant* –, le jeu serait privé de l'authenticité qu'il conserve malgré le cynisme ambiant. Mais la violence, la simple brutalité impunie, ne reconduit pas les traditions du hockey ; elle vend son âme au profit des plus bas instincts du divertissement contemporain – les sports extrêmes, les combats en cage et tous les spectacles débiles conçus pour de jeunes hommes friands de violence et immunisés contre ses effets. Cette tendance a commencé à défigurer le hockey qui, par moments, en devient presque laid.

Une certaine violence, ainsi que j'espère l'avoir montré, est inséparable du hockey, fait partie de son empreinte, de son ADN, de la boue de l'histoire. Mais une grande partie de la violence actuelle est imposée et inutile. Il ne fait aucun doute que le hockey est aux prises avec un problème de violence ; pour la plupart des non-mordus, le sport se résume d'ailleurs à sa violence. Le problème existe depuis toujours. Tout au long des cent années et plus de l'histoire de ce sport, certains de ses fervents apôtres – dont Ken Dryden et, plus récemment, Mario Lemieux – ont tenté de le guérir, tandis que ceux qui jouissent de cette violence résistent à toute tentative de réforme. Aussi bizarre cela puisse-t-il paraître, plusieurs amateurs de hockey, je le constate avec tristesse, considèrent l'habileté et le jeu créatif et stylisé que Tarassov et Bobrov ont apportés au hockey russe comme essentiellement passifs et féminins, et donc menaçants. Quiconque joue de cette manière mérite d'être humilié, comme l'a fait Brad Marchand en agressant un Daniel Sedin sans défense. (Dans un célèbre récit canadien, *The Drubbing of Nesterenko*, Hanford Woods tente d'explorer en profondeur cette psychose du hockey et l'insécurité sexuelle sur laquelle elle repose ; le méchant, soit dit en passant, est un joueur des Canadiens de Montréal, John Ferguson, et ceux qui se comportent mal tous des fans de cette équipe.) Jusqu'à plus soif, nous entendons à la télévision les paroles tranchantes des brutes: « Pourquoi n'a-t-il pas riposté quand je l'ai frappé? » Eh bien, parce qu'il n'est pas là pour se battre, que ce n'est ni son rôle ni son objectif... Hélas, on dirait que ce n'est jamais suffisant. Une fois de plus, il serait commode d'imputer la dégradation du sport à la rhétorique agressive américaine et au culte américain de la violence-spectacle qui dégoûtent le monde entier. Mais cette vision déformerait autant la réalité que celle de l'étang perdu comme origine du jeu. Le Canada a sa part de responsabilité (sans parler des Russes, des Suédois et des Finlandais qui, de façon plus réduite et passive, participent au saccage). Le véritable problème, c'est la troublante alliance entre la séduction qu'exerce sur les Canadiens l'éthique pure du clan – ancrée dans les querelles ethniques des origines et dans le mythe britannique du jeu qui s'autoréglemente – et la pulsion qui pousse les Américains à tout dégrader, à condition que cela rapporte.

Est-ce important? Depuis la fin du xixe siècle, le sport moderne nous rapproche les uns des autres. Tel est son sens. C'est la forme d'histoire la plus accessible dont nous disposions et l'unique lieu où le jeu de la politique identitaire n'est qu'un jeu, justement. Dans le pire des cas, les sports exacerbent nos instincts violents et notre voyeurisme: les joueurs incarnent notre colère. Dans le meilleur des cas, ils favorisent nos penchants analytiques et communaux – même des choses vives et brillantes surgissent selon des motifs et non sans raison. Puisque notre moi s'investit dans nos jeux, préserver le jeu, c'est sauver notre âme. Il n'est pas impossible de le réformer. Le football britannique a été une source de répugnance pour les Européens honnêtes à cause du culte de la violence qui, jusqu'à la fin des années 1980 ou presque, le contaminait ; puis des personnes intelligentes sont intervenues et le problème a pour l'essentiel été réglé. Si nous n'agissons pas de même pour mettre un terme à la violence et à la brutalité qui entachent notre sport bien-aimé, nous n'aurons que le hockey que nous méritons.

Voilà ! L'occasion s'est présentée de parler du hockey et je l'ai saisie ! Osé et fait, aurait dit Robert Browning. Et j'espère que, au même titre que celles de Schubert ou de Mary Shelley, l'histoire du sport s'inscrit dans notre thème récurrent. Nous étions naturellement en droit de penser qu'il serait surtout question de la nature, de rivières gelées et de corps en mouvement ; en droit de croire que la vérité des sports d'hiver aurait trait à la nation et à la pureté, à la montagne, au lac et à l'étang glacé, autant d'éléments qui nous éloignent de la ville, de ses querelles et de ses corruptions.

Dans la réalité, cependant, l'hiver récréatif est cosmopolite ; c'est un produit de la ville – hybridé, abâtardi et né des exigences et des besoins profonds de personnes confuses, friandes de plaisirs confus. Fuir l'esprit et ses angoisses nous ramène… à l'esprit et à ses angoisses. Tout au long de ces chapitres, j'ai surtout voulu insister sur le fait que l'hiver moderne débute avec l'idée romantique de l'évasion, la volonté de s'affranchir des systèmes trop raisonnés, trop cartésiens et trop raisonnables des Lumières françaises au profit d'un monde de pureté et d'autorité naturelles. Et cette évasion prend des formes différentes, de la peinture au *patinage**.

Pourtant, cette idée, chaque fois que nous l'examinons plus en profondeur, se révèle partielle, incomplète, déficiente par rapport à l'expérience vécue. De la même façon que le naturel revient toujours au galop, notre culture, que vous la fuyiez en skis ou en patins, finit toujours par vous rattraper. Vous rêvez d'une partie de hockey disputée sur un étang d'une grande pureté, puis l'histoire vous ramène à la vérité d'un conflit ethnique au sein d'une société cosmopolite. On n'échappe pas à la sexualité, aux luttes entre clans, à la vie en société. Nous fonçons vers les coins de l'étang, où nous découvrons les recoins de notre esprit. Le patineur philosophe a trouvé la solitude qu'il convoitait, mais regardez : il y a une fille qui brandit une balle de neige. Le modèle que nous observons dans l'hiver récréatif correspond à celui que nous avons repéré autant dans l'hiver romantique que dans l'hiver réparateur : les ambiguïtés les plus cosmopolites et même, si vous y tenez, les plus corruptrices de la culture moderne sont présentes dans chacun des pas du patineur vers l'étang blanc au milieu des bois qui orne le vieux billet de cinq dollars. Quand nous choisissons le sentier solitaire où tourbillonner sous le ciel étoilé, nous sentons que, le matin venu, la vie sociale reprendra. Comme l'a bien compris William Wordsworth, ce grand patineur, à la faveur des hivers frisquets du district des Lacs, une séquence de raisons accouche d'un moment de ravissement. Lorsque nous offrons notre corps au vent, notre esprit s'ouvre au monde.

CHAPITRE 5

L'HIVER REMÉMORÉ

La saison en silence

Le vin de glace, comme le sait tout œnophile, incarne la douceur née du stress. Ce n'est pas nouveau, du moins pas vraiment. Tous les bons vins tirent leurs sucres essentiels du stress des circonstances : le pinot noir, le raisin du froid pays de la Champagne, devient mou et sirupeux quand le temps se réchauffe. Mais l'extrême douceur du vin de glace est le résultat d'un stress extraordinaire. Chaque hiver, on laisse les raisins de la péninsule du Niagara refroidir et même geler – la pire chose qui puisse arriver aux fruits –, et le froid brutal pousse les sucres naturels des raisins vers leur centre, où ils attendent d'être extraits.

Et dans ce paradoxe tout simple – du climat le plus rigoureux naît le vin le plus exquis – repose le secret qui façonne l'hiver et les sentiments qu'il inspire. Sans le stress induit par le froid dans un climat tempéré, sans le cycle des saisons – ressenti non pas comme de douces variations, mais bien comme une extrême secousse, *bang*! marquant le passage d'un quadrant de l'année au suivant –, nous serions privés d'une agréable compensation. En botanique, il existe un magnifique terme pour désigner les semences qui ne s'épanouissent au printemps qu'à condition d'avoir subi la dureté de l'hiver : la vernalisation. Eh bien, de nombreux aspects de notre vie ont été, au cours des derniers siècles, « vernalisés ». (Même les habitants des régions chaudes sont conscients de la valeur du froid, ne serait-ce qu'à titre symbolique, comme en témoigne la neige vaporisée en décembre sur les fenêtres de Los Angeles.) Sans le souvenir de l'hiver, le printemps serait moins délicieux ; si, en hiver, nous ne pensions pas au printemps, si nous n'interrogions pas l'hiver dans l'espoir d'y trouver de nouvelles émotions intrinsèques pour remplacer celles qui en sont absentes, c'est la moitié du clavier de la vie qui manquerait à l'appel. Nous jouerions la vie sans dièses ni bémols sur un piano privé de touches noires.

Le stress hivernal engendre la douceur de l'été – et le stress des chaudes journées nous fait rêver à l'étrange douceur des journées froides. Ce n'est peut-être pas un mauvais point de départ, surtout si on s'attarde aux plus belles chansons où s'expriment la fatigue de l'été et le regret de l'hiver. Nous avons amorcé tous les chapitres par une musique imaginaire. Commençons donc celui-ci avec « River », grande chanson de Joni Mitchell tirée de son indémodable album *Blue*. C'est l'histoire d'une fille de la Saskatchewan qui, empêtrée dans la célébrité et dans l'amour, vagabondant entre les Antilles et le désert du sud de la Californie, voit sa mémoire se tourner vers l'hiver, vers le souvenir lointain d'une journée passée à patiner sur une rivière de la Saskatchewan. (Il y a quelques années, Joni a produit un album entièrement consacré à ses souvenirs de cette province.) Dans la chanson, il est question d'une seule femme et d'une seule rivière – mais aussi de nombreux autres sujets que nous avons abordés jusqu'ici : le mythe de l'étang sur lequel on joue au hockey, le patinage en solitaire et, par-dessus tout, Noël et la perte de l'hiver dans un climat chaud. Comment chanter des chansons d'hiver là où il fait chaud ?

Il existe toute une littérature de l'exil venue du Sud, une littérature que le commun des lecteurs cultivés connaît bien. Dans son plus récent recueil de poèmes, *Opal Sunset,* Clive James, grand poète et critique australien, depuis la froide Cambridge, se remémore sa jeunesse australienne et le soleil de son pays. « Retourne auprès du coucher de soleil opale », se conseille-t-il à lui-même, là où il y a du vin, des avocatiers et du soleil à longueur de journée. On note aussi un important corpus littéraire antillais dans lequel des auteurs exilés dans le Nord se souviennent du Sud. Derek Walcott revient sans cesse sur ce sujet dans une œuvre où s'entremêlent les thèmes jumeaux du plaisir perdu et du manque apparent (mais seulement apparent) de « gravité » qu'on ressent forcément dans un pays ensoleillé privé des quatre saisons, pays aux joies superficielles (à moins que nous en ayons simplement une conscience trop superficielle). « L'hiver ajoute de la profondeur et de l'obscurité à la vie ainsi qu'à la littérature, et dans l'été sans fin des tropiques ni la pauvreté ni la poésie [...] ne semblent capables de profondeur : la nature y est trop exultante, trop résolument extatique, comme sa musique. Une culture centrée sur la joie est forcément superficielle », a déclaré Walcott dans son discours d'acceptation du prix Nobel. Envieux, l'écrivain venu du Sud est frustré par le fait que « seules les cultures soumises aux quatre saisons sont capables de gravité ». Comment peut-il y avoir des gens, là, en bas ? demande-t-il – tout en sachant très bien qu'il y en a et que c'est le plaisir que nous prenons dans leur milieu idyllique qui conspire à supprimer ou à simplifier leur existence.

On trouve une littérature plus restreinte, mais tout aussi forte, produite dans le Sud par des écrivains du Nord – qu'il s'agisse des poètes russes expatriés en France au XIXᵉ siècle ou d'une chanteuse canadienne établie à Los Angeles. Là où l'écrivain du Sud expatrié dans des terres nordiques s'efforce d'expliquer qu'il y a des gens là-bas, l'écrivain banni des pays de l'hiver tente d'expliquer (ou de chanter) que le plaisir y est aussi possible. « *I wish I had a river I could skate away on*[1] », chante Joni. Et, dans leurs pensées ou dans leurs chansons, ils revisitent les plaisirs de la remémoration elle-même – le fait que l'hiver puisse servir de lieu magique de la mémoire, d'entrepôt des souvenirs.

Le stress engendre la douceur, au même titre que la neige et la glace sont le glaçage de la perte. Le texte que j'ai omis de citer jusqu'ici bien qu'il soit très évident, le texte auquel je n'ai pas encore

---

1. J'aimerais avoir une rivière sur laquelle patiner au loin. [NdT]

fait référence, que j'ai réservé pour le dernier déchant, est en un sens le plus beau texte, le plus beau poème sur l'hiver que nous ayons. Je veux parler du magnifique poème d'amour écrit au xvᵉ siècle par François Villon, *La ballade des dames du temps jadis,* avec sa liste de dames depuis longtemps perdues et son refrain : « *Mais où sont les neiges d'antan ?* * »

On dirait le vers tout droit sorti de son cadre Renaissance pour servir de refrain moderne. La célèbre traduction anglaise de Dante Gabriel Rossetti – « *Where are the snows of yesteryear?* » est à mon avis trompeuse dans la mesure où elle confère au poème un ton archaïque, contraire à la vraie émotion qu'il transmet. « *Where are the snows gone?* » serait une traduction plus simple. Ou, mieux encore : « *Where are the snows we knew?* » Ou même, comme l'a proposé un traducteur plus acerbe : « *Well, where are yesterday's snows?* » Car le refrain a une double portée : il est à la fois sardonique, et dans le plus beau sens du mot, sentimental. D'un côté, nous savons où sont les neiges d'antan – elles ont fondu pour de bon ; de l'autre, elles persistent dans la mémoire, telles de grandes beautés ayant vieilli ou rendu l'âme. Et le double sens de ce vers laisse entendre que l'hiver – la saison morte, la saison morne, la saison nulle – est en réalité et en secret la saison où repose notre sens du passé.

Dans ce dernier essai, je m'intéresse au *souvenir* de l'hiver et je parlerai de la perte de l'hiver de trois manières différentes, mais étroitement liées entre elles. Je songe d'abord au sens simple et principalement positif en vertu duquel, grâce à l'évolution de l'architecture et de la technologie, nous pouvons nous distancier de plus en plus de la saison. (Nous déambulons dans le Montréal souterrain en nous disant : « Mon Dieu, fait-il froid dehors ? ») Deuxièmement, au sens objectif, bien que menaçant, voire cosmique, voulant que, par notre faute, l'hiver soit en voie de disparition à cause du réchauffement de la planète, et que notre relation avec la saison a changé et change encore. (Nous marchons dans l'Arctique – du moins certains d'entre nous – et nous nous disons : « Fait-il encore froid dehors ? ») Et enfin, au sens plus mystérieux – et je risque ici de m'égarer dans des congères philosophiques d'où on tirera peut-être un jour mon cadavre gelé, risque que je courrai à la façon d'un flegmatique explorateur anglais –, mais tout aussi important, voulant que l'hiver et l'idée de la mémoire s'entremêlent de façon presque mystique dans l'esprit moderne.

Trois façons très différentes de se souvenir de l'hiver, donc, mais qui s'articulent autour d'une norme méditative commune : comment intégrer à notre perception du temps et de l'ordre un acte mécanique, minéral – la réalité d'une saison qui n'est pas faite pour nous et qui est indifférente, dans tous les sens du terme, à notre existence ? Comment une saison qui résulte de l'inclinaison des pôles et de la présence de cycles climatiques ici et sur toutes les planètes inhabitées du système solaire – de simples manifestations physiques, autrement dit –, participe-t-elle, s'attache-t-elle à nos vies ?

En un sens, la nature tout entière est indifférente à notre moi ; l'été viendrait même s'il n'y avait personne pour en être témoin. Le mois de juillet existe sur Jupiter, il y a un printemps sur Mars, sans présence humaine. Mais dans le cas de l'hiver, nous approchons cette vérité plus crûment. Au printemps et en été, le sens de l'harmonie nous vient plus facilement, avec moins de stress. Nous sommes nés dans un climat et des temps comme ceux-là, nous sommes faits pour eux. Nous avons au moins l'illusion de faire partie de cette trame. Nous avons été conçus pour le confort tempéré de la savane et, si nous voulons survivre, nous devons sans cesse construire autour de nous des boîtes qui recréent cet environnement. Au-dessus du cercle polaire, aucun de nous n'est chez lui – et pourtant, d'une certaine manière, nous le sommes. Même au Canada – ces « quelques arpents de neige » –, personne n'est « naturellement » chez lui, et pourtant nous sommes là. *Fabriquer* l'hiver, distinguer ses plaisirs des terreurs qu'il suscite, requiert le plus grand effort mental et mémoriel jamais tenté par un peuple moderne.

Vous vous rappellerez que, au début du XIXe siècle, l'invention du chauffage central – du chauffage à la vapeur et du radiateur – a joué un rôle déterminant dans l'émergence d'une nouvelle idée romantique de l'hiver. La saison s'est en quelque sorte émancipée de la menace qu'elle représentait : en somme, elle est devenue un objet de contemplation et de conversation, au lieu d'une épreuve à supporter avec stoïcisme. Installé bien au chaud, on se plaît à admirer des scènes de froidure. Et, pour éprouver sa résolution, on aime aussi s'y aventurer,

de la même façon que des gens qui ont chaud prennent plaisir à sauter dans une piscine remplie d'eau
glacée.

Vous vous rappellerez aussi qu'au moment
de la naissance du chauffage central en Grande-
Bretagne, au XIXᵉ siècle, une autre idée plus profonde était présente. Le chauffage central était lié à
une nouvelle conception de l'architecture, une
architecture faite non seulement de briques, de
pierres et de masses, mais aussi d'air, d'une enveloppe d'air chaud, en l'occurrence. En matière de
bâtiments, toute nouvelle pratique crée implicitement une nouvelle manière d'occuper l'espace, et
la nouvelle idée suggérée par le chauffage à vapeur
central était celle d'un homme libre de vivre (à
moitié nu, si tel était son désir) dans un espace où
la chaleur était également distribuée, où l'ancien
fossé entre la nécessité de se blottir près du feu et la
volonté de se tenir à la fenêtre allait peu à peu disparaître. Nous avions réalisé une boîte recréant
parfaitement les conditions de la savane en plein
cœur de l'hiver, à Glasgow, ou du moins nous
étions sur le point d'y arriver. L'homme naturel ou
même le sauvage nu pouvait renaître *à l'intérieur.*
Et cette idée a grandi et s'est transformée ; à notre
époque, on peut créer entre quatre murs un univers
parallèle qui sert d'antidote au monde extérieur.

Ainsi, le chauffage central, dans la mesure où il
a modifié notre rapport à l'hiver, a redéfini notre
expérience de cette saison en ville. Bizarrement, les
gens, au XIXᵉ siècle, réussissaient mieux que nous,
à maints égards, à intégrer les expériences hivernales dans l'espace public urbain. Les gravures de

l'époque, l'histoire des villes révèlent l'incroyable richesse de la vie urbaine d'alors, conçue pour explorer et favoriser les joies de l'hiver. Paris, ma ville d'adoption bien-aimée, en est le meilleur exemple. À la fin du XIXe siècle, la ville comptait au moins six patinoires, un « palais de glace » et un bar dansant appelé le Pôle Nord. Dans les années 1950, MGM a produit le film *Gigi*, d'après le roman de Colette, dont l'une des scènes principales se déroule sur une patinoire ; à Paris, où on tournait en extérieur, il n'y en avait plus une seule, et il a fallu en improviser une. Aujourd'hui, cherchez une patinoire à Paris ; vous devrez attendre qu'on en aménage une petite aux abords de l'hôtel de ville, près de Noël. Si vous avez un bâton de hockey, vous ferez figure de véritable phénomène. À Ottawa, capitale du Canada, il y avait autrefois le Crystal Palace, équipé d'une glissade qui permettait, paraît-il, de descendre jusqu'à la rivière des Outaouais.

De nombreux éléments ont présidé à ce changement. Dans la vie, peu de phénomènes ont une cause unique, sauf peut-être le sexe et la lingerie. Le divorce entre l'expérience urbaine et l'hiver, comme quantité d'autres changements survenus dans les villes, s'explique par l'introduction d'un objet rappelant en format réduit le confessionnal : j'ai nommé la voiture. Affirmer que le siècle dernier a surtout été marqué par le combat constant et perdu d'avance entre les exigences abrutissantes de la voiture et les valeurs enrichissantes de la ville serait une exagération, je suppose, mais jusqu'à un certain point seulement. La vérité, c'est que les voitures et les villes ont des besoins diamétralement opposés, ou presque. Il faut garer les voitures quelque part, et ces espaces, par leurs vastes dimensions et leur fonctionnalité unique, sont intrinsèquement antihumains. Les voitures ont besoin de tiroirs où se caser, de pieds largement écartés pour avancer ; elles ralentissent la circulation dans les rues et, par endroits, paralysent la ville. Les villes, en revanche, ont besoin de carrefours animés, de rues étroites faciles à traverser, de squares et de places – bref, d'aménagements architecturaux qui favorisent la densité ainsi que l'interconnexion et les échanges. Ce que la voiture offre en commodité, elle le reprend en capital civique. Le stationnement est le cimetière de la société civile. (La patinoire Victoria de Montréal, où le hockey est né, est aujourd'hui un parking. Simple fruit du hasard ou blague un peu sinistre ? La conséquence, en tout cas, c'est que le sport, de nos jours, s'apprend et se joue surtout loin du centre.)

À première vue, la ville en hiver est un endroit où il est presque impossible de résoudre les problèmes posés par le rapport entre la voiture et la ville. En hiver, les citadins délaissent la rue pour se réfugier dans leurs voitures : plus l'hiver est rigoureux, plus la crise s'envenime. Mais, par une suite d'événements inattendus – le croisement habituel de l'individu imaginatif qui sème une graine et du terreau fertile dans lequel elle tombe par hasard –, on constate aussi que les hivers rigoureux engendrent des solutions ingénieuses qui redynamisent la vie urbaine. Le stress s'enfouit dans le sol et crée une nouvelle forme de douceur. On en trouve des preuves dans toutes les villes d'hiver du monde – il existe même un «mouvement des villes d'hiver», qui va de la Finlande à Calgary en passant par Minneapolis –, mais je pense que c'est Montréal, la ville où j'ai grandi, qui en fournit le meilleur exemple.

Quand je n'étais encore qu'un adolescent malheureux, mon seul plaisir consistait à faire l'école buissonnière pour aller me promener dans le Montréal souterrain. On pouvait partir de la Place-Ville-Marie qui, à l'époque, bénéficiait d'une délicieuse signalisation uniforme et de deux petits cinémas (aujourd'hui disparus) et, en empruntant une caverne invitante, gagner la gare Centrale où, comme dans la plupart des gares ferroviaires canadiennes, régnait encore une impression d'affairement et de résolution. (Les gares américaines sont toutes devenues des gares d'autobus ou des cimetières.) On y voyait de magnifiques bas-reliefs Art déco montrant des scènes d'hiver graves et stylisées : des hockeyeurs fixant la rondelle à la manière de danseurs dans une comédie musicale de Fred Astaire, des joueurs de crosse tout droit sortis d'un plateau de cinéma de RKO. (Bizarrement, la frise semblait changer périodiquement de couleur, passer du rouge au bleu et vice versa. Je n'ai jamais su s'il s'agissait d'une illusion d'optique causée par la lumière ou de l'effet d'hallucinations adolescentes.)

De là, on s'enfonçait dans les espaces plus sombres, mais d'un brutalisme tout de même impressionnant, de la Place-Bonaventure. Ou encore, en se dirigeant de l'autre côté, on pouvait prendre le métro et atteindre rapidement l'extrémité ouest du centre-ville, où un couloir vous déposait à la Plaza Alexis-Nihon (ce n'était pas encore une *place**), avec ses lourds arômes de beignets et de hot-dogs – de *chiens chauds**, ainsi qu'on traduisait leur nom de façon parfaitement raisonnable –, ou, juste à côté, au Forum de Montréal, où la plus grande équipe de hockey de tous les temps, passés et présents, les Canadiens des années 1970, trônait encore. Puis (si ma mémoire est fidèle) on n'avait qu'à suivre un couloir carrelé incurvé et muni d'un grand miroir pour aboutir au plus élégant lotissement de Montréal, le Westmount Square, où on trouvait un café de style américain et de belles boutiques de vêtements pour femmes. Tout cela n'avait rien à voir avec un centre commercial, car les centres commerciaux sont conçus pour qu'on y tourne en rond ; de façon astucieuse – ou honteuse –, ils cherchent à maintenir le visiteur dans une boucle fermée, dans la roue de hamster du commerce. Dans mes déambulations résolues de jeune garçon, j'étais heureux et, en plein cœur de l'hiver, au chaud. Par endroits, on respirait d'étranges odeurs de renfermé, mais on pouvait, aussi bizarre cela puisse-t-il paraître, traverser allègrement tout un monde. Il m'a fallu la lecture des merveilleux mémoires de l'écrivain anglais Keith Waterhouse, *City Lights: A Street Life,* dans lesquels il fait état de pérégrinations illicites similaires à Leeds dans les années 1930 – ses heureuses balades à lui se déroulent en surface, bien sûr – pour me souvenir de mes joies d'adolescent fier de sa ville.

À l'exemple de tout occupant d'un terrier, je voyais alors la liberté offerte par la ville souterraine comme la conséquence naturelle et logique de la vie dans un climat froid, mais, bien sûr, je n'y étais pas du tout. En fait, une génération d'urbanistes, qualifiés à juste titre de visionnaires, et en particulier un émigré du nom de Vincent Ponte, né aux États-Unis, mais installé depuis longtemps à Montréal, avaient façonné mes après-midi sans école. Les villes, comme nous l'a enseigné la philosophe et urbaniste Jane Jacobs, s'organisent d'elles-mêmes, mais elles ne démarrent pas toutes seules (comme, dans ses moments de moindre lucidité, elle semblait parfois l'imaginer). Le réseau souterrain montréalais est le fruit de mesures conscientes, conçues et mises en œuvre par une génération d'urbanistes qui, pour une fois, ont pour l'essentiel vu juste. Depuis, la situation s'est encore améliorée. Quarante ans après mes errances, Montréal possède un immense réseau intérieur de tunnels, de passages, d'atriums et de prolongements hors terre répartis dans soixante complexes immobiliers distincts, certains publics, la plupart privés. Le réseau, qui s'étend déjà sur plus de trente kilomètres, continue de se développer. Dans ce grand terrier, on trouve des bureaux, des détaillants, des services institutionnels, culturels, récréatifs et résidentiels, des hôtels et des services de transport, notamment dix stations de métro, deux gares ferroviaires régionales (trains de banlieue) et deux gares routières régionales. À l'heure actuelle, on peut accéder à quatre-vingts pour cent de tous les bureaux du centre-ville sans avoir à affronter le froid et, chaque jour, plus d'un demi-million de personnes transitent par cette ville souterraine. On y dénombre deux mille commerces, presque deux mille logements, deux cents restaurants, quarante banques, quarante salles de cinéma, une cathédrale, un centre d'exposition et un centre des congrès. C'est un modèle d'urbanisme en climat froid, l'ultime ville d'hiver.

Au point zéro, la Place-Ville-Marie, une plaque rend hommage au regretté Vincent Ponte, désigné comme le parrain de ce monde hivernal souterrain. Ponte était un jeune architecte qui, en 1959, est venu à Montréal avec l'architecte sino-américain Ieoh Ming Pei, à l'invitation du promoteur William Zeckendorf, pour transformer la grande estafilade qui défigurait la ville, à l'endroit où le chemin de fer était passé, et créer un lotissement nouveau, un gratte-ciel cruciforme, d'un genre complètement inusité. Comme Pei à l'époque, Ponte était à maints égards un penseur et un architecte corbuséen classique, un homme qui avait assimilé la rhétorique alors toute-puissante du mégabloc, l'énorme tour enchâssée dans une place. C'était un maître du «plan directeur», modèle que rejettent aujourd'hui les critiques architecturaux bien-pensants. Une partie de sa conception est toutefois digne d'un grand maître, et tout indique qu'il avait le don de rendre ses projets séduisants, irrésistibles. Par la suite, un de ses clients, un promoteur immobilier de Dallas, Jack Gosnell, a déclaré qu'écouter Ponte, c'était comme assister à un concert d'Elvis Costello : «lunettes en écaille, crinière noire et son hypnotique».

On ne savait pas encore que la grande place ouverte sur laquelle on posait invariablement le gratte-ciel idéal se transformerait presque toujours en terrain vague. Sans carrefours et sans petits commerces, sans la bousculade et les échanges qui créent la ville, ces places, d'Anchorage à Albany, deviennent de véritables cendriers spirituels. Mais s'il ignorait peut-être que la grande place ne convenait pas à une ville d'hiver (en fait, ce modèle est partout inopérant, mais plus encore dans les endroits où souffle un vent glacial), Ponte a compris autre chose : il suffisait de baisser les yeux et de creuser pour aménager une seconde ville.

Ainsi, son plan directeur pour Montréal, en 1961, a été l'un des premiers plans d'urbanisme « multidimensionnels ». S'inspirant des idéaux de la Renaissance, il a voulu que la vie dans les rues se déploie sur plusieurs niveaux et, au moyen d'une série de petites connexions entre la gare ferroviaire, la nouvelle Place-Ville-Marie et l'hôtel Reine Élizabeth, de l'autre côté de ce qui était alors le boulevard Dorchester, il a entrepris d'aménager la ville souterraine. L'initiative a engendré une croissance organique : un tunnel en croisait un autre, un passage en recoupait un autre, et bientôt l'équivalent d'une petite ville de montagne italienne poussait sous Montréal.

Deux modifications simples mais déterminantes – et dont la paternité fait l'objet d'une petite controverse – y ont contribué. En vertu de la première, on a statué que tout ce qui se trouvait sous la ville, passé un certain seuil, devenait un bien collectif. À New York, par comparaison, votre terrain vous appartient jusqu'en Chine, comme on dit. (Évidemment, la réciproque est aussi vraie et votre terrain en Chine va jusqu'à Manhattan ; en ce moment, il y a fort à parier que, en cas de conflit, la Chine s'emparerait de la terre entre les deux points.) Avant de creuser un tunnel sous l'Empire State Building, vous devez vous adresser à ses propriétaires. À Montréal, fait très rare, il existe un complexe mécanisme foncier (bail de location) suivant lequel ce qui se trouve sous terre appartient à tout le monde. On peut creuser des tunnels, peut-être pas à volonté, mais on en a le droit. Ponte semble aussi avoir compris que le nouveau métro de Montréal deviendrait la colonne vertébrale et le système sanguin de la ville souterraine, que celle-ci étendrait naturellement ses tentacules à partir d'un élément urbain plus familier : le train souterrain. La ville multidimensionnelle a besoin d'un métro comme système nerveux et d'une série de tunnels et de passages comme tissus conjonctifs.

L'idée de la ville souterraine – creuser pour trouver l'espace qui manque en surface – est ancienne et suscite des réactions ambivalentes. La perspective de vivre sous terre inspire la peur et la prudence. Au Moyen Âge, les synagogues ne devaient pas s'élever plus haut que la flèche de l'église locale, ni même s'en approcher. Les juifs ont donc dû creuser pour se donner plus d'espace. À notre époque, l'idée de s'enfouir sous terre est singulièrement peu attrayante – on songe aux Morlocks de *La machine à explorer le temps* d'H.G. Wells, que les Éloïs forcent à vivre dans un désert souterrain, sans soleil. Et, de fait, la première incarnation de ce monde souterrain, à Montréal, avait ses passages humides et ses sections nauséabondes. Avec le temps et l'expérience, on s'est toutefois rendu compte que, à condition de créer des puits de lumière et de prévoir une sorte de membrane perméable faite d'escaliers conventionnels et d'escaliers roulants, on pouvait aménager sous la terre une grande ville chauffée tout aussi attrayante que celle du dessus.

Ainsi, tout le monde pouvait accéder au centre-ville par train et laisser sa voiture à la maison – ou se passer de voiture, tout simplement. La ville souterraine a contribué à une remarquable renaissance de la ville centrale (ni partout ni toujours, cependant, l'ouest de la rue Sainte-Catherine, par exemple, ayant été oublié). Dans l'ensemble, on a assisté à l'émergence d'une sorte de cercle vertueux, que Ponte semble avoir pressenti : amenés sous terre, les gens sont pressés de remonter à la surface. On crée ainsi une membrane perméable entre le dessous et le dessus, entièrement axée sur la circulation à pied – autrement dit, sur le piéton, le marcheur, soit le globule rouge de la ville, sans qui elle blêmit, tombe malade et meurt d'anémie.

Au début du mois de mars dernier, j'ai eu le privilège d'arpenter la ville souterraine en compagnie de l'architecte Peter Rose, l'un des créateurs de ce Montréal moderne. Il faisait ce jour-là un froid mordant – un de ces froids montréalais qui vous font croire que le printemps n'arrivera jamais (le chauffeur d'origine haïtienne qui m'a cueilli à l'aéroport a failli verser une larme à la pensée du climat qu'il avait quitté). Peter et moi avons parcouru la ville souterraine d'un bout à l'autre, ou presque ; en cours de route, nous nous sommes arrêtés pour prendre un café et manger un morceau. La première chose que Peter m'a prié de noter est que la ville souterraine ne l'est plus vraiment et qu'il s'agit désormais moins d'une ville séparée que d'une *seconde* ville, aménagée sous la peau, qui nourrit et soutient les rues de la ville en surface. Si la ville souterraine de mon enfance respirait encore l'odeur de rassis des tunnels et des terriers, la nouvelle – qui se prolonge vers l'est et englobe les énormes sous-sols des vastes lotissements au moyen desquels les gouvernements fédéral et provincial se sont disputé le cœur de Montréal et l'allégeance des Québécois – constitue à présent un espace subtil et multiple, bien éclairé par des bassins de lumière, où circulent les employés des immeubles de bureaux. Il en résulte exactement le genre d'atmosphère dont avait rêvé Ponte: le monde intérieur devient une sorte de Serengeti artificiel. Son manteau sur le bras, on peut marcher pendant des kilomètres, sans jamais penser au froid cinglant et hostile qu'il fait dehors.

Une fois de plus, la possibilité de circuler confortablement sous terre a pour effet de rendre la ville au marcheur, naturellement curieux. Nous savons désormais que toute élévation vers le soleil, aussi minime soit-elle, a d'importants effets sur le moral et la température. Même par une froide journée d'hiver, la densité de la vie dans les rues au-dessus de notre point de départ, la place Victoria, se comparait à celle de la vie d'en dessous. La densité tend à produire – et à reproduire – la densité. Les espaces sous terre et en surface créent une membrane perméable de civilité où la vie bascule aisément vers le haut ou vers le bas. À la façon d'une fourmilière au sens le plus flatteur du terme, le trop-plein du dehors témoigne de la vie qui grouille à l'intérieur.

Les villes «où il fait bon vivre» ne résultent jamais d'une cause unique : il ne saurait y avoir un plan directeur universel. (La plus belle ville du monde, bâtie sur l'eau et autour de l'eau, requiert, bizarrement, des bateaux.) Le plan que Ponte a conçu pour Dallas, analogue à celui de Montréal, a été un désastre absolu pour la simple et bonne raison que les tunnels à eux seuls – en l'absence d'un métro et de l'hiver – ne servent à rien. Ponte est aussi haï à Dallas qu'il est honoré à Montréal. Là, le plan multidimensionnel souterrain est décrié, tourné en ridicule – justement parce qu'il a tué la vie dans les rues, les a «déshumanisées». C'est que la ville du Texas était fondée sur la voiture et les stationnements ; sans la colonne vertébrale du métro, la vision de Ponte est inapplicable. («À présent, les tunnels doivent être traités de façon compassionnée, réfléchie et équitable», a déclaré un urbaniste à propos de ceux de Dallas, en attente d'être démolis.) À Montréal, on doit choisir non pas entre la rue et le tunnel, mais bien entre la rue en hiver et la ville souterraine. Le meilleur système nerveux ne sert à rien si le sang n'irrigue pas tout l'organisme, de la même façon que des artères impeccables sont inopérantes en l'absence de réseaux neuronaux ouverts.

Entre les villes d'été et d'hiver, je pense qu'il existe une asymétrie plus subtile, si subtile en fait qu'elle échappe à la vigilance des architectes et des urbanistes. Je veux parler de la différence entre le fait d'avoir très froid et celui d'avoir très chaud. Quand vous avez très froid, vous pouvez presque toujours trouver un moyen de vous réchauffer ; le manteau de fourrure demeure la première et la plus efficace des « boîtes » imitant la savane. Quand vous avez très chaud, les options qui s'offrent à vous sont extrêmement limitées, et vous ne réussirez pas à vous rafraîchir, du moins pas sans indécence, dans la rue. Par temps froid, on peut, à condition d'être vêtu adéquatement, marcher en ville sans problème, quitte à presser un peu le pas. Pour le marcheur, la ville « fonctionne » à deux niveaux et à deux températures. Quand il fait trente-deux degrés Celsius, il n'y a pas grand-chose à faire, hormis haleter et trouver refuge dans un endroit climatisé : il n'existe pas de cocon tempéré portable équivalent, sauf la voiture climatisée (la plupart des Américains arborent déjà le short et le t-shirt). « On peut pas marcher quand il fait la grosse chaleur », a déclaré ma fille de quatre ans à l'occasion d'une visite du Colisée de Rome, fournaise perpétuelle, et c'est vrai.

Une ironie se loge donc au cœur de cette histoire : le stress de l'hiver adoucit la ville. Le plan multidimensionnel ne guérit pas tous les maux, mais c'est la solution à l'un d'eux, en l'occurrence l'hiver. Là où la ville tropicale résiste à la solution souterraine (autant le métro que la configuration particulière de l'espace commercial) et se rabat sur des unités climatisées, d'espaces barricadés en quartiers privés et en enceintes clôturées, la ville d'hiver ouvre les bras au marcheur. Elle peut devenir la ville idéale, ou peu s'en faut, dans la mesure où, contournant le froid, elle triomphe de son véritable ennemi (la voiture) et laisse ses vrais adjuvants (le piéton et le petit magasin) se mélanger sur plusieurs niveaux, même pendant la plus rébarbative des saisons.

L'hiver impose à la ville un stress et une présence qui la définissent de façon positive. Ce n'est pas par hasard, tant s'en faut, que les villes les plus accomplies, celles qui ont le mieux su préserver l'esprit cosmopolite malgré les assauts de la voiture, se concentrent presque toutes dans le Nord : les villes du nord de l'Europe, Paris (oui, c'est une ville du Nord), les villes de la Scandinavie et du Canada. Non seulement parce qu'elles prospèrent malgré le climat, mais bien parce que le climat même, auquel ont su s'adapter des architectes suffisamment débrouillards, les bonifie. Pour la ville, l'hiver n'est pas un obstacle à surmonter : c'est une pression qui l'améliore, suivant le principe qui s'applique au vin de glace. Le stress extrême entraîne la compression, et c'est de la compression que naît la douceur. Pour le marcheur, la ville d'hiver est plus vivante que la ville tropicale ne le sera jamais. Plus il y a d'hiver, plus il y a de marcheurs. Et plus il y a de marcheurs, plus le monde est riche. Formule simple, mais immensément porteuse.

Et pourtant, la conquête de l'hiver s'accompagne de pertes bien réelles – pertes qui, à mon avis, s'expliquent par la relation entre la ville intérieure et le monde extérieur. La première a trait à l'expérience primordiale de l'observateur devant la fenêtre, celle qui a façonné le XIXe siècle : l'appréhension romantique de ce qu'est l'hiver et de ce qu'il pourrait être. Nous n'avons plus, comme expérience immédiate, la sensation que seule une infime membrane – un simple panneau de verre – sépare l'observateur (le peintre, le poète ou l'enfant ordinaire) de la menace qui se profile derrière. Il y a une grande différence entre l'expérience de l'hiver qui se déploie sous nos yeux et celle qui se déploie au-dessus de nos têtes. La dimension artificielle de la ville souterraine ou intérieure – notre capacité à fabriquer un environnement artificiel, à transformer ces petites bulles de savane en cabanes tempérées plus spacieuses – nous permet d'échapper à l'hiver, là où nous n'avions autrefois d'autre choix que de nous y mesurer.

Cette altération de ce que j'appelle l'hiver romantique se fait encore davantage sentir dans l'hiver radical : la grande frontière du pôle Nord et du pôle Sud est aujourd'hui colonisée, domestiquée, fixée. (On trouve dans le livre de Richard Panek, *The 4 Percent Universe,* de merveilleuses descriptions de la station de base du pôle Sud, telle qu'elle existe aujourd'hui ; malgré le confort des lieux, on se sent un tantinet claustrophobe. Les jours où il fait « chaud », ses occupants sortent en courant, vêtus d'un jean et d'un t-shirt ; quand il fait froid, ils se pelotonnent à l'intérieur avec des DVD. Leur petit cercle n'est infecté ni par l'impuissance ni par l'héroïsme.) Cette perte, cette aliénation, ce divorce relatif à l'expérience de l'hiver et à ses connotations sont aujourd'hui bien perceptibles, en art comme en littérature.

En passant de l'urbanisme à la versification, je pourrais donner l'impression de passer du coq à l'âne, mais il n'en est rien. À quoi sert la poésie, sinon à commémorer une émotion quotidienne, à creuser des tunnels entre la vie commune et l'espace commun? Deux poèmes de mes poètes américains préférés du milieu du siècle dernier, Elizabeth Bishop et Randall Jarrell, nous font entrevoir la transformation de l'imagerie de l'hiver qui s'est opérée dans nos esprits et, du coup, dans nos âmes : notre distanciation de l'hiver est en partie responsable de notre aliénation par rapport à la nature.

Vous vous rappelez sans doute que les poèmes du xixᵉ siècle qui ont jalonné notre chemin – Cowper, Wordsworth et Coleridge –, ainsi que les styles artistiques – de Friedrich à Lawren Harris –, reposaient sur la prémisse suivante : la douleur apparente associée à l'hiver, éprouvée temporellement dans un lieu donné ou spatialement dans la recherche d'un pôle (ou des deux), intensifiait le plaisir. On trouvait un sens dans la quête, dans le chant des patins et la persistance des icebergs. Pendant la seconde moitié du xxᵉ siècle, l'hiver, dans la poésie, prend la forme d'une désillusion plutôt que d'une illusion renouvelée. Je songe au merveilleux poème de Bishop intitulé *The Imaginary Iceberg*, qui débute ainsi :

> *Nous préférons l'iceberg au navire,*
> *Même si cela signifie la fin du voyage.*
> *Même s'il reste immobile, tel un rocher opaque,*
> *Et que la mer tout entière est de marbre liquide.*

Nous préférons l'iceberg au navire ;
nous préférons cette plaine de neige qui respire,
bien que les voiles du navire gisent sur la mer,
comme la neige sans se dissoudre repose sur l'eau.
Ô champ solennel et flottant,
sais-tu qu'un iceberg repose
en toi et qu'à son réveil il risque de pâturer tes neiges ?
[...]
L'iceberg taille ses facettes de l'intérieur.
Semblable aux bijoux d'une tombe
il se préserve à perpétuité et ne pare
que lui-même, peut-être les neiges
qui nous surprennent tant, posées là sur la mer.
Adieu, disons-nous, adieu, le navire se déporte
là où les vagues succèdent aux vagues d'un autre
et où les nuages courent dans un ciel plus chaud.
C'est à l'âme qu'il échoit de voir les icebergs
(ils se sont faits eux-mêmes des éléments les moins
*   visibles)*
pour ce qu'ils sont : charnus, beaux, indivisibles dans
*   leur droiture.*

Nous préférons l'iceberg, même s'il présage la destruction et la fin de nos illusions. Vous vous rappelez le mythe et la signification de l'iceberg que nous avons abordés dans le contexte des peintures de Lawren Harris ? Il y était question du transfert de la conscience humaine dans les icebergs. L'imagerie de Bishop devient, dans l'ensemble, inanimée, tandis que s'éteignent les derniers vestiges de la foi des romantiques dans une nature vivante et spirituelle. Or l'iceberg est précisément la seule chose dans laquelle la conscience humaine ne puisse passer, même si nous le voulions, puisque l'iceberg «taille ses facettes de l'intérieur». Il se préserve à perpétuité et ne pare que lui-même. L'iceberg séduit par son autosuffisance; c'est pour cette raison que nous le préférons au navire qui, comme nous, est sûr de couler. C'est un point final au bout de la conscience – et nous le préférons en raison de son vide obstiné, résolu. L'iceberg, déité autrefois dangereuse, moitié sinistre, moitié bénigne, vibrante, vivante, est aujourd'hui un emblème de l'indifférence autosuffisante. Le bateau peut couler, l'iceberg s'en moque.

Dans *90 North*, poème d'hiver présenté sous la forme d'un fantasme enfantin, Randall Jarrell se montre pareillement désillusionné par le vieux sentier droit et dur qui va de la douleur au sens. Si Bishop a écrit l'épitaphe de l'hiver romantique, Jarrell, lui, propose celle de l'hiver radical:

> *Chez moi, en peignoir de flanelle, tel un ours sur sa*
>   *banquise,*
> *Je me hisse sur mon lit; remontant les bords*
>   *impossibles du globe*
> *Je vogue toute la nuit – jusqu'à ce qu'enfin, avec ma*
>   *barbe noire,*
> *Mes peaux et mes chiens, j'atteigne le pôle Nord.*
> *[...]*
> *Où, vivant ou mourant, je suis encore seul;*
> *Ici où le Nord, la nuit, l'iceberg de la mort*
> *M'ont expulsé des ténèbres de l'ignorance.*
> *Je constate enfin que toute la connaissance*
> *Que j'ai tirée des ténèbres – que les ténèbres m'ont*
>   *lancée*
> *Ne vaut pas davantage que l'ignorance: rien ne naît*
>   *de rien.*

Les ténèbres jaillissent des ténèbres. La douleur jaillit
   des ténèbres
Et nous lui donnons le nom de sagesse. C'est la
   douleur.

La quête de l'hiver radical s'achève ainsi sur la métaphore non pas du courage stoïque, mais bien du rien :

Je constate enfin que toute la connaissance
Que j'ai tirée des ténèbres [...]
Ne vaut pas davantage que l'ignorance [...]
La douleur jaillit des ténèbres
Et nous lui donnons le nom de sagesse. C'est la
   douleur.

Bien que l'iceberg de Bishop soit noblement énigmatique et mystérieux, tandis que celui de Jarrell est synonyme de mort, les deux poèmes commencent par un même constat : il n'y a ni divinité ni secret occulte dans le froid et l'hiver. Le secret que garde l'hiver, c'est qu'il n'y a pas de secret, seulement la résistance obstinée de la matière. On a beau qualifier la douleur de sagesse – voilà du reste le fondement, le récit ou le mythe du pôle au XIXe siècle –, nous savons désormais qu'elle n'est que cela, la douleur.

Ce sentiment imprègne toujours notre poésie de l'hiver et notre art polaire. Nos cœurs sont hantés non pas par le courage, mais bien par la claustrophobie liée à la sécurité et par l'histoire trop souvent rabâchée des légendes perdues. On songe, par exemple, aux riches mémoires de l'autrice britannique Jenny Diski, *Skating to Antarctica*, publiés en 1997. Au compte rendu d'un voyage en Antarctique font contrepoids des souvenirs de ses parents et de leur mariage malheureux. Ce qui est significatif, c'est que l'Antarctique n'est plus synonyme d'exploration, de dépassement de soi, d'inconnu, d'inconnaissable. Tout le contraire, en fait : c'est le symbole du confinement, le théâtre de la claustrophobie ; il représente les mauvais souvenirs qui nous hantent et la vie enfouie qui nous entraîne vers le fond. Quand Diski se rend au pôle Sud, elle sait exactement où elle va – et elle est consciente que le défi essentiel qu'elle aura à relever sera de tenir le coup.

On jugera peut-être abrupte la transition entre les terriers réjouissants du commerce de détail souterrain et ces poèmes polaires plutôt tristes. Ces derniers éveillent toutefois en nous une intuition : devenus imperméables à la peur de l'hiver, nous sommes également insensibles à ses séductions. Plus nous nous sentons en sécurité, moins nous avons le sens des saisons. La sécurité est bonne pour le capital civique, mais mauvaise pour la sensibilité. L'idée qu'un voyage au pôle, même en plein cœur de l'hiver, puisse se faire confortablement, bien que non sans contraintes, laisse entrevoir les limites de nos vies. Il s'agit moins de la peur et de la compression de la peur que de l'ennui né de la vie dans un environnement stérile.

Le monde était autrefois hanté par l'épitaphe de Titus Oates : « Je sors faire un tour. Je risque d'en avoir pour un moment. » Nous, en revanche, nous entrons et nous resterons à l'intérieur pendant un moment ; nous sommes à l'intérieur, depuis un moment déjà. À la poésie du courage succède la

poésie du confinement, à l'art du canal perpétuellement ouvert celui du récit perpétuellement
repris. Nous avons réussi à nous soustraire aux
dangers de l'hiver, qui a ainsi perdu en intensité.
Nous sommes tous rentrés et nous risquons effectivement d'en avoir pour un moment.

Ces pertes liées à l'hiver sont affectives – spiri-
tuelles si vous préférez les idéaliser, « simplement »
esthétiques ou architecturales si vous souhaitez au
contraire les rabaisser. Pourtant, il ne fait aucun
doute que la sensation de perte s'est approfondie et
aggravée depuis que nous savons que nous risquons
de perdre l'hiver, saison en voie de disparition.

Car l'autre perte, plus importante, celle qui
nous pousse à nous souvenir de l'hiver au lieu de le
vivre, est implacable et bien réelle. Je songe ici bien
sûr à la dévastation du Nord, à l'avènement du
changement climatique causé par l'homme et à la
perte effective de l'hiver. Cette menace – peut-être
déjà inévitable – a été exprimée par d'autres, de
façon beaucoup plus efficace et terrifiante que
je ne saurais le faire. La liste des pertes que nous
risquons de subir, des villes transformées en maré-
cages à la fonte des icebergs en passant par la transformation irrévocable d'environnements entiers, a
été dressée, la suite prophétisée.

La documentation sur le Nord et le réchauffement de la planète est à la fois abondante et complexe, mais quelques ouvrages récents situent le
phénomène – ou le désastre – dans une perspective journalistique de grande précision. Un membre
de ma famille, mon beau-frère Edward Struzik,

explorateur et écrivain de l'Arctique, figure parmi ceux qui vont s'en rendre compte sur le terrain, tandis que presque tout le monde reste à la maison et se contente de parler de la situation. Dans son livre intitulé *The Big Thaw*, Edward énumère éloquemment les craintes et les éventualités liées à la disparition de l'hiver.

Même si je suis certain que les menaces associées au réchauffement de la planète sont bien présentes dans les esprits, permettez-moi d'en rappeler quelques-unes. La fonte de la banquise arctique ajoute déjà plus de quatre cents kilomètres cube de glace aux océans. À la fin de notre siècle, les millions de personnes qui vivent à moins d'un mètre au-dessus du niveau de la mer risquent de devoir s'établir ailleurs, et cela comprend tous les habitants de Manhattan. Dans les vastes régions recouvertes par la toundra arctique, la progression de la ligne des arbres semble désormais inexorable. Vous vous souviendrez peut-être que, dans le deuxième chapitre, j'ai dit qu'on peut considérer l'hiver comme un phénomène fondamentalement spatial, qui débute chaque été à la limite des arbres et, tel un général de la guerre de Sécession, avance de plus en plus loin vers le sud avant de battre en retraite. Eh bien, la limite des arbres, derrière laquelle l'hiver était toujours tapi, remonte progressivement vers le nord. Il semble aujourd'hui probable que, d'ici vingt-cinq ans, des épinettes coloniseront le cercle arctique et les îles de l'Arctique. L'exil des peuples autochtones qui occupent les terres basses a débuté : on évacue d'ores et déjà cinq communautés côtières. Nous avons peut-être déjà franchi un point de bascule gladwellien : en 2007, pour la toute première fois, le gel hivernal au-dessus du cercle arctique n'a pas suivi le rythme de la fonte estivale. On prévoit désormais que, en saison, l'Arctique sera libre de glace non pas dans cinquante ans, comme on le craignait il y a seulement dix ans, mais bien dans plus ou moins cinq ans.

Les images et les faits sont terrifiants, mais le phénomène qui traduit le mieux ce changement désastreux, c'est, me semble-t-il, celui des ours polaires, qui en sont réduits au cannibalisme. À mesure que la température augmente et que leur territoire de chasse traditionnel se contracte, ils se mangent entre eux. Et bientôt, à ces latitudes, la toundra va commencer à se réchauffer, le pergélisol à fondre et le gaz carbonique à s'échapper : la toundra, de grand climatiseur de la nature, deviendra une source de chaleur supplémentaire. La fin du monde n'est peut-être pas pour demain, mais nous risquons d'assister – et plus vite que nous l'imaginons – à la fin de l'hiver tel que nous le connaissons.

Déjà, l'humanité se prépare à faire face à cette menace qu'est la disparition de l'hiver. En 2015, Sheila Watt-Cloutier, militante inuite canadienne, a employé devant la Commission interaméricaine des droits de l'homme une expression de son invention : en provoquant le réchauffement de la planète, a-t-elle déclaré, les pollueurs violent le « droit au froid ». Bizarres, voire comiques aux oreilles des habitants du Sud, ces mots cernent avec précision un impératif éthique. Parmi les droits humains fondamentaux des habitants des climats nordiques figure celui d'avoir froid, pour la simple et bonne raison que leur culture, en l'absence du froid, ne peut pas exister. Pendant que la planète se réchauffe, des peuples tout entiers sont privés de leur climat, droit pourtant aussi inaliénable que l'accès à l'océan pour les peuples de la mer ou le fait d'être trempé pour un Vénitien. L'expression fera peut-être sourire ceux d'entre nous qui ont trop gelé pour réclamer le droit au froid pour l'éternité, mais la dislocation culturelle qu'elle décrit, soit la totale métamorphose de nos attentes – à propos du sens de la vie, mais aussi de la nature et de la planète –, est réelle, radicale et profonde.

La fin de l'hiver ! Bien sûr, ces prophéties ne se réaliseront peut-être pas pleinement (peu de prophéties le font), ou alors elles se concrétiseront d'une façon pour nous inimaginable – peut-être pour le mieux, mais plus vraisemblablement pour le pire. (Retournement possible : le changement climatique pourrait bien avoir pour effet de provoquer des hivers plus rigoureux ici, dans les régions autrefois tempérées.) Mais il semble probable, peut-être même certain, que nous allons perdre une bonne partie du monde physique familier et de ses cycles fixes, également familiers.

Je ne possède pas les connaissances nécessaires pour prendre position, mais des personnes qui consacrent leur vie à l'étude de ces questions affirment qu'il en sera ainsi. En revanche, je peux me prononcer sur une autre forme de perte, moins désastreuse, mais en un sens plus immédiate, une perte culturelle ou, si vous préférez, esthétique, dans la mesure où tous nos choix, sauf peut-être les plus primitifs, sont, en définitive, esthétiques. Si l'hiver disparaît ou qu'il se transforme radicalement, le monde s'adaptera. Mais nous? Il est même concevable qu'un monde sans hiver soit, à très long terme, plus vert. Mais Déméter, sans son chagrin, est une autre; elle habite une planète plus superficielle et plus sotte.

Car notre idée, notre imagerie de l'hiver, est inséparable de notre conception de la mémoire et du passé. Si l'hiver se transforme, nous ne perdrons pas la compréhension que nous en avons, bien sûr, pas plus que ceux qui vivent sous les tropiques n'ont perdu la leur. Mais l'appareil, l'affect, le folklore, la mythologie de la mémoire et du monde minéral disparaîtront – la sensation que nous avons de ces choses s'altérera et nous nous demanderons sans cesse, et pour l'éternité, où sont les neiges d'antan. Privée du souvenir de l'hiver, du Nord, de la neige, du cycle des saisons, notre civilisation perdra également au change, et cette perte sera aussi lourde, à sa manière, que celle subie par les Inuits.

À ce stade-ci de l'histoire, nous revient inévitablement à la mémoire le récit déchirant des Inuits du Groenland, dépossédés de leurs trois météorites – la Tente, la Femme et le Chien, qui, pendant des siècles, leur avaient fourni couteaux et harpons – par l'explorateur américain Robert Peary, qui les a vendues quarante mille dollars au Musée d'histoire naturelle de New York. J'ai dit qu'on pourrait s'inspirer du récit des trois clans présents à Montréal pour réaliser le grand film canadien; eh bien, l'histoire des météorites pourrait donner naissance à un grand cycle schubertien de chansons du Nord, à supposer qu'on crée encore de telles œuvres. Je vais souvent voir ces trois météorites, poser la main sur leur froide surface. Ceux qui les ont volées – achetées et vendues, si vous voulez – ont cru faire un bon coup en enrichissant les collections impériales. De nos jours, on y voit un acte de vandalisme culturel d'une cruauté sans précédent. Les Grecs à qui on a volé les frises du Parthénon avaient d'autres frises. Et il est vrai que, par la suite, les Inuits ont pu, avec beaucoup plus de facilité, se procurer du fer. Mais les météorites leur appartenaient – elles appartenaient à leur espace, à leur légende. La Tente, la Femme et le Chien étaient au centre de leur identité. Quand on a emporté les pierres, les nécessaires gestes pragmatiques ont été brutalement coupés d'un dessein cosmique ou, à nos yeux plus avisés, d'un heureux hasard cosmique. Ces gestes ont été banalisés. En même temps que les pierres, les Inuits ont perdu leur lien avec les étoiles.

Les saisons sont nos trois (ou quatre) météorites. Notre histoire est le produit des fragments que nous en détachons. La relation entre l'hiver et la mémoire est complexe et peut sembler insaisissable, de l'ordre du senti plus que de la parole. Permettez-moi donc de souligner quelques-uns de ces liens. Il y a d'abord la simple dimension biologique, en vertu de laquelle l'hiver maintient le passé en place : les racines et les tubercules enfouis pendant les mois d'hiver portent en eux leur mémoire génétique, qui attend de s'épanouir à nouveau. Cette simple réalité botanique est devenue une idée culturelle beaucoup plus riche aux mains de Caspar David Friedrich, de Franz Schubert et d'Alexandre Pouchkine, qui y ont vu une image de la mémoire nationale. Bien sûr, cette idée de mémoire prend parfois des connotations sinistres ; néanmoins, c'est cette idée – la vision selon laquelle le véritable caractère des Allemands, des Scandinaves et des Russes ou des Canadiens a brusquement été mis au jour par l'hiver – qui a servi de puissant contrepoids aux Lumières, révélation au cœur de la rébellion romantique contre la raison aride. Tout le monde a un été chaud, mais nous, dans le Nord, nous avons un hiver, et c'est durant l'hiver que nous nous connaissons le mieux, que nous nous voyons le plus clairement. C'était une idée phare. Cette idée de mémoire renvoie à de profondes racines : elle va de la mémoire raciale ou nationale à la mémoire planétaire parmi les glaciologues, aux souvenirs de la Nativité telle que nous l'imaginons – ou simplement de l'enfance que nous espérions – parmi les créateurs du Noël moderne. Les sports sont eux aussi liés à la mémoire – la prochaine période, les statistiques de la saison.

Pourtant, l'hiver touche la mémoire de deux façons différentes : il y a la mémoire hivernale et les souvenirs de l'hiver. Dans le premier cas de figure, nous nous servons de l'hiver comme d'une ardoise vierge, où tout est effacé. De la vision allemande la plus mystique à l'usage folklorique le plus évident, l'hiver est le climat de l'imagination. Il nous sort des cycles normaux de la nature – tout arrête de pousser – et cette déconnexion d'avec la nature explique la fuite vers le monde de l'esprit, où nous faisons de la nature ce que bon nous semble. Nous avons vu que la neige et la glace, les éléments de l'hiver, sont immensément labiles. L'un des constats faits par l'imagination romantique après Coleridge concerne notre faculté de projeter nos rêves sur les formes hivernales, de voir dans le lac gelé que Coleridge a aperçu en 1799 le partage de la mer Rouge devant les Israélites.

Au niveau simple, pratique, quotidien, cela décrit ce qui se passe quand on fait un bonhomme de neige. C'est pour cette raison que nous envoyons nos enfants jouer dehors dès que tombe la première neige – justement parce qu'ils sont dans un nouvel environnement labile où l'imagination peut se projeter, mais aussi construire du neuf à partir d'une matière donnée. Nous voyons le monde par le prisme de la fenêtre, et la fenêtre, même quand elle n'est pas givrée – souvenez-vous des grands débats qui ont opposé Goethe à ses contemporains à propos de la signification du givre –, conserve deux côtés, un pour le monde et l'autre pour notre esprit. Commencez par la neige et vous obtiendrez un bonhomme de neige. Au sens le plus élémentaire, une journée de neige est, pour l'enfant, une journée passée en dehors du temps normal.

Et dans les grandes fables hivernales comme dans les grandes œuvres d'art inspirées par cette saison, nous avons aperçu à répétition une version plus sublime de cette tentation de l'intemporalité. Songez une fois de plus à *La Reine des neiges* d'Hans Christian Andersen. La séduction exercée sur Kay par la Reine s'explique par l'immortalité qu'elle lui propose – immortalité qui passe non pas par l'incessant renouvellement de la jeunesse, mais bien par la possibilité d'arrêter le temps. Voilà ce qui se produit quand Kay, vivant avec la Reine des neiges, oublie ce qui fait de lui un être humain – elle lui confère la faculté d'immobiliser le temps. Et cette intemporalité est liée à l'éternité de la vie minérale. En compagnie de la Reine des neiges, le flocon de neige, avec sa forme cristalline, est pour Kay beaucoup plus beau que toutes les formes organiques. Le flocon surpasse de loin les fleurs. À ce moment, Kay échappe aux cycles du temps naturel et trouve refuge dans le monde intemporel, incarné par la Reine des neiges et l'empire hivernal sur lequel elle préside. L'hiver nous garde gelés pour l'éternité.

Ensuite, Andersen fait en sorte que Gerda arrache Kay à son faux rejet de la vie organique avec ses cycles de croissance et de décomposition ; c'est d'ailleurs pour cette raison qu'ils se marient. Mais voilà la tentation à laquelle Andersen entend nous soumettre : la possibilité d'entrer dans un monde intemporel par le truchement de l'hiver. Bien sûr, aux mains d'Andersen, cette notion devient une construction entièrement mystique – allégorique, si vous préférez. Mais c'est une construction allégorique enracinée, me semble-t-il, dans notre expérience exacte et concrète d'un hiver froid. C'est cette sensation, ce sentiment de sérénité et d'évasion potentielles que j'ai éprouvé à douze ans en regardant les flocons tomber sans arrêt, en cette fin de novembre, à Montréal. C'est justement là qu'on trouve la source ultime de cette magnifique fable mythique et allégorique : dans la sensation exacte, réelle, tangible et viscérale du temps qui s'est immobilisé, alors que la neige continue de tomber.

Le deuxième aspect de la mémoire et de l'hiver, après la mémoire qui se fond à l'hiver, se compose de nos souvenirs de la saison, une fois qu'elle est terminée. Les neiges de l'hiver deviennent les grains de sable du grand sablier de la mémoire. L'été et les îles tropicales donnent l'illusion du *même temps* qui se répète infiniment – la « journée de notre vie » que nous avons eue autrefois – et du cocon doux et chaud que nous avons occupé et qu'on nous a forcés à quitter. À mon avis, l'hiver et les endroits où il fait froid donnent plutôt une idée du passé, nous poussent à réfléchir au temps qui passe. Les hivers nous servent d'horloges. *Où sont les neiges d'antan ?** Une fois de plus, la saison froide déclenche la mémoire, la met en mouvement d'une manière élémentaire, banale et simple : nous réglons nos horloges intérieures à partir des tempêtes que nous avons connues. Ma connaissance de 1968 passe par la neige tombée cette année-là. Nous nous souvenons de la tempête de 1987, de la tempête de 1961 – une tempête de neige se grave dans nos mémoires, alors qu'un bord de mer ne laisse dans notre esprit qu'une ombre floue. En quelle année tel ou tel événement s'est-il produit ? Les étés se confondent entre eux. En quelle année le Forum a-t-il été fermé, celle où la voiture a été ensevelie sous la neige pendant quatre jours ? Ah oui, la tempête de 1996.

Ce sentiment essentiellement pratique peut aussi se transposer dans l'art. On le retrouve dans toute la littérature du XXᵉ siècle, par exemple dans un merveilleux passage de *Gatsby le magnifique* où, désillusionné par un été passé à Manhattan, Nick Carraway se rappelle – entre toutes ses expériences, c'est celle-là qu'il retient – l'instant où, rentrant de l'université pour Noël, il avait changé de train à Chicago pour se rendre à St. Paul's. À ce moment précis, fuyant la corruption de l'Est, il retourne par la mémoire dans le monde des hivers de l'Ouest, qui pour lui symbolisent la purification, la réparation, la guérison possible. À mon sens, le mariage de l'idée de l'hiver et de ses représentations à celle de la mémoire et de la réparation est, dans l'art moderne, un thème extraordinairement porteur.

Pensons aussi aux films, en particulier aux meilleures productions en noir et blanc des années 1940. Au cinéma, aucune métaphore ne rend mieux compte du temps perdu que l'idée de l'hiver remémoré. Chez Orson Welles, évidemment, elle prend une forme presque kitsch dans *Citizen Kane,* où seul le souvenir de son traîneau ravive le magnat agonisant. C'est beaucoup plus réussi dans *La splendeur des Amberson* : la scène de neige est le seul moment où la modernité tumultueuse de la voiture s'interrompt et est maintenue à distance pendant un bref instant. La présence de l'hiver est encore plus efficace dans *Lettre d'une inconnue,* magnifique film de Max Ophüls : en plein cœur de l'hiver, les amoureux parviennent enfin à se glisser en douce dans le Prater et, dans ce parc d'attractions de Vienne abandonné et recouvert de neige, renouent avec leur jeunesse perdue. « Le génie, c'est un Africain qui rêve de neige[2] », a écrit Nabokov. Et la mémoire, aurait-il pu ajouter, ressemble à un parc d'attractions en hiver.

Bien que le cadre de ces essais ait été l'hiver, leur véritable sujet aura été le temps. Nous avons en commun le sentiment d'un hiver intemporel, d'un hiver éternel, d'un hiver comme lieu où le temps s'arrête, des pôles comme lieux perpétuellement en marge de notre quotidien, de la neige comme secret de la nature – autant d'éléments constitutifs de l'idée d'hiver dans la psyché moderne. Noël arrive une fois par année, mais le cycle de renouveau que la fête célèbre promet de nous affranchir du vieillissement. Il suffit d'observer une scène aussi banale que des patineurs dans Central Park pour constater que les particularités d'une période – du temps qui passe, de la mode qui évolue – colorent leur image, davantage peut-être qu'elles ne le feraient si nous écrivions une histoire culturelle de l'été. C'est que l'idéal de l'été est la température immuable, de la même façon qu'une île, en été, promet une pause permanente. L'hiver est notre moment de nostalgie, et la nostalgie n'est jamais que la langue vernaculaire de l'histoire, le démotique de la mémoire, l'argot du temps.

En donnant l'impression de mettre un terme aux cycles de fertilité, l'hiver nous libère du cycle du temps, dont celui des saisons n'est qu'une expression. Au plus profond du rituel et du mythe de l'hiver, on trouve cette idée d'évasion : dans *La Reine*

---

2. Vladimir Nabokov, *Le don,* traduit de l'anglais par Raymond Girard, Paris, Gallimard, 1992, p. 288.

des neiges, où les formes «mortes» des cristaux sont aussi vivantes que les formes animées des fleurs ; dans la vie monastique librement choisie des expéditions polaires, où l'absence de nouvelles – *nous sommes en guerre !* – fait partie du plaisir ; et même dans la transformation du père Noël qui, d'avatar du Temps, est devenu le sauvage intemporel du pôle Nord, moitié industriel, moitié diablotin. Dans ces mythes et ces instants, l'hiver a été notre horloge et le théâtre de notre mémoire. En perdant l'hiver, on ne perd pas ses repères, pas plus, je le répète, que les habitants des climats tropicaux n'ont perdu les leurs. L'été n'induit pas l'amnésie, mais il la symbolise, de la même façon que l'hiver symbolise la mémoire. Nos sensations s'altéreront, et nous demanderons tous, avec François Villon, où sont les neiges d'antan et pourquoi elles ont disparu à jamais.

Le temps passe, inexorablement, et les distinctions que nous y établissons – le nom que nous donnons à chaque instant – sont souvent la seule prise que nous ayons sur lui. L'hiver a donc été un terrain d'essai de l'acte adamique, de l'acte de nomination tout simple. Au cours des deux derniers siècles, les efforts passionnés que nous avons déployés, dans le contexte de l'hiver, pour nommer, distinguer, supporter, expliquer, mystifier et fabuler ont été sans égaux. La perte de notre saison n'entraînerait pas la disparition de tous les sens que nous lui donnons. Les calottes glaciaires auraient beau disparaître, nous continuerions d'entendre la musique de l'hiver. Bref, même si nous perdions la muse, nous conserverions la musique, car c'est la musique qui fait la muse : notre besoin de sens engendre la *persona* imaginaire qui nous le donne, même si, à cause de ce besoin même, nous voguons à la dérive dans un monde en proie au regret et à la perte, où nous préférons l'iceberg au navire ballotté par le courant.

Mais peut-être la perte et le regret perpétuels sont-ils le prix de notre conscience du temps. Les efforts que nous déployons pour vivre l'hiver, pour adapter notre esprit à l'hiver – des poèmes de Wallace Stevens au centre commercial souterrain – ont quelque chose de cette dignité toute simple qui réside dans l'acte de nommer. Dans les efforts des poètes et des explorateurs polaires, nous percevons la volonté de vaincre malgré la douleur, mais aussi celle de créer au milieu du chaos et du vide – d'accomplir quelque chose, ne serait-ce que donner un nom à un lieu. Pour moi, il n'existe pas d'artefacts plus comiques ni plus émouvants que les cartes de l'Arctique du XIXe siècle, où abondent les anses, les passages et les baies aux noms coloniaux soigneusement choisis et posés sur ce qui n'était jusque-là qu'un vaste et vague désert.

Il m'arrive de m'émerveiller devant la réalité du monde géologique et biologique, puis de me dire que les choses que nous voyons, si elles existent indiscutablement, sont dépourvues de la nette progression, des personnifications et des traits bien définis que nous leur donnons ; sans nous, elles retomberaient simplement dans le néant. J'ai beaucoup de mal à l'exprimer, mais il s'agit d'une des plus fortes émotions que je connaisse :

le sentiment que l'univers tout entier a peut-être été créé – a été créé à coup sûr – sans dessein, qu'il est froid, en rotation sur lui-même, inconscient, ni doux ni cruel, qu'il obéit à des lois qui, au fond, n'en sont même pas, qui ne sont que des événements réguliers produits par le cycle des hasards. L'univers est une vaste pièce vide, et il n'y a personne à la maison.

Dans certaines peintures, il y a un moment où on prend conscience de l'indifférence de la nature : non contente de ne pas se soucier de nous, elle ne se soucie même pas d'elle-même. D'aucuns ont la conviction, moitié mystique, moitié matérielle, que la nature se protège elle-même – c'est l'idée derrière la figure de Gaïa –, mais je crois que, dans ce cas, c'est notre cœur qui parle. À l'intérieur, nous nommons, nous créons, tandis que, dehors, le monde s'en fiche éperdument ; et pourtant, nous nous convainquons qu'il s'agit d'une saison riche en symboles, une image de carte de Noël, une chose, un état, un ami. C'est l'hiver.

Peu de temps après avoir appris que mon meilleur ami se mourait, je suis passé devant un magasin de peinture où toutes les teintes de jaune étaient exposées et nommées avec justesse et précision – zeste de citron, bouton d'or, canari, la moindre nuance personnalisée – et je me souviens d'avoir songé : *C'est un tissu de mensonges.* Le spectre de la lumière est tout aussi impersonnel que le reste de l'univers. « Bouton d'or » et « zeste de citron » étaient non pas des étiquettes, mais bien des mensonges, des noms optimistes donnés à des échantillons arbitrairement inspirés de phénomènes physiques de la lumière, laquelle est indifférente à notre existence et dénuée de toute structure interne fine, sans plus de charme ni de couleur que la friture indifférente d'une radio mal réglée.

Par moments, notre expérience de l'hiver est semblable à celle qu'en a l'univers : sans amour et sans émotion, simplement présent, cycle sans fin de lois physiques non seulement indifférent à nos sentiments, mais aussi, en un sens, si arbitraire qu'on ne peut même pas le qualifier d'élémentaire. Par moments, il m'arrive presque d'appréhender, dans la crainte, la réalité du cosmos tel qu'il est : un grand, un immense néant, vieux de milliards d'années, dépourvu de segments, de saisons, dépourvu de tout, où la brutale vérité de l'univers est qu'il *est,* point à la ligne. Nous vivons dans un monde froid.

Mais nous donnons des noms à cette froideur, nous faisons de la poésie pour elle, nous composons de la musique pour elle, nous la dotons d'une sorte de personnalité – et voilà bien notre acte d'humanisme. Armés d'espoir, nous voyons non pas la désolation et le froid, mais bien la lumière, le mystère, l'émerveillement et un moment appelé janvier. Nous ne voyons pas des atomes immobilisés dans un monde dénué de sens. Nous voyons l'hiver.

Je me rends bien compte que cette idée a quelque chose d'arrogant et d'impérial, et je sais que les formes de méditation venues de l'Orient, pour lesquelles j'ai le plus grand respect, tentent, en annulant les efforts que nous déployons pour nommer, distinguer et différencier, de nous

ramener dans le vide (où il n'y a rien à choisir)
qu'est la réalité dans laquelle nous dansons, dans
laquelle ces oppositions trop tranchées – Nord et
Sud, hiver et été, Canada et États-Unis, moi qui
poursuis ma réflexion et vous qui lisez patiemment – n'existent pas. Nous échappons ainsi au
cycle du besoin. Je comprends, je suis admiratif.
Mais mon cœur se range dans l'autre camp; il est
porté vers les efforts que les humains déploient
pour faire comme si ce que nous voyons était
non pas un désert froid, mais bien le vrai *hiver**,
le chagrin de Perséphone, l'*inverno* de Vivaldi, le
no man's land de Schubert, même les danses
paysannes de Krieghoff et les élégants *effets** de
Monet. On commet à n'en pas douter une erreur
en prêtant des sentiments humains à des choses
qui n'en ont pas, mais cet acte nous permet d'accueillir la fin. Il donne un sens au chagrin de
Déméter.

J'ai dit avoir omis jusqu'à maintenant deux
pierres d'angle de l'hiver: j'ai gardé pour la fin deux
météorites d'où du minerai a été tiré. L'un était
le poème de Villon et l'autre est le célèbre mythe
voulant que les Inuits disposent d'au moins trente
mots pour désigner la neige. Certains parlent d'un
canular – nous savons aujourd'hui que les langues
inuites sont agglutinatives et qu'elles n'ont pas plus
de «mots» que l'anglais pour désigner la neige; par
souci de douceur ou de simplicité, elles compri-
ment davantage les phrases. Néanmoins, l'histoire
persiste à titre de conte populaire dont la moralité
est claire: voir la neige, c'est vouloir la différencier.
Quand on affirme que les Inuits perçoivent diffé-

rents types de neige parce qu'ils possèdent de nombreux mots pour en parler, on ne veut pas dire qu'ils sont prisonniers de leur langue ; on cherche plutôt à exprimer que leurs langues sont semblables à l'œil microscopique de « Snowflake » Bentley, capables d'établir de subtiles, de fines distinctions qui échappent au reste de l'humanité. C'est un compliment, peut-être mal formulé : là où nous ne voyons et ne nommons qu'une chose, eux en voient et en nomment plusieurs. Là où nous ne voyons que l'énorme carcasse d'une baleine blanche, eux voient chacun des poils de son menton. Ils n'ont pas davantage de mots pour parler de la neige ; c'est plutôt la neige qui s'invite dans leurs mots. La neige tombe sur les langues inuites comme elle tombe sur les cercles où ils vivent. Les Inuits ont plus d'expressions se rapportant à la neige parce qu'ils en parlent davantage.

Idée évidente, mais qui, me semble-t-il, n'est pas pour autant simpliste : sans la parole, pas de distinctions ; sans le langage, pas de tradition ; sans les météorites, pas de taille de la pierre ; sans Inuits pour tailler les météorites, pas de couteaux ; sans couteaux, pas de civilisation d'hiver ; et, sans cette civilisation, pas de vie en hiver. Bref, il ne s'agit pas de trente étiquettes pour un monde déjà nommé ; il s'agit plutôt d'au moins trente étiquettes pour un monde qui a besoin de noms, d'efforts de description sans fin – la neige qui fond, la neige qui s'accumule, la neige qui givre, la neige qui se pose sur une couche de glace, la neige qui s'étire, la neige skiable, la neige souple, la neige qui résiste. Ces mots ne sont pas des étiquettes trouvées avec insouciance ; ce sont au contraire des mondes décrits avec effort.

On peut résumer ainsi, en toute simplicité, la dernière moralité de ces fables d'hiver : *les choses ont des noms parce que les actes ont des auteurs.* Voici, en une phrase, ce que, à mon avis, on veut dire quand on parle d'humanisme. L'hiver doit ses noms aux gens qui le peuplent. C'est une vérité toute simple. Au cours de la dernière et pénible portion de leur long périple, Shackleton et ses compagnons, traversant l'île de la Géorgie du Sud à partir du mauvais côté, ont été terriblement déroutés par le fait que, sur les cartes à leur disposition, les sommets qu'ils ont franchis n'étaient pas nommés. Les noms que nous donnons aux anses, aux pics et aux plaines, au gré des circonstances, sont pour nous autant de prises mentales. De nombreux autres explorateurs ont mis beaucoup de temps encore à nommer chaque élément du paysage, et ces noms reflétaient les envies et les besoins de leur auteur.

Mais ce n'est pas tout. Les réponses qui nous apparaissent comme de grandes déferlantes ont elles aussi des auteurs. Qu'il s'agisse de William Cowper qui a compris le premier que l'expérience de l'hiver passé auprès du feu pouvait être positive et joyeuse, et non déprimante et menaçante, ou de Vincent Ponte qui a pressenti le premier que la vraie vie de la ville se trouvait non pas dans la grande place en surface, mais bien sous la terre, chacun de ces moments a bel et bien un auteur particulier. De la nomenclature d'un millier de types d'icebergs à la découverte des formes individuelles des flocons de neige, de l'établissement des règlements concernant les dégagements interdits au hockey à l'invention des cartes de Noël, chaque chose existe parce que quelqu'un a donné une forme et un nom à ce qui était jusque-là informe et anonyme. Ce n'est arrivé ni par osmose ni par consensus. Et Dieu sait que la volonté divine n'y a été pour rien. L'osmose a peut-être joué un rôle, et le consensus n'est jamais atteint sans raison, mais, au bout du compte, chacun de ces actes ressortit aux vies étranges et aux désirs réprimés de nos voisins.

Les choses ont des noms parce qu'elles ont des auteurs. Pour certains, ce genre d'humanisme est de l'hubris. Décrire, c'est dominer, nommer, c'est naturaliser, explorer, c'est exploiter, et expliquer une chose, c'est assurément en supprimer une autre – en cartographiant, on opprime les îles encore inexplorées. Bien sûr, dans toute histoire, nous nous réjouissons d'assister à la réintégration des laissés-pour-compte, que ce soit Fanny Mendelssohn ou l'Inuit oublié au moment d'atteindre le pôle. Mais de deux choses l'une : ou bien cette affirmation est toujours vraie – si décrire est synonyme de domination, le principe s'applique à toutes les descriptions, même à celles qui visent à réparer des torts –, ou bien elle est banale, et nous faisons de notre mieux, rien de plus.

L'hiver, la saison qu'il fallait endurer, est désormais la saison qu'il faut préserver. Un cycle devient une saison, une saison devient un congé laïque, le solstice se change en fête. J'ignore le bruit que fait un arbre en tombant s'il n'y a personne pour l'entendre. Aucun, à mon avis. Mais je sais que, en l'absence de témoins, le cycle des saisons sur Mars ou sur Jupiter n'en est pas un, n'est pas défini avec précision par quatre faces distinctes. Il s'agit plutôt d'une lente gradation, d'une rotation plate et monotone, aussi terne et bête que tout autre cycle purement physique répété inexorablement jusqu'à la fin des temps. Y a-t-il du bruit dans la forêt en l'absence de quelqu'un pour l'entendre ? Peut-être. Y a-t-il un été et un hiver sur Mars en l'absence de quelqu'un pour les nommer ? Je suis sûr que non. Plus profonde encore que la question de savoir pourquoi il y a quelque chose plutôt que rien est la vérité selon laquelle ce « quelque chose » a une forme que nous seuls pouvons lui donner, cette segmentation bien nette qui nous donne l'illusion de l'ordre.

Mais où sont les neiges d'antan ? Où sont les hivers dont nous gardons le souvenir ? Enfermés en nous, dans une idée spatio-temporelle que nous avons peine à accepter, mais que nous ponctuons de noms et de nostalgie, de façon qu'ils ne soient pas complètement perdus. Nous descendons dans les abysses et la fenêtre nous manque ; le passage se libère et en Californie la glace nous manque, de la même façon que Joni Mitchell s'ennuie de la rivière glacée. Nous souffrons et nous désirons le souvenir, nous dessinons un glacier et nous nous dessinons nous-mêmes, nous inventons Noël et le milieu de l'hiver, de terne, devient merveilleux. À la fin, nous sommes comme le soldat français peint par Friedrich, égaré dans la forêt enneigée, comptant les flocons, constatant qu'ils sont tous différents, jusqu'à l'instant de sa mort. Le voyage d'hiver de l'imagination moderne ne nous apprend pas que Dieu est dans les détails. Il nous enseigne plutôt que notre faculté de saisir et de différencier les détails nous donne quelque chose à mettre à la place de Dieu.

J'écris ces lignes dans une petite île des Antilles où, à l'instar de tant de compagnons de l'hiver, je me réfugie avec ma famille pendant une semaine, loin du froid mordant de mars. Lorsque j'étais jeune et que je regardais les flocons tomber par la fenêtre, je voyais dans l'idée de fuir vers le sud une folie, ou à tout le moins une sorte d'aveu de faiblesse – qui, hormis les exténués, irait en Floride, en Jamaïque ou dans la petite île de Niévès? Eh bien, j'ai maintenant atteint ce que nous appelons poliment l'«âge mûr» (en réalité, je suis plus avancé dans le spectre), et le Sud exerce une séduction qui me semble bien réelle. Qui a besoin d'un hiver de plus? Puis je songe à passer Noël dans cette île ou à m'y installer, et j'ai un léger mouvement de recul.

Je me rends compte que ces chapitres, sous couvert d'observations culturelles et d'anthropologie culturelle amateur, sont en fait une liste hétéroclite de mes goûts et de mes dégoûts, comme ceux d'une playmate du *Playboy* des débuts: ce qui l'allume, ce qui l'éteint. Je hais les voitures, les commotions cérébrales, la violence au hockey en général, le sud de la Californie à Noël, la politique de Carlyle, la condescendance des postmodernes à l'endroit des prémodernes (alors que les postmodernes détestent la condescendance des prémodernes envers les peuples dits «primitifs»)... J'aime les cantiques de Noël, *Cantique de Noël*, Dickens et Trollope, le hockey rapide et centré sur la passe qu'on pratique en Russie et au Québec et le courage, dont j'aimerais être mieux pourvu, de ceux qui se sont laissé attirer par les pôles.

Par-dessus tout, je suppose, j'aime la neige sous toutes ses formes, et je ne doute pas que ce goût me passerait si je devais en subir en quantité, mais j'en ai déjà encaissé pas mal dans ma vie, et ma passion reste entière. L'hiver est, je le répète, la page blanche sur laquelle nous écrivons nos cœurs. Sur une page plus verte, ils auraient un aspect différent. On nomme les choses à Hawaï; des gens se souviennent à Tahiti; la plaine du Serengeti, dans la cuisante Afrique, a été le premier endroit où des gens ont réfléchi comme on le fait encore aujourd'hui. Quand nous perdons un symbole puissant de l'ordre, un autre le remplace; les êtres humains sont des inventeurs de symboles sans pareil. Mais quand les caprices de la vie ou de l'histoire nous privent de quelque symbole puissant de l'ordre, nous subissons une perte et nous devrions prendre un moment pour la pleurer. À notre époque, par exemple, nous avons perdu la notion du corps humain nu en tant qu'image de l'ordre divin, nous avons vu le corps se fracturer ou être changé en simple symbole néoclassique, ou être relégué dans les marges joyeuses, mais peu édifiantes, de l'art érotique. Nous ne pouvons pas restituer l'art du nu, les forces, le tsunami qui l'ont déconstruit étant trop forts pour qu'on leur résiste. Mais nous pouvons déplorer la perte de la tradition qu'il avait instaurée et des valeurs qu'il incarnait. Sans l'hiver, notre mémoire serait différente plutôt qu'éteinte – mais la différence marque en soi une sorte de fin. La vie est toujours différente, et non terminée, et en réalité c'est la différence qui nous dérange. Quand tout sera terminé, nous ne serons plus là pour le constater, mais nous sommes conscients des différences, et nous déplorons les pertes.

« *I wish I had a river I could skate away on* », nous dit Joni Mitchell, égarée à Los Angeles, où elle regrette la neige d'autrefois. *Où sont les neiges d'antan?** À l'intérieur de nous, où elles restent comprimées, gelées peut-être; mais elles peuvent encore être extirpées de la mémoire, articulées finement ou, à tout le moins, chantées avec douceur. Où sont-elles allées? À l'intérieur de nous, où elles demeurent, comme l'hiver demeure ma saison préférée. Je vois encore le garçon à la fenêtre, mon moi par ailleurs perdu, et je le sens qui se dit: *Oh, un nouvel endroit, le palais de glace, le fleuve, mon chez-moi – mon nouveau chez-moi –, regarde la neige tomber, écoute ce calme!* Pour l'instant, tout au moins, la neige tombe encore, et le monde, tout comme votre conférencier, reçoit de l'hiver le cadeau du silence.

TABLE